연민 어린 치료

비협조적인 내담자 치료하기

Jeffrey A. Kottler 저 | 최외선 · 최윤숙 공역

학지사

Compassionate Therapy: Working with Difficult Clients

by Jeffrey A. Kottler

역자 서문

우리는 과학의 발전으로 유익하고 편리한 삶을 추구하게 되었지만 여전히 돈, 명예, 아름다운 외모, 사랑, 성공, 친구, 지식, 권력 등을 더 많이 가지려고 끊임없이 경쟁하면서 산다. 설사 우리가 원한 것을 얻는다고 하더라도 그것은 일순간에 불과하며 영원한 만족은 없다. 게다가 우리는 자신이 가진 것을 상실할까 봐 두려워하고, 남과 비교하면서 남이 가진 것을 갖지 못해 안달하면서 고통의 늪에서 허우적거리기 일쑤다. 그럼에도 불구하고 사람들은 자기 삶의 항상성을 유지하기 위해 필사적이다. 자신의 현재 행동을 통해서 그들은 자신이 할 수 있는 한 잘 살아가려고 애쓰고 가능한 한 안정된 삶을 유지하려고 노력한다.

우리 모두가 고통에서 자유롭기를 바라지만, 고통은 우리의 몸과 마음의 균형이 깨어졌음을 알려 주는 자동 조절 장치이자 삶의 필수

요건이다. 우리는 고통을 통해 몸과 마음이 병들었음을 알게 되고 그것을 본래의 안정된 상태로 되돌리고자 온갖 시도를 하게 된다. 그러한 시도가 성공할 때도 있지만 실패할 때도 있다. 성공과 실패를 통해 우리는 고통을 극복하는 방법을 배우게 되고, 점차로 자신의 자유의지를 제대로 행사할 수 있는 힘을 키워 가게 되는 것이다. 어디 그뿐이겠는가? 우리는 고통을 통해 너무도 당연시하면서 하찮게 여겼던 많은 것들(보고, 듣고, 냄새 맡고, 맛을 느끼고, 걷고, 말할 수 있다는 것 등)이 얼마나 귀한 것인가를 비로소 알게 된다. 만약 우리가 자신을 제대로 이해할 수 없다면 그 어떤 것도 우리를 도울 수 없다.

우리 모두는 지구라는 숲에서 자라는 나무들과 같다. 숲속을 거닐면서 주변의 나무들을 있는 그대로 보았다면, 우리는 햇볕과 바람을 적절하게 잘 받으면서 자라는 큰 나무라고 해서 반드시 풍성한 열매를 맺는 것은 아니라는 사실을 쉽사리 발견할 수 있다. 그런데 많은 사람들이 응달에서 자란 나무가 풍성한 열매를 맺은 것을 보지 못하고, 양지바른 곳의 나무가 잎만 풍성한 것을 알아채지 못한다. 이는 우리가 사물이나 사람을 있는 그대로 보는 것이 아니라 선택적으로 지각하거나 보고 싶은 것만 보는 경향이 있기 때문이다.

환경이나 타고난 자질은 고정된 것이 아니라 시간과 더불어 변화하기 때문에 노력하는 나무만이 충실한 열매를 맺을 수 있는 것이 자연의 법칙이며, 인간 또한 예외가 아니어서 행복이나 불행에 대한 책임도 바로 그 자신에게 있는 것이다.

치료사들은 그들이 만나는 내담자들에게 무엇인가 도움을 주고자 하는 열망에 가득 찬 사람들이라고 할 수 있다. 이토록 상대방의 아픔을 덜어 주고자 하는 일에 의미를 부여하면서도 종종 좌절과 무력감 앞에서 어쩔 줄 몰라 한다. 이는 내담자를 있는 그대로 보는 것이 아니라 치료사 자신의 틀에 맞추어 보거나, 은연중에 치료사는 내담자보다 우월한 존재라고 생각하거나 또는 유능해야 한다는 생각에서 비롯된 것일 수 있다.

아무리 훌륭한 치료사라고 할지라도 내담자를 위해 모든 것을 할 수는 없지만, 자신을 조화로운 상태로 유지하기 위해 끊임없이 노력한다면, 자신과 내담자를 위해 어제보다는 지금 이 순간에 훨씬 더 많은 것을 할 수 있다. 예컨대 치료사가 전문지식이나 기술을 통해서가 아니라 자신의 삶을 통해 내담자로 하여금 자신이 가지고 있는 것에 대한 감사함을 느끼도록 도와줄 수만 있다면, 내담자는 고통을 없애려고 헛되게 시간을 낭비하는 것이 아니라 고통과 더불어 반짝거리는 보석으로 거듭날 수 있을 것이다.

이 책의 저자가 처음부터 마지막까지 일관되게 하는 이야기는 쉽고도 어렵다. 쉽다는 것은 겨울이 지나면 봄이 오고, 물은 흐르기 마련이며, 시간이 걸려도 진실은 통하기 마련이라는 우리가 사는 세상의 이치와 비슷하기 때문이다. 어렵다는 것은 자연스럽게 일어나는 그런 일들을 억지로 할 수는 없고 그에 상응하는 시간적, 심리적 대가를 치러야 하기 때문이다.

다시 말해 미술치료를 비롯한 심리치료에서 치료사와 내담자의 관계는 인간적인 만남이어야 한다는 것, 치료사에게는 그런 만남을 위한 준비가 선행되어야 한다는 것, 그래서 마음가짐이 이론이나 기법보다 훨씬 중요하다는 것, 특히 치료사는 어려운 내담자로부터 그 모든 것을 잘 배울 수 있다는 것, 그들이야말로 최고의 엄격한 스승이라는 것이다.

우리가 진정한 만남을 원한다면, 이 책을 통해서 그런 만남을 대하는 태도를 결정할 수 있고 거기서 예상되는 것들에 대해서 스스로 준비할 수 있다. 그러나 대부분의 학습이 그렇듯이, 새로운 것을 배울 때는 어렵고 실수도 하기 마련이니, 만약 우리가 그러한 자신을 있는 그대로 사랑하게 된다면 더욱 행복해질 수 있을 것이다. 공을 잘 차는 아이는 잘 차는 척하기보다는 자신의 기술을 보완하려고 애쓰는 것처럼 말이다.

치료사가 아니더라도, 이 책을 읽는 모든 분들이 위안, 즐거움, 배움을 얻기를 기대하며, 아울러 우리 모두가 연민 어린 마음으로, 서로를 잘 알 때까지 좀 더 오래 바라볼 수 있었으면 하고 바란다.

끝으로 이 책의 출판을 기꺼이 승낙해 주신 학지사 김진환 사장님, 교정과 편집을 위해 수고해 주신 이현구 선생님을 비롯한 많은 분들에게 진심으로 감사드린다.

2012년 2월

역자 일동

저자 서문

이 책은 교과서에서 설명하기 어려운 사례들(내담자들)에 관한 것이다. 그 사례들은 치료사가 자신의 능력과 인내심의 한계에 도전하게 만드는 사례들이다. 그리고 내가 돌파구를 찾으리라는 희망을 품고 가장 많이 생각해 보고 동료들과 가장 많은 이야기를 나눈 사례들이다.

어떤 경우에 이 까다로운 내담자들은 나를 분노 직전까지 몰아갔다. 내가 그들에게 시도해 본 모든 것이 아무런 변화도 가져오지 못한 것 같았다. 그렇지만 그들을 치료하면서 나는 나 자신과 치료에 대해 이제껏 거쳐 온 어떤 수퍼바이저나 교수에게서보다 더 많은 것을 배웠다. 그들은 우리가 매우 중요하게 생각하는 규칙들을 따르지 않는, 정말로 다루기 힘든 내담자들이다. 그들은 우리가 이제껏 가능하다고 생각해 온 것보다 훨씬 더 유연하고 창조적이고 혁신적인 사람이 되도록 밀어붙인다. 그리고 그들은 우리가 우리 자신의 내면을 깊숙이 들여다보면서 자신이 지닌 미해결 과제 하나하나가 전문가로서 그리고 인간으로서 온정적이고 유능한 존재가 되는 것을 방해하고 있는 것은 아닌지 검토하도록 요구한다.

책의 내용

이 책의 기본적인 목적은 내담자가 보이는 저항의 본질에 대해 철저한 기초 지식을 제공하고, 현재 사용 중인 여러 모델들을 설명하고, 독자들이 치료적인 갈등을 (어렵겠지만) 건설적인 대화로 바라보게 하기 위해서 그 모델들을 통합하여 균형 있는 시각을 가지도록 돕는 것이다. 이 책은 비협조적인 내담자들과 많은 시간을 보내 온 숙련된 치료사들을 주요 대상으로 삼고 있다. 치료과정이 교과서에서 늘 보던 것과는 다른 길을 취하는 일이 비일비재함을 보여 주는 실제적인 묘사는 초보자와 일반인에게도 도움이 될 것이다.

이 책의 전체 내용은 여러 가지 요소로 구성되어 있다. 내담자가 보이는 저항의 본질에 대한 개념적 논의와 일부 사람들이 치료에서 비협조성을 나타내는 이유, 접근하기 어려워 보이는 내담자와 소통하려고 분투한 나의 개인적 경험, 까다로운 사례를 다루기 위한 실용적인 제안이 그 요소들이다. 검토할 핵심적인 질문들은 다음과 같다.

- 무엇이 일부 사람들을 치료하기 어렵게 만드는가?
- 다루기 힘든 내담자와 저항하는 내담자는 어떻게 다른가?
- 내담자의 기대와 치료사의 지각은 어떻게 충돌하여 치료적 교

착상태를 만드는가?

- 우리가 가장 힘들어하는 내담자와 우리 자신 간의 유사성은 무엇인가?
- 가장 어려운 치료관계의 근원에 권력 갈등이 있는 이유는 무엇인가?
- 우리는 내담자의 저항을 왜 개인적으로(마치 그들의 저항이 우리를 표적으로 삼은 것처럼) 받아들이는가?
- 일상적인 규칙을 따르지 않는 내담자를 치료할 때 가장 중요한 지침은 무엇인가?

이 질문들 모두는 우리로 하여금 치료사가 곤경에 빠진 상황을 생각해 보게 한다.

1. 내담자가 협조하지 않으려고 마음먹고 있을 때(적극적인 저항)
2. 내담자가 비협조적인 태도를 취할 수밖에 없을 때(다루기 힘든 내담자로서 행동하는 방식이 확립되어 있는 경우)
3. 치료사가 뭔가를 모르고 있을 때(중요한 정보와 지식을 놓친 경우)
4. 치료사가 실제로 모르는 것을 안다고 여길 때(근거 없는 가정)
5. 치료사가 뭔가를 잘할 수 없을 때(서투른 개입)
6. 치료사가 뭔가를 하지 않으려고 할 때(책임감 부족)
7. 치료사 내면의 어떤 것이 치료를 방해할 때(미해결 과제)
8. 치료사가 연민을 잃어버릴 때

이 책은 4부로 구성되어 있고, 각각은 독자가 비협조적이라고 인식한 내담자에 대해서 좀 더 건설적으로 생각하고 좀 더 온정적으로 느끼고 좀 더 효과적으로 개입하는 체계적인 과정을 따르도록 돕기 위한 것이다.

구 성

『연민 어린 치료: 비협조적인 내담자 치료하기』는 4부로 나뉜다. 1부 '무엇이 비협조적인 내담자를 만드는가'의 4개 장에서는 어떤 사람들을 치료하는 것이 일종의 투쟁처럼 되는 이유를 탐색한다. 그들의 특징, 행동, 저항 전략, 조종적인 게임이 몇몇 사례들과 함께 상세히 설명되어 있다. 아울러 4장에서는 치료적 교착상태에 있어서 상호작용의 본질을 검토하고, 그것을 치료사와 내담자가 서로에게 갖는 비현실적인 기대로 인해 생긴 순환적 상호작용 문제로 본다.

2부 '치료사가 비협조적일 때'의 3개 장에서는 역전이 관련 문제와 치료사 자신의 미해결된 자기애적 욕구를 탐색한다. 특히 유연해질 수 없거나 그러지 않으려는 치료사가 일부 내담자들을 어떻게 '가르쳐서' 비협조적으로 만드는지에 관심을 두었다. 비협조적인 내담자들이 가진 특정한 신념과 회기에서 보이는 게임 때문에 필요 이상의 부담감을 가지는 치료사들에 대해서도 설명하였다.

3부 '매우 비협조적인 내담자'에서는 여러 치료사들이 가장 치료하기 어렵다고 느끼는 다양한 유형의 내담자들을 다루고 있다. 각 장에는 다양한 사례 기술과 함께 이 내담자들의 행동, 역동, 의사소통 방식이 설명되어 있고, 보다 효과적인 치료 성과를 위한 특수한 치료적 문제와 제안이 포함되어 있다. 이러한 사례에는 조종적인 내담자(8장), 통제적인 내담자(9장), 적대적인 내담자(10장), 싸우려 드는 내담자(11장), 지루한 내담자(12장), 수동적인 내담자(13장)가 포함되어 있다.

4부 '비협조적인 사례 다루기'에서는 비협조적인 사례를 치료하는 치료사에게 가장 도움이 되는 원칙, 전략, 개입을 제시하는 데 초점을 맞추었다. 14장은 치료사가 자신의 미해결된 역전이 문제를 보다 효과적으로 직면할 수 있는 방법을 논의한다. 15장은 비협조적인 사례에 대해 더 온정적으로 느끼고 더 건설적으로 생각하는 것과 관련된 치료사의 내면세계를 다룬다. 16장은 치료동맹의 강화와 통찰과정의 활용에 초점을 맞추고, 17장은 교착상태를 해결하는 데 유용한 것으로 입증된 행동지향 전략들을 다룬다. 마지막 18장은 비협조적인 내담자의 치료를 위한 '업무상의 규칙'이라는 형태로 책 전체의 중요한 메시지를 요약한다.

감사의 글

나는 지난 10년 동안 만났던 비협조적인 내담자들에게 가장 많은 빚을 지고 있다. 지혜를 향한 자신들만의 독특한 길을 찾기 위해 그들이 보여 준 창조성, 고집, 헌신 덕분에 나는 나만의 편안하고 작은 세계를 넘어서지 않을 수 없었다. 이른바 학습 경험이란 것이 거의 그렇듯이, 방해하거나 저항하는 내담자들과 함께한 이 여행은 극도로 힘들었고 좌절감을 주었다. 우리가 목적지에 도착한(또는 그것을 찾기를 포기한) 후에야, 나는 롤러코스터를 타고 겁에 질려 쉴 새 없이 비명을 지른 후에 기어 내려온 아이처럼 좋은 기억으로 되돌아보면서 "야, 재미있다! 또 타고 싶어!" 라고 자신에게 말할 수 있었다.

나는 비협조적인 사례에 대한 자문에 수년간 응해 주었던 동료들의 지혜와 충고에 대해서, 그리고 이 원고를 검토하고 조언해 주었던 이들에게도 감사를 드린다.

네바다 주 라스베이거스
1992년 1월
제프리 A. 코틀러

–내게 연민을 가르쳐 주신 아버지와 그것이 자라도록 도와준 아들에게 이 책을 바친다.

차 례

2부 치료사가 비협조적일 때

1부

무엇이 비협조적인 내담자를 만드는가

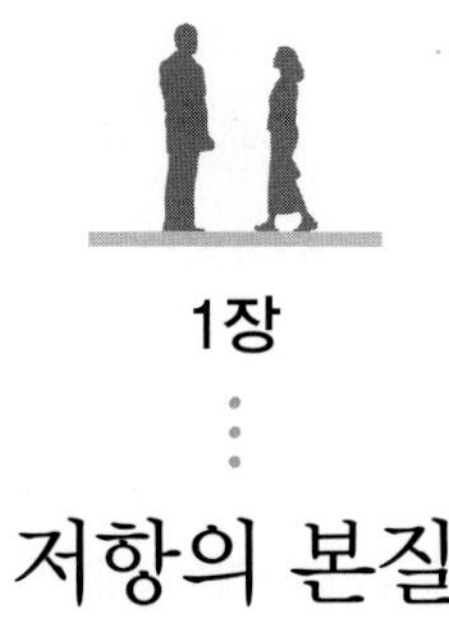

1장

저항의 본질

나는 수퍼바이저들, 교수들, 책의 저자들이 치료가 어떻게 효과를 내는지에 대해서 말했던 것과 내 치료실에서 실제로 벌어졌던 일들 간의 차이로 인해 오랫동안 당혹스러웠다. 워크숍에서 만난 수많은 발표자들과 수많은 책의 저자들이 거의 모든 사람에게 효과가 있는 기적적인 최신 치료법을 발견했다는 주장을 할 때마다 나는 괴로웠다. 그 주장들이 함축하고 있는 것은 내가 그런 방법들을 썼는데도 나의 내담자들이 나아지지 않는다면 그것이 바로 나의 잘못이라는 것이다. 그래서 나는 스스로 의문이 생겼다. 그 많은 시간이 지난 후에도 비협조적인 내담자들과 여전히 씨름하고 있는 사람은 정녕 나뿐이란 말인가?

나는 이 주제를 연구하던 초기에 심각한 장애가 있거나 저항이 심한 내담자들을 대하는 것에 관한 저술들을 많이 찾아보았다. 특별히 지오바치니와 보이어(Giovacchini & Boyer, 1982)가 편집한 한 권의 책이 좋은 조짐으로 다가왔다. 서문에 이런 글이 있었던 것이다. "대부분의 치료사들이 아직 수련 중이거나 개업한 지 얼마 안 되었을 때 분별없는 환자들을 가끔 만난다." (Giovacchini, 1982, p. 19)

좋았어! 그럼 나는 그 시기를 지난 것인가? 이제부터는 비협조적인 내담자들을 더 이상 만나지 않겠지? 문제도 피할 수 있고, 저항도 다룰 수 있고, 치료를 방해하는 어떤 장애물도 무력화할 수 있겠지?

뒷부분에 가서 저자는 자신이 가끔 분별없는 내담자들에게 좌절감이나 분노를 느끼고 자제력을 잃으며 상처를 입고 그들을 도무지 이해할 수 없게 되기도 한다고 인정했다. 나는 즉각 동류의식을 느꼈다. 나는 퇴행한 환자, 편집증 환자, 경계선 환자와 무엇을 하는지, 그리고 전이신경증 해결을 위한 분석적 처방을 따를 경우 그런 환자들을 어떻게 하면 마음대로 주무를 수 있는지에 대한 학술 논문들을 깊이 파고들다가 위안을 주는 짧은 글을 발견했다. 그 책에서(Adler, 1982, p. 39) 저자는 치료사가 비협조적인 내담자들을 만날 때 느끼는 무력감을 인정했다. "나는 마침내 무력감과 절망감이 치료사로서 내가 짊어져야 할 부담의 일부이고 그런 감정을 경험하는 것이 나 혼자만이 아니라는 결론을 내려야 했다. 또한 나는 이런 감정들이 특정한 환자들에게 매우 강하게 따라붙는다는 것을 알기 시작했다. 나는 최선의 의도를 가지고 있음에도 불구하고 그러한 환자들에게 반복적으로 무력감, 절망감, 분노를 느끼면서 그들에게 보복하거나 그들을 내쫓을 방법을 공상하고 있는 나 자신을 발견했다."

어떤 내담자들은 실제로 우리의 생활을 혼란에 빠뜨린다는 것을 인정하는 것이 당황스러울 수도 있겠지만, 나는 그런 상황이 생각보다 더 일반적이라고 여긴다. 더욱이 우리가 가장 힘겨워하는 그런 종류의 내담자들에 대해 공개적으로 논의함으로써 우리는 그들의 역기능적인 행동을 우리 자신의 것과 구별하고 더 효과적인 치료 전략을 만들어 낼 수 있게 된다.

어떤 치료사가 다른 치료사보다 더 비협조적인 내담자를 만나는 이유

비협조적인 내담자라는 전반적인 주제는 논의하기가 다소 불편하다. 왜냐하면 우리가 임상에서 그런 사람들을 만난다는 것을 인정해 버리면 그들에 대한 것만큼이나 우리 자신에 대한 것도 많이 말해야 할 것이기 때문이다. 우리 분야의 전문가들은 자신이 다루기 힘든 내담자에 대해서 말하는 것이 쉽지 않다. 이러한 전문가들은 효과가 있었던 개입만 발표하고 비참하게 실패한 시도는 조용히 묵살해 버리는 경향이 있다. 결과적으로 우리 중의 일부는 자기만 어렵고 저항적인 내담자들과 부닥친다고 느낀다.

퍼셀과 웩슬러(Purcell & Wechsler, 1991)에 따르면, 우리는 특정한 내담자와 잘해 나가지 못할 때 그것이 자신이 가진 결코 완전히 해결할 수 없는 미해결 과제의 불가피한 결과임에도 불구하고 결국 자신을 탓하게 되고 만다. "우리의 개인적인 문제를 무시하는 것은 유능한 치료사로서 모든 상황에서 모든 내담자를 언제나 효과적으로 치료할 수 있어야 한다는 신화를 강화시킨다."(p. 65)

문제가 많은 내담자들을 아주 교묘하고 쉽게 다루는 능숙한 치료사들의 실연을 직접 또는 비디오테이프를 통해 보면서 우리는 더 겁을 먹는다. 그런 프로그램에서 그까짓 골칫거리는 마술지팡이를 휘두르거나 기발한 전략을 도입함으로써 쉽게 해결될 수 있는 것처럼 보이며, 그 전략도 그들이 설명을 해 주고 나서야 확실히 이해가 된다.

매우 탁월한 치료사가 어떤 비협조적인 내담자든 쉽게 다룰 수 있게 되는 것은 단지 비범한 카리스마와 기술 때문만은 아니다. 그들은 내담자들을 신중하게 심사하여 동기부여가 가장 잘 되어 있고 자신들의 접근에 가장 적합한 사람들만 선별하는 호사도 누린다. 한 예로, 1970년대에 매스터스(Masters)와 존슨(Johnson)은 다른 치료사들이 도저히 따라갈 수 없을 정도로 경이적인 성치료 성공률을 보고했다. 이 성공은 부분적으로는 다루기 힘든 사례를 제거하는 정교한 심사 절차에 의한 것으로 설명된다. 또 그 프로그램의 구성원으로 받아들여진 사람들은 거기에 참여하기 위해 수백 마일을 여행하고 수천 달러를 지불할 만큼 높은 동기를 가지고 있었다. 우리 대부분은 취향에 맞게 선택할 수 있을 만큼 무한정 많은 내담자들을 가지고 있지 않으며 또 그들 모두가 충분한 돈과 변화에 대한 강한 욕구를 가진 것도 아니다. 그러므로 우리는 메카로 여행 온 사람들과는 사뭇 다른 내담자들을 만나지 않을 수 없게 된다(Anderson & Stewart, 1983a).

내담자들이 가난할수록 억지로 치료받게 되는 경우가 더 많고, 그들의 눈에 비친 우리가 유명하지 않을수록 비협조적인 내담자가 될 경우도 더 많아진다. 의심할 여지없이 이러한 저항은 치료사의 나이, 경험, 훈련, 기술, 인격, 치료 접근과도 상관이 있다. 모든 조건이 동일하다 해도 어떤 치료사들은 비협조적인 내담자들을 더 많이 만나게 된다. 그것은 치료사의 치료방식 때문이기도 하고 치료사가 행동을 어떻게 해석하고 저항을 어떻게 규정하느냐의 결과인 유연성의 부족 때문이기도 하다.

변화와 저항에 대한 관점

프로이트(Freud)가 저항을 '위협적인 자료를 무의식적으로 억압하는 내담자의 노력'이라고 개념화한 이래로 비협조적인 내담자라는 주제는 현존하는 거의 모든 치료 접근에서 다루어지고 있다([1914] 1957). 내담자의 저항에 대한 이 정신역동적인 설명에 이어서 그 현상은 다음과 같이 정의되어 왔다. (1) 밝히기를 꺼림(Rogers, 1958), (2) 지시한 과제를 이행하지 않음(Shelton & Levy, 1981), (3) 대인관계적 우위를 차지하기 위한 투쟁(Watzlawick, Weakland, & Fisch, 1974), (4) 치료사의 정당성(영향력의 근원으로)을 수용하지 않음(Strong & Matross, 1973), (5) 의사소통의 특수한 형태(Erickson, 1964). 요약하면, 저항은 치료의 진행을 막거나 피하거나 방해하기 위해 내담자가 고의로 또는 무의식적으로 행하는 모든 것이다(Puntil, 1991).

오타니(Otani, 1989a)는 저항의 가장 흔한 형태를 스물두 가지로 분류하고는 몇 개의 기본적인 범주—침묵하여 의사소통하지 않기, 중요한 내용을 제한하기, 반응을 조작하기, 치료의 기본적인 규칙을 어기기—로 나누었다. 이러한 종류의 저항은 각각의 특징적인 행동이 있다.

의사소통하지 않기

침묵하기
드물게 반응하기
최소한으로 반응하기
끊임없이 이야기하기

내용을 제한하기

잡담하기
지성화하기
반문하기
집요하게 이야기하기

조작하기

무시하기
유혹하기
남 탓하기
잊어버리기

규칙을 어기기

약속을 지키지 않기
지불을 미루기
부당한 요구하기
부적절한 행동 보이기

치료사가 내담자의 이런 다양한 행동을 해석하는 방식은 사람이 어떻게 그리고 왜 변하는지에 대해서 그가 적용하는 이론에 달려 있다. 저항은 변화의 불가피하고 자연스러운 요소로 또는 치료가 올바른 방향으로 나아가고 있다는 신호로 볼 수 있다. 예를 들어, 게슈탈트 치료사는 저항을 내담자가 진정한 감정의 표현을 회피하는 것으로 규정한다. 행동치료사는 지시한 과제를 따르지 않는 내담자를 비협조적인 내담자로 분류한다. 그리고 정신분석가는 치료 지시는 잘 따라도 다른 쟁점은 다루지 않으려고 부인이나 억압을 사용하는 내담자를 방어적이고 저항적이라고 볼 것이다(Anderson & Stewart, 1983b).

다우드와 사이벨(Dowd & Seibel, 1990)은 저항에 대한 보다 일반적인 이론적 관점들을 설명하고 있다. 내담자의 행동에 대한 이런 해석들을 검토해 보면 어떤 치료사들은 저항을 비협조적인 것과 동일시하지 않음을 알 수 있다. 그들은 내담자의 방해 행동이 효과적으로 사용되기만 한다면 발전의 잠재력이 된다고 본다. 그 밖의 치료적 접근들은 내담자의 저항을 지속적인 변화를 위해 극복해야 할 장애물로 여긴다. 나는 이렇듯 다양한 관점들을 연속선상에 두고 저항을 치료사의 장애물로 보는 것부터 친구로 보는 것까지 정리하였다.

장애물로서의 저항

△

△

△

문제 해결: 저항은 장애물이며 극복되어야 한다.

정신분석: 저항은 해석하고 무력화해야 한다.

행동치료: 저항은 주어진 과제를 이행하지 않는 성가신 것이다.

사회적 영향: 저항은 의사소통의 한 형태로서 중립적인 것이다.

인지행동치료: 저항은 변화과정의 자연스러운 요소다.

체계이론: 저항은 가족의 구조적 통합성을 유지하는 한 방법이다.

실존치료: 저항은 정당한 자기표현의 수단이다.

전략적 치료: 저항은 기꺼이 받아들여서 역설적으로 처방하는 것이다.

▽

▽

▽

친구로서의 저항

물론 이 연속선은 매우 복잡하고 다양한 관점들을 단순화한 것이다. 그것은 하나의 이론적 지향성을 특정한 위치로 분류하려는 것이 아니라, 치료사가 내담자의 행동에 대한 자신의 생각이 기본적으로 부정적인지, 긍정적인지 혹은 중립적인지 구분하려는 것이다. 이러한 평가는 치료사가 저항적인 행동을 어떻게 해석하여 반응하는지를 어느 정도 결정하게 된다.

저항의 유형과 의미

치료사가 비협조적인 내담자를 다루는 것은 치료사의 전반적인 이론적 지향성뿐만 아니라 특정한 순간에 내담자의 어떤 행동이 가지는 독특한 의미와도 관련이 있다. 저항은 내담자가 변화의 결과를 철저히 살펴볼 때까지 행동을 지연시키는 정상적이고 건강한 방법이 될 수 있다. 다른 경우에는 보다 심각하고 근본적인 성격장애에서 기인된 것일 수 있다. 저항은 성공에 대한 두려움 때문에 생겨난 불편감을 피하기 위해 사용될 수 있다. 그것은 자기 처벌로 인해 생겨날 수도 있고 반항적인 기질을 반영하는 것일 수도 있다. 심지어 신경질환이나 가족의 간섭이 그 원인이 될 수도 있다.

먼잭과 오질(Munjack & Oziel, 1978)은 성적 기능장애에서 그 기저의 원인에 따라 저항을 몇 가지 유형으로 구분하였다. 우리가 그들의 구분을 일반적인 내담자들에게 적용해 보면 원인이 다르기에 치료방법도 다른 다섯 가지 유형의 저항을 식별할 수 있게 된다.

유형 1의 저항에서 내담자들은 치료사가 원하거나 기대하는 것을 단지 이해하지 못한다. 그들은 단순하여 치료가 어떻게 작용하는지 잘 모를 수도 있고 사실에 의거한 생각만을 하는 사람들일 수도 있다. 어떤 내담자는 어떻게 치료를 받으러 오게 되었는지 설명해 달라는 요청에 버스를 타고 왔다고 말한다. 그는 빈정대거나 회피하려고 하는 것이 아니며 단지 질문의 의도를 이해하지 못한 것이다. 유형 1의 저항에서 내담자의 비협조적인 행동의 근원은 내담자의 단순함, 치료사의 불완전한 의사소통 방식, 또는 양자의 조합이 될 수 있다. 일단 오해의 근원이 밝혀지면, 치료사는 다음부터는 그 내담자와 정확하게 의사소통하려고 집중하면서 치료의 목표, 기대, 역할을 명료화할 수 있게 된다.

유형 2의 저항에서 내담자는 지시받은 과제를 수행하는 데 필요한 기술이나 지식이 부족해서 그것을 따르지 못한다. 내담자는 완강하게 저항하는 것이 아니라 단지 치료사가 요구하는 것을 할 수 없을 뿐이다. 치료사가 혼란스러워 보이는 젊은 여성에게 "지금 기분이 어떠세요?" 하고 묻는다. 그녀는 정말로 모르기 때문에 그 순간 자신의 기분을 말로 도저히 표현할 수 없어 "몰라요."라는 대답을 반복하면서 기분이 더욱 나빠지게 된다. 이러한 유형의 내담자에 대한 해결책은 비교적 간단하다. 최소한이라도 내담자가 새로운 대안을 찾을 수 있게 될 때까지 그 순간에 할 수 있는 것만 하도록 요청하는 것이다.

유형 3의 저항은 의욕의 결여를 수반한다. 내담자는 치료사가 무엇을 하든지 뚜렷한 무관심과 냉담함으로 반응한다. 이러한 행동은 그전의 치료에서 실패한 결과로 생긴 것이거나 자기 패배적인 신념체계 때문일 수 있다. 엘리스(Ellis, 1985)는 저항의 대부분의 형태가 세상이 특정한 방식으로 존재해야 한다는 내담자의 비현실적인 요구('사람들이 나를 이런 식으로 대하는 것은 공평하지 않아.')와 자기 파괴적인 마음속 이야기('내 상황은 아무런 희망이 없고 나는 결코 나아지지 않을 거야.')에서 기인한다고 주장했다. 어떤 내담자들은 이러한 역기능적 사고방식이 있어서만이 아니라 그것의 타당성에 이의를 제기하는 것에도 저항하기 때문에 특히 더 비협조적인 태도를 취하게 된다.

유형 3의 저항은 내담자가 협조해야 할 어떤 동기도 감지하지 못할 때 생겨날 수 있다. '내가 왜 당신과 이야기한 모든 것에 마음을 써야 하지? 어쨌든 아무것도 변하지 않을 거야. 내가 마음을 추스르든 말든 아내는 나를 떠나 버릴 거야. 우울에 빠져 있으면 시간이라도 보낼 수 있지.'

이러한 유형의 저항에 대한 개입 전략도 필연적으로 그것의 근원으로부터 나온다. 치료사는 내담자에게 동기를 부여하고 강화시킬 원천이 될 만한 것을 찾아보면서 희망과 긍정적인 기대를 서서히 주입해야 한다. 아무런 의욕이 없는 이 남자의 경우, 그가 비록 스스로를 위해서 기분이 나아지게 하거나 결혼생활을 구제할 욕구는 없다고 하더라도 자신의 행동이 아이들에게 미치는 영향은 생각해 봐야 한다는 것을 인식하게 하였다. 그는 자신이 방치하는 바람에 고통받고 있는 아이들을 위해서 자신의 기분을 밝게 만들고 아내와도 잘 지내려고 애써야 한다는 것을 이해했다.

유형 4의 저항은 '전통적인' 죄책감이나 불안에서 유도된 다양한 것들로서 정신분석가들이 가장 많이 인식했던 것들이다. 방어기제는 더 이상 효과적으로 작동하지 않게 된다. 내담자는 억압된 감정이 표면으로 떠오르기 시작하면 놀라서 뒷걸음질 친다. 치료가 순조롭고 지속적으로 진행되다가 일단 불안에 부딪히게 되면 내담자는 때로는 의도적으로, 더 잦게는 무의식적으로 모든 것이 더 이상 진행되지 않도록 방해한다. 두려움은 흔히 압도적인 힘을 가진다. 낯선 사람에게 개인적인 자료를 드러내는 것에 대한 당혹감으로 인한 두려움, 미지의 것에 대한 두려움, 선의의 조력자와 함께 했던 이전의 경험에서 촉발된 두려움, 판단당할 것에 대한 두려움, 문제에 직면할 때 수반되는 고통에 대한 두려움(Kushner & Sher, 1991). 이러한 유형의 저항에 대한 해결책으로는 지지하고, 신뢰관계를 만들고, 내담자가 자신을 수용하도록 돕고, 일어나는 감정이나 행동을 해석하는 통찰 지향적인 정신역동적 치료가 기본이다.

유형 5의 저항은 내담자가 증상을 통해 얻는 이차적인 이득에서 생긴다. 일반적으로 우리가 내담자에게서(또는 우리 자신에게서) 보는 자기 패배적인 행동의 대부분은 몇몇 기본적인 주제를 따른다(Dyer, 1976; Ford, 1981). 어떤 개입에도 저항을 보이는 만성 신체화 장애를 가진 내담자를 예로 들어 보자. 여기저기 아픈 꾀병, 뮌하우젠(Munchausen) 증후군,[1] 흔한 형태의 건강염려증 등 어떤 것에 걸려 있건 간에 그는 특별한 장애와 맞바꾼 수많은 이득을 누린다.

죄책감, 강박반추증, 울화통 등 어떤 다양한 증상이 있다고 하더라도 이차적인 이득은 흔히 다음과 같은 위안을 준다.

1. 내담자는 꾸물거리면서 행동을 미룰 수 있다. 내담자가 우리의(그리고 그 자신의) 주의를 산란시켜서 그가 선호하는 행동화 양식에 초점을 맞추는 한, 그는 성장과 변화의 구성 요소인 위험을 감수할 필요가 없어진다.

1) 역자 주: 뮌하우젠 증후군은 병원 치료를 받으려고 계속 몸이 아픈 척하는 정신이상 상태를 말한다.

2. 내담자는 책임을 피할 수 있다. "그건 내 잘못이 아니야."와 "나는 어쩔 수 없어."는 문제를 남 탓으로 돌리는 비협조적인 내담자들이 늘 내세우는 불평이다. 그들은 고통을 다른 사람의 책임으로 돌리고 적이라고 여긴 사람들을 처벌할 방법을 찾기 때문에 고통을 만들어 낸 자신의 역할은 결코 살펴볼 필요가 없게 된다.
3. 내담자는 현재의 상황을 계속 유지할 수 있다. 우리가 과거를 보고 있는 한, 현재나 미래를 검토할 기회는 없기 마련이다. 내담자는 일생 동안 굳어진 습관을 변화시킬 고된 노력을 하기보다는 익숙한 생활에서(그것이 아무리 비참하다고 할지라도) 무사하고 안전한 채로 지내게 된다.

모든 친밀한 관계를 파괴하려는 욕구를 가졌다는 사실에 직면시키려고 온갖 노력을 해도 꿈쩍하지 않던 한 내담자는 그로 인한 이득을 목록으로 만들고 나서야 마침내 태도를 바꾸기 시작했다.

- "나는 너무나 외로운 나 자신이 불쌍해졌다. 다른 사람들이 나를 이해하지 못하는 것은 그들의 잘못이다."
- "나는 다른 사람들로부터 많은 동정을 받고 있다. 그들은 나를 불쌍히 여긴다."
- "나는 나를 '비협조적인' 사람이라기보다는 '복잡한' 사람이라고 부르는 것이 더 좋다. 내가 당신의 다른 내담자들과 많이 다르다는 것이 좋다. 그러니 당신은 내게 정말로 관심을 기울여야 한다."

- "내가 누군가를 너무 가까워지기 전에 떠나 보낼 수 있는 한, 나는 성장할 필요도 없고 더 성숙한 어른의 관계를 영위하기 위해 배울 필요도 없다. 나는 이기적이고 제멋대로인 채로 남아 있을 수 있다."
- "나는 이런 문제를 갖고 있다는 것을 핑계로 많은 이익을 얻는다. 그것이 바로 내가 인생에서 성공하지 못하는 이유다. 이 문제를 해결해 버리고 나면 내 목적을 달성할 수 없다는 사실을 직면하게 될까 봐 두렵다. 이 방식으로는 적어도 내가 노력만 하면 원하는 것을 얻을 수 있는 척이라도 할 수 있다."
- "누가 나를 거부하기 전에 내가 내 방식대로 관계를 끝낸다는 생각이 좋다. 관계를 끝내는 방식을 내가 좌지우지하는 한 그렇지 않을 때의 반만큼도 상처를 입지 않는다."

이러한 술책을 직면시키고 변화를 피하려고 벌이는 게임을 내담자가 어쩔 수 없이 인정하게 만드는 것은 자신에 대한 더 많은 책임을 지도록 하는 데 중요한 단계다. 이차적인 이득이 가장 큰 경우는 내담자가 자신의 행동을 알아채지 못할 때다. 일단 이러한 자기 패배적 행동이 분명하게 드러나면, 내담자는 자신을 비웃지 않고 그러한 행동을 하기가 훨씬 어려워진다. 직면 전략이 이차적인 이득을 강화시키는 체계의 힘을 변화시키려는 노력과 결합될 때 여러 가지 유형의 저항이 크게 감소될 수 있다.

항상성과 저항의 의미

돕는 직업을 가진 우리는 과학으로부터 유익한 개념을 빌려와서 복잡한 정신 현상을 설명하는 데 적용하는 것을 아주 좋아한다. 우리가 이렇듯 구체적인 물리적 사실에 끌리는 이유는 아마도 우리의 학문이 너무나 추상적이고 규정하기 힘들기 때문일 것이다. 어쩌면 우리는 정신치료를 '신경학적인 것으로 만들기'를 좋아했던 프로이트를 흉내 내고 있는지도 모른다. 어쩌면 우리는 알약, 해부용 메스, 레이저 광선으로 문제를 고칠 수 있는 의사들을 부러워하는 좌절한 의사들인지도 모른다. 혹은 내적인 인간 행동과 외적인 인간 행동 모두가 물리적인 세계와 유사한 법칙을 따른다는 가정은 단지 직관적인 느낌에 불과한지도 모른다.

비협조적인 내담자의 행동을 개념화하는 일반적인 방법 중의 하나는 항상성의 과정, 즉 조직 전체에 걸쳐서 균형을 유지하려는 신체의 강한 경향성을 따르는 것이다. 피부의 표면 온도를 낮추기 위해서 신체는 열을 올리고 땀샘을 자극하기 시작한다. 신체의 어떤 부분이 침범당하여 정밀하게 조정된 체온, 혈압, 체액의 균형상태가 어지럽혀지면 방어체제가 작동하여 감지된 적을 물리치고 세포의 안정상태를 회복한다.

우리는 이와 똑같은 과정을 일부 내담자들에게서 자주 관찰하게 된다. 그들은 비록 역기능적이라 할지라도 유기체의 항상성을 유지하기 위해서 우리의 선의뿐만 아니라 필요한 변화를 일으키려는 그들 자신의 노력마저도 좌절시키려고 한다. 내담자의 방해 행위에 대한 이 기능 모델에 따르면, 내담자의 저항과 비협조성의 대부분의 형태는 현재의 상태를 위협할지도 모를 변화를 피하려는 노력이다.

사람들은 자신이 이미 하고 있는 어떤 것을 변화시키라는 요구나 기대를 받을 때 비협조적인 태도를 취하는 경향이 있다. “사람들은 불이 난 건물에서 뛰쳐나오는 것처럼 행동의 변화가 필요하거나 이롭다는 압도적인 증거로 바로 설득당하지 않는 한은 현재 상태의 변화에 저항할 것이다.”(Anderson & Stewart, 1983a)

내담자들은 우리가 지나치게 가까워지지 못하게 하고 감지된 공격으로부터 자신을 보호하기 위해 게임을 한다. 물론 땀샘이 활동을 시작하도록 의도적으로 명령하지 않는 것과 마찬가지로 이 과정에 의식적으로 참여하는 것은 아니다. 그 반응은 자동적이므로 재조정될 필요가 있는데 이것이 바로 정신치료의 핵심적인 과정이다.

항상성 모델은 우리가 비협조적인 내담자들의 행동을 개인적으로 받아들이지 않게 하고, 그들이 치료과정을 방해하려고 조종하는 게임을 할 때 충격을 받지 않도록 해 준다. 우리는 거의 모든 내담자들이 어느 정도 비협조적일 것이라고 예상하다가 그들이 그렇지 않은 것을 알게 되면 놀랍고 기쁘다(어떤 치료사들은 외관상의 협조는 그 자체로 교활한 형태의 저항이라고 주장하지만 그것은 다른 이야기다).

항상성의 은유에만 빠져 있지 않으려면, 인간 행동이 생화학적으로 또는 세포 간에 일어나는 일들과 똑같은 법칙을 따르지 않는다고 강하게 주장한 일부 저자들을 주목해야 한다. 한 예로 헤일리(Haley, 1989)는 내담자의 저항에 대한 모든 논쟁이 어리석다고 여긴다. 왜냐하면 내담자는 변화를 원하지만 단지 방법을 모를 뿐이기 때문이다. 하지만 힘과 통제에 대한 가족 역동을 설명하기 위해 항상성의 은유를 열정적으로 사용해 온 이들은 다름 아닌 가족치료사들이었다.

인간이 만물에 적용되는 우주의 법칙으로부터 자유롭다는 가정은 완전히 우리 입장에서만 보는 자기중심주의일지도 모른다. 동양의 종교, 아메리카 인디언뿐만 아니라 물리학자들까지도 모든 사건과 행동은 그것이 비록 한 지역에 국한되어 있다 할지라도 우주의 다른 부분의 에너지에 연결되어 있고 그로부터 영향을 받는다고 말해 왔다. 이것은 양자역학에 있어서 가장 기본적인 법칙의 핵심이다(Zukav, 1979).

이 책 전체에 걸쳐 있는 나의 가정은 내담자들이 비협조적인 것은 자기 삶의 항상성을 필사적으로 유지하기 위해서라는 것이다. 그런 행동을 통해서 그들은 자신이 할 수 있는 한 잘 살아가려고 애쓰고 가능한 한 안정된 삶을 유지하려고 한다. 그런 노력 때문에 치료사가 불편하고 괴로워진다고 해도 할 수 없다.

일반적으로 대부분의 사람들, 특히 대부분의 내담자들, 그리고 대부분의 비협조적인 내담자들은 다른 대안이 없기 때문에 이전에 효과적으로 작용했던 전략(비록 지금은 역기능적이라고 할지라도)에 기대어 어려운 시기를 헤쳐 나가려고 최선을 다한다. 그들은 자신의 환경을 가능한 한 많이 통제하려고 애쓰고, 결과적으로는 자신의 세계를 차지한 사건들과 사람들의 지배를 받게 된다. 그들은 일부러 우리의 생활을 비참하게 만들려고 하는 것도 아니고 우리를 괴롭힐 음모를 꾸미려고 밤늦게까지 깨어 있는 것도 아니다. 그들은 단지 이해받기를 원할 뿐이다.

비협조적인 내담자들은 자신의 행동을 항상 인식하고 있는 것이 아니기 때문에 말 그대로 다루기 힘들다. 우리의 일은 치료과정에서 우리 자신을 괴롭게 만들지 않으면서 그들이 스스로를 드러내고 개인적인 변화를 시도하도록 돕는 것이다. 이 힘든 과제를 완수하기 위해 우리는 사람들을 치료하기 어렵게 만드는 상황과 변수를 철저히 이해해야 한다. 그것을 알게 되면 우리는 내담자들이 경험하는 것에 더 민감해지고 그들에게 온정적이고 효과적으로 반응할 수 있게 된다.

2장

비협조적인 내담자의 특징

치료사가 치료하기 어렵다고 생각하는 내담자들은 대개 두 그룹으로 나뉜다. 한 그룹은 만성 정신질환을 가진 사람들이고, 다른 한 그룹은 성격장애를 가진 사람들이다. 말할 것도 없이 그들은 가장 심각한 장애와 가장 오래된 역기능의 패턴을 가지고 있고, 예후가 가장 나쁘며, 가장 거슬리는 대인관계 방식을 지닌 내담자 집단이다. 그들은 보통 다른 사람들과 건강한 관계를 수립하고 유지하고 발달시키지 못하는 사람들이다. 그들은 양극단 중의 하나로 나아가는 경향이 있다. 즉, 수동적, 무반응적, 무감동적, 내향적이거나 혹은 공격적, 조종적, 충동적, 보복적이다. 거의 모든 사례에서 그들은 장기간 지속된 방식으로 지내 왔고 적어도 어느 정도는 그 방식을 고수하려고 결심한 것처럼 보인다.

일부 저자들은 비협조적인 내담자란 없고 오직 비협조적인 치료사가 있을 뿐이라고 주장해 왔다(Stieger, 1967; Altschul, 1977). 웡(Wong, 1983)은 전국의 유명한 치료사들을 대상으로 이 주제에 대한 그들의 시각을 알아보기 위해 설문조사를 실시했다. 그들 중 원로 치료사들은 가장 치료하기 어려운 내담자들에 대한 의견이 일치하였다. 몇 가지 확실한 진단 범주가 드러났는데, 예를 들면 경계선, 편집성, 반사회성 성격장애다. 자기애성 성격장애도 폭력이나 자살 가능성이 있는 내담자 목록의 맨 위에 있다. 마지막으로는 약물과 알코올 중독자, 만성 정신질환자, 심각하게 병리적인 가족체계의 구성원인 내담자, '고머(gomer)'[1)]라는 딱지가 붙은 병원 환자들이 있다.

고머들은 흔히 관심받기를 간절히 원하는 노인 환자들이며 인종, 성, 계층에서 고르게 퍼져 있는 이질적인 집단이다. 그들은 공통적으로 비가역적인 정신적 퇴화와 복합적인 증상을 가지고 있고, 정상적인 성인의 역할을 재개할 수 없으며, 병원을 나가도 갈 데가 없다(Leiderman & Grisso, 1985).

그러나 '고머증(gomerism)'은 내담자들만의 특징은 아니다. 그것은 어느 정도는 도움을 주는 쪽의 냉소주의와 좌절을 나타내기도 한다. 그들을 돌보는 사람들은 무력감을 느끼고 자기 능력의 한계에 직면하게 되어 있다. 외로운 노인 내담자는 그들이 자신을 위해 할 수 있는 일이 거의 없다는 것을 알지만 그래도 작은 관심이나마 받고 싶다.

치료사가 비협조적인 내담자의 행동에 내적으로 어떻게 반응하는지에 대한 요인분석 연구에서 콜슨 등(Colson et al., 1986)은 심각한

---

1) 역자 주: 고머(gomer)는 get out of my emergency room의 줄임말로, 건강염려증으로 응급실을 찾는 달갑지 않은 환자를 뜻한다.

장애 집단 중에서도 자살 충동을 느끼는 우울증 내담자가 가장 강한 반응을 불러일으킨다는 것을 발견했다. 치료사들은 여러 가지 모순된 감정을 이끌어 내는 심한 우울증 내담자를 만난 후에 가장 고통스러워했으며 입원한 경계선 환자나 정신분열증 환자보다 그들에게 더 강하게 반응하였다. 한편으로 우리는 내담자의 생명을 구하고 그/그녀를 절망으로부터 구출하고자 하는 엄청난 의지를 느낀다. 다른 한편으로는 옴짝달싹할 수 없고 낙담하고 두렵고 무력함을 느낀다. 이와 같은 감정들은 근친상간의 피해자나 가해자(McElroy & McElroy, 1991), 고문 피해자(Pope & Garcia-Peltoniemi, 1991)처럼 저항을 해서라기보다는 치료하기가 불편한 내담자들에 의해서도 상당히 유발된다.

우리는 이 목록에 (앞으로 논의하게 될) 유혹적인 내담자, 의존적인 내담자, 조종적인 내담자, 지배적인 내담자, 지루한 내담자, 공격적인 내담자 등을 추가할 것이다. 유감스럽게도 우리가 이 목록을 빠짐없이 작성한 후에야 더할 수 없이 적절하게 행동하고 협조적이고 의욕적이며 특히 우리의 대단치 않은 수고에도 고마워하는 내담자 집단이 남게 된다.

거의 모든 진단 범주가 저마다의 독특한 난제를 제시하는 것이 사실이지만, 치료에서 내담자를 비협조적으로 만드는 것은 현재의 문제나 증상보다는 그가 자신의 문제에 반응하는 방식과 더 많은 관련이 있다(Dowd, Milne, & Wise, 1991). 약물 중독자, 강박신경증 환자, 만성 우울증 환자 모두가 치료에 특별히 비협조적인 것은 아니다. 사실 이 일에서 우리가 얻을 수 있는 가장 큰 만족감 중의 일부는 매우 심한 장애를 가진 사람들과의 상호작용에서 온다.

경계선 성격장애(정서와 관계 방식이 유별나게 불안정하고 자기 파괴적인 행동 경향이 있는 사람들을 기술하는 데 사용되는 여러 가지 특성을 가진 진단 범주)라는 진단이 붙은 두 내담자인 프랜과 사샤를 상상해 보자. 하지만 프랜은 행동하는 방식이 진단에서 상당히 벗어나 있다. 그녀는 마치 치료법에 따라 지속적으로 형태를 바꾸는 희귀한 종류의 바이러스에 감염된 것과 같다. 사샤는 '경계선적인' 방식으로 행동할 것이라는 것을 다소 예측할 수 있고 강력한 한계 설정에 반응할 것이라고 믿을 수 있는 반면, 프랜은 어떤 치료적 개입에도 같은 방식으로 반응한 적이 없다. 사회적인 측면에서는 프랜이 좀 더 기능적인 것 같다. 그녀는 사샤와 달리 친구들도 있고 좋은 직업도 가지고 있다. 하지만 주변 사람들을 훨씬 더 힘들게 한다. 사샤는 목소리가 부드럽지만, 프랜은 날카롭다. 사샤는 일이 잘못될 때 자신을 탓하는 경향이 있지만, 프랜은 상대를 탓하며 "당신이 만든 이 난장판을 바로잡을 방법을 찾지 못하면 당신을 고소할 거야. 농담이야. 하하." 하는 식이다.

사샤가 프랜보다 크게 빨리 좋아지지는 않아도 대부분의 치료사들은 사샤를 치료하는 것이 더 수월할 것이다. 그 이유는 사샤의 스타일이 치료과정과 치료동맹을 명백하게 방해할 정도는 아니기 때문이다. 하지만 그녀는 혼자서만 지내기 때문에 결국에는 나아지기가 더 힘들 것이다. 프랜에 대해서 당신은 그녀가 매 순간 취하는 입장을 안다고 생각하겠지만 그녀의 치료과정도 투쟁과 같을 것이다. 따라서 내담자는 현재의 호소 문제, 증상의 심각성과 강도 때문만이 아니라 각자의 상호작용 스타일 때문에도 치료하기 어려운 내담자가 된다.

많은 치료사들이 보다 심각한 장애를 가진 내담자들을 치료하는 것을 아주 즐기는데, 그 이유는 자신이 속한 기관의 지시나 자학적인 기질 때문이 아니라 자신의 도움을 가장 많이 필요로 하는 사람들을 치료하는 과제를 잘해 내기 때문이다. 그러한 전문가들은 정신분열증이든, 성범죄자든, 경계선이든, 교차성 약물 중독자(cross-addicted substance abusers)든 간에 치료를 어렵게 만드는 장애가 따로 있는 것이 아니라고 말한다. 그보다는 각각의 내담자가 증상을 나타내고 자신을 표현하고 개입에 반응하는 독특한 방식이 치료를 어렵게 만든다고 한다.

비협조적인 내담자의 사정

비협조적인 내담자를 정의할 때 변화에 저항하는 경향을 정확하게 포착하려고 하면 즉각 두 가지 문제가 생긴다. 첫째, 그 개념은 저항이나 방해에 대한 치료사의 생각을 반영하기 때문에 그에 일조하는 대인관계적, 환경적 요인을 빠뜨리게 된다. 둘째, 비협조적이라는 것은 존재하거나 존재하지 않는 양분된 구성 개념이라고 간주하게 된다(Jahn & Lichstein, 1980).

쟁점은 내담자가 비협조적인지 아닌지가 아니라 치료할 문제가 치료 상황에서 작용하는 정도와 강도라는 것을 우리 대부분은 알고 있다. 이러한 생각은 내담자의 독특한 성격 특성(그를 거슬리는 사람으로 만드는)뿐만 아니라 치료 장면의 배후에서 치료의 진행을 방해하고 있는 사람이 누구인가와 같은 질문을 고려하게 만든다. 우리는 관계상의 어려움을 어떤 방식으로 악화시키고 있는가? 내담자의 지지체계, 환경 또는 현상학적 세계에서 일을 어렵게 만들고 있는 것은 무엇인가?

신뢰할 만한 사정이라는 과제는 매우 어려운 일이 될 수 있는데, 왜냐하면 그 과정이 본질적으로 주관적인 속성을 가지고 있기 때문이다. 똑같은 내담자를 만난 6명의 치료사들은 그 상황을 서로 다른 방식으로 경험하고 해석할 것이다. 예컨대 새로운 내담자가 당신의 치료실로 걸어 들어와서 다음과 같이 묻는 것을 상상해 보라.

"치료를 시작하기 전에 당신의 자격증과 훈련받은 것에 대해서 알 수 있을까요?"

이 내담자의 질문에 대해 생각해 보고 당신의 반응을 말해 보라. 다음의 치료사들은 이 첫 질문을 어떻게 해석하는지 검토해 보라.

치료사 A: 이런 경우가 없었는데. 그는 힘든 내담자가 될 거야.

치료사 B: 상당히 괜찮은 시작인 것 같군. 나 역시 치료사가 훈련을 잘 받았는지 알지 못한다면 그에게 내 인생을 맡기지 않을 거야.

치료사 C: 그는 처음부터 상황을 통제하려는 욕구를 가진 것 같군. 앞으로 그걸 면밀히 살펴봐야겠다.

치료사 D: 그는 이런 낯선 상황에 겁을 많이 먹은 것 같다. 거기에 익숙해지려고 시간을 벌고 있군.

치료사 E: 그가 나에게 집중하는 한 자신의 문제를 회피할 수 있지.

치료사 F: 저런 질문으로 시작하다니 재미있군. 그것이 무얼 의미하는지 궁금한데?

이러한 사정은 모두 정확할 수 있다. 그 내담자는 치료하기에 아주 힘든 사람일 수도 있지만 그러한 상황에서 합당한 질문을 하는 것일 수도 있다. 수반된 무수한 단서들—비언어적 단서, 전후 사정, 의뢰된 상황—에 따라 치료사는 수많은 결론을 도출해 낼 것이다. 내담자는 비협조적인 것 같다(치료사 A, C, E), 내담자의 질문은 전적으로 적절하다(치료사 B, D), 더 많은 자료를 구할 때까지 판단해서는 안 된다(치료사 F). 무슨 일이 일어나든 그에 대해 중립을 지키고 수용하는 치료사의 능력에 따라 마지막에는 가장 바람직한 입장이 채택될 것이다. 그것도 아주 어려운 일이다.

우리는 내담자를 처음 만날 때 흔히 걱정스러워진다. 좋은 인상을 주려고 애쓰고, 무슨 일이 일어나고 있는지 이해하려고 노력하며, 우리가 이 사람을 도울 수 있을지 없을지를 판단하고, 우리의 열정과 이해심을 발휘하여 어떻게 하면 가장 큰 도움이 될 수 있는지를 알고 싶어 한다. 이런 내적 스트레스는 내담자가 가하는 직접적인 스트레스로 인해서 더 커지게 되는데, 그는 우리를 시험하고 조사하고 여기가 도움받기에 적합한 장소인지 판단한다. 더욱이 그는 다음과 같은 질문에 대한 대답을 원한다. 우리는 무엇을 문제로 보는가? 우리는 전에 이런 종류의 상황을 다뤄 보았는가? 기간은 얼마나 걸리는가? 그는 무엇을 해야 하는가? 중요한 것은 내담자가 자신을 드러내는 방식에 담겨진 미묘한 변화 모두를 완전하고 객관적으로 파악할 때까지 우리의 걱정을 억제하고 불안이 행동으로 드러나지 않도록 감추는 것이다.

어떤 치료사들은 거의 모든 내담자들이 비협조적이라고 결론 내리는 반면, 다른 치료사들은 결코 그렇게 생각하지 않는다. 앞에서 언급했듯이, 정신분석가들은 모든 내담자들에게 저항이 나타날 것이라고 예상하고 저항을 정상적이고 자연스러운 것으로 이해하며 저항이 나타날 때까지 참을성 있게 기다린다. 반면 문제해결 치료사는 저항이란 내담자를 위해 그 밖의 무엇을 또 해야 할지 몰라서 좌절한 치료사가 편의상 붙인 꼬리표라고 간주한다. 그러나 내담자의 저항은 내담자의 비협조성과는 전적으로 다른 것이다.

변화에 대한 저항은 오랜 습관을 버리고 새롭고 더 효과적인 기능 방식으로 대체하려는 사람에게는 정말로 자연스러운 과정이다. 하지만 비협조적인 내담자들은 유별나게 성가신 방식으로 저항하는 사람들이다. 그래서 우리는 내담자의 자기 패배적 행동의 수준, 치료사의 좌절감의 정도를 비협조성의 연속선상에 놓고 다룰 것이다.

우리는 앞의 사례에서 내담자가 했던 말을 비협조성의 연속선상에서 어디에 두어야 할지(그것이 적절한 질문인지, 정상적인 머뭇거림인지, 불쾌함의 표시인지, 아니면 그 사이의 어디인지) 잘 모른다. 그러나 다음의 내담자가 제기한 질문에는 의심의 여지가 없다. "남의 생활을 꼬치꼬치 캐물을 권리가 어디서 났어요? 그런 멍청한 질문을 하라고 대학원에서 가르치던가요? 아니면 항상 그렇게 참견하기를 좋아하나요?"

이 경우에는 치료사 A부터 F까지(전원이) 이 내담자가 싸움을 걸고 있다는 것에 이견이 없을 것이다. 그 적개심 아래에 어떤 이유가 있건 간에 이 사람은 가장 관대한 치료사의 인내심마저도 시험에 들게 할 것이다.

내담자를 비협조적으로 만드는 사안

일부 저자들이 비협조적인 내담자는 없고 오직 비협조적인 치료사가 있을 뿐이라고 설득력 있게 주장하고 있다는 것은 재차 강조할 만큼 중요하다. 라자러스와 페이(Lazarus & Fay, 1982)는 저항을 단지 치료 실패에 대한 책임을 받아들이지 않으려는 치료사들의 합리화라고 불렀다. 이 전제는 치료에서 뭔가가 잘 안 될 때마다 그것을 내담자의 탓으로 돌리는 치료사들에 대한 비판으로 제기된 것이지만 상당히 극단적이다. 치료 실패는 명백히 치료관계상의 파트너 양쪽의 책임이다(Golden, 1983; Kottler & Blau, 1989).

그렇다—치료사는 실수와 오판을 한다. 그렇다—우리의 치료 방식, 전문성 정도와 인격, 기술과 스타일은 치료 결과에 참으로 지대한 영향을 미친다. 그렇다—자신이 경직되어 있기 때문에 일부 내담자들을 도와줄 수가 없고, 그래서 융통성의 부족을 내담자의 탓으로 투사하는 '비협조적인' 치료사들이 있다. 하지만 치료사의 역량과는 상관없이 다가가기 어려운 특정한 성격이나 행동을 보이는 내담자들도 있다. 여러 저자들이 수행한 연구(Stern, 1984; Ritchie, 1986; Robbins, Beck, Mueller, & Mizener, 1988; Leszcz, 1989)와 현장에서 치료사들과 면담한 것을 기초로 하여, 나는 가장 비협조적이라고 묘사되는 내담자들의 유형을 다음과 같이 밝히고 논의한다.

생리적 장애를 가진 내담자

신경학적인 문제나 다른 만성질환으로 인해 집중하고 경청하고 의사소통하는 능력이 손상된 내담자는 생리적 장애의 범주에 포함된다. 도널드는 50대 초반의 활기찬 남자였는데 대뇌의 우반구를 파괴시킨 뇌졸중으로 쓰러져 버렸다. 신체 왼쪽의 마비와 함께 인지적 결손을 가지게 된 그는 자신의 장애를 다른 사람이 알게 될까 봐 사정에 대해 비협조적이다. 하지만 그가 같은 말을 반복하고 주의집중의 문제를 가진 것은 분명하게 드러난다.

도널드는 자기 생활의 어떤 부분을 변화시키려는 의욕이 매우 강했지만 자신이 오기로 한 날과 시간을 혼동했기 때문에 수많은 약속을 놓쳐 버린다. 그래서 그가 자신의 장애, 갈등적인 가족관계, 경제적 곤란과 타협할 수 있도록 계속 돕기 위해 일시적인 가정방문이 마련된다. 도널드와 가진 회기에서는 그가 한 번에 몇 분 정도밖에는 집중할 수 없다는 것이 명백하게 드러난다. 그가 원하는 것은 되풀이하고 또 되풀이해서 말하는 자기 인생의 슬픈 이야기에 귀 기울여 줄 사람이다.

숨은 계획을 가진 내담자

어떤 사람들은 밝힐 생각이 없는 모종의 목적을 가지고 치료에 온다. 샌더는 우울하고 밤에 잠을 잘 수 없다고 말한다. 이런 일이 전에는 일어난 적이 없었다. 그것은 모두 직장에서 문제가 생기면서부터 시작되었다. 그의 상관은 그가 일을 제대로 하지 못한다고 주장하고 경영진에게 견책서를 제출했다. 당신이 이 우울의 문제에 대해서 그를 기꺼이 도울 수 있겠는가? 어쩌면 당신은 그런 부당 행위가 정신건강에 미치는 심리적 영향에 대해서 알고 싶어 하는 그의 변호사와 이야기할 수도 있다. 당신이 그런 내용의 편지를 쓰도록 하기 위해서 그는 얼마 동안 와야 하는가?

적절한 경계선을 무시하는 내담자

권리가 있다는 생각 또는 규칙에 대한 인식 부족 때문에 이런 내담자들은 우리의 사적인 영역을 침범한다. "내가 잠시 일을 보는 동안 내 아이들을 당신의 대기실에 맡겨 두는 것이 무슨 대수죠? 들어오는 사람들도 거의 없는데 말이에요. 아이들이 약간 소란을 피운 것은 미안해요. 하지만 아이들이 벽에 낙서를 못하게 하려면 아무나 만질 수 있는 곳에 펜을 두지 말았어야지요. 내가 다음에 올 때는 그런 걸 치워 두세요."

책임을 거부하는 내담자

어떤 내담자들은 끊임없이 부정적이고 비판적이고 요구가 많으며 자신의 문제에 대해 항상 남 탓을 한다. "아들이 다니는 학교의 선생님들이 얼마나 멍청한지 믿을 수가 없을 정도예요. 아들이 힘든 것도 당연해요. 대체 누가 그런 멍청이들을 책임져야 하죠? 그건 그 멍청이들이 일으킨 소동의 뒤처리를 내가 해야 한다는 뜻이죠. 만날 반복되는 똑같은 일이에요. 직장에 있는 사람들에 대해서도 전에 말했지요……. 이보세요, 내 말 듣고 있어요? 듣고 있다면 왜 시계를 쳐다봤어요……? 우리 시간이 끝났다는 뜻인가요? 그게 무슨 헛소리냐는 거예요? 당신도 내가 말했던 사람들과 똑같군요……. 좋아요, 가지요. 하지만 다음번에는 당신이 내가 변해야 한다고 말하면서 그냥 앉아 있는 것보다는 더 많은 것을 했으면 좋겠군요. 잘 들어요, 이 양반아, 다른 사람들이 내가 변하기를 기대한다면 그들이야말로 다르게 해야 할 것들이 아주 많을 거라고요."

논쟁적인 태도를 가진 내담자

어떤 내담자들은 재미로 또는 의지를 시험하기 위해 언쟁을 즐긴다. 오니는 인디언 보호구역의 원로 자문의원이다. 그 업무에는 일을 잘 처리하기 위해 다른 사람들과 협상하는 능력이 필요하다. 하지만 그녀는 모든 사람과 항상 티격태격한다. 그녀는 다른 부족의 지도자들에게 싸움을 걸고 어떤 프로그램이 펼쳐지든지 방해를 놓는 등 일을 엉망으로 만드는 것에서 즐거움을 느끼는 것 같다.

치료실에서도 그녀는 비슷한 문제를 일으킨다. 그녀는 제공되는 모든 것에 대해 무섭도록 사납게 이의를 제기한다. 오니는 치료사를 정말로 좋아하고 그가 그녀를 도우려고 애쓰는 것을 존중한다고 말은 하지만 치료사가 말하는 거의 모든 것에 반대한다. 치료사가 오니가 말한 어떤 것에 동의하려고 할 때마다 그녀는 태도를 바꿔서 정반대의 입장을 취한다.

친밀함에 대한 두려움을 가진 내담자

다른 사람과 가까워지는 것을 간절하게 원하지만 상처받을까 봐 두려워하는 내담자는 친밀함에 대한 두려움을 가지고 있다. 크레인은 일평생 거부당해 왔다. 처음에는 알코올 중독자였던 부모가 그랬고, 다음에는 그를 짐으로 여긴 누나들이 그랬으며, 마지막으로는 그를 문둥이처럼 배척했던(그가 기억하기로는) 어린 시절의 친구들이 그랬다. 그는 현재 당신(물론 그의 치료사인)을 제외하고는 아무와도 가깝게 지내지 않는다. 그런데 이상하게도 당신은 그에게 전혀 친밀감을 느끼지 못한다.

당신이 그와 가까워지려고 하거나 개인적인 어떤 것을 공유하려고 하면 그는 어떻게든 당신을 밀어낸다. 때로 그는 빈정거리거나 조롱하거나 거부한다. 아주 드물긴 하지만 최소한의 친밀감이라도 생길라치면 그는 다음 약속에 오는 것을 '잊어버린다'. 기적적으로 그와의 거리를 간신히 좁혀 놓더라도, 당신은 그가 달아나 버릴까 봐 염려한다. 당신은 그가 오랜 세월 만났던 치료사 중에서 자신이 네 번째임을 떠올린다.

내담자와 치료사의 부조화

내담자는 치료사의 행동과 그 방식에 대해 대체로 반응을 보이지 않는다. 모리는 화를 낸다. 그는 화가 난 것처럼 보이고 또 그렇게 행동한다. 최초의 면담에서 그는 분노 문제를 가진 것이 아주 확실하게 드러난다.

모리는 폭력적인 배우자 때문에 오랜 세월을 묵묵히 고통당해 왔다. 그의 아내는 정신분열증 환자로 선고받은 상태다. 그래서 그는 그녀의 비정상적인 행동을 그녀의 책임으로만 돌리지 못한다는 것을 알고 있다. 그가 그녀에게 화를 내지 못하니 그 학대를 그토록 오래 참고 견뎌 온 자신에게 화가 나 있음이 분명하다. 그는 자신의 분노를 표현하도록 도움을 받고 싶다.

나는 그에게 분노 에너지를 보다 생산적인 방향으로 활용하는 것이 훨씬 더 바람직한 목표라고 제안한다. 그는 내가 그의 말에 반박했기 때문에 화를 낸다. 우리가 서로 잘 맞지 않는다는 것은 누가 봐도 분명하다. 서로에 대한 강한 거슬림이 우리의 교류를 방해한다.

역전이 문제

어떤 내담자들은 내담자와 치료사가 결코 완전히 끝낼 수 없는 심각한 문제를 치료받으러 온다. 모리를 동료에게 의뢰한 후에야 나는 동료의 요청으로(그리고 내가 위안받기 위해서) 모리와 나의 상호작용에서 무엇이 그토록 거슬렸는지를 분석하기 시작했다. 나는 수년 전부터 죽음에 대한 공포나 실패에 대한 두려움과 씨름하는 내담자들을 치료할 때마다 나 자신을 주의 깊게 모니터하도록 스스로에게 주의를 환기시켜 왔다. 하지만 모리에 대한 나의 반응은 새로운 것 같았다.

나는 마침내 내가 분노—고통 속에서 감정을 폭발시키는 다른 사람의 분노뿐만 아니라 나 자신의 분노도—를 다루는 데 문제가 있다는 결론에 이르렀다. 나는 내가 수년간 사람들에게 화를 내지 말라고 얼마나 자주 설득하려고 애썼는지를 곰곰이 생각해 보았다. 그것이 효과가 없으면 나는 나를 더 편하게 해 주는 다른 부분에 집중했다.

역전이 대상으로서의 내담자

어떤 내담자들은 과거에 우리가 씨름했던 다른 사람을 연상시킨다. 나의 초등학교 1학년 때 선생님은 우리 마음을 읽을 수 있고 우리가 하는 모든 것을 볼 수 있다고 주장하면서 자신을 '독수리 눈 실버'라고 불렀다. 한 번은 그녀가 등을 돌리고 있을 때 내가 그녀를 시험해 보려고 내 코에 껌을 붙였다. 그녀는 뒤통수로 나를 꿰뚫어 보고는 아침 시간 내내 코에 껌을 붙인 채로 교실 앞에 서 있게 했다. 그때 이후로 나는 권위자와의 문제를 가지게 되었다.

머리칼이 희끗희끗한 여성이 내 치료실로 처음 들어왔을 때, 나는 인생에는 정말 어떤 되갚음이 있다고 느꼈다. 그녀는 1학년 때 선생님보다 더했다(그녀는 초등학교 교장이었다). 그녀는 대단한 권위, 심지어 왕의 특권이라도 지닌 듯이 행동했다. 더 나쁜 것은 그녀가 나를 '젊은이'라고 불렀다는 것이다. 그것은 보복의 시간이었다.

다행스럽게도, 당시 나는 수퍼비전을 받고 있었다. 수퍼바이저는 나를 재빨리 도와서 이런 경우의 비협조적인 내담자는 실제로 비협조적인 치료사라는 사실을 깨닫게 하였다.

성급한 내담자

일부 내담자들은 치료가 할 수 있는 것, 치료 방식, 치료에 걸리는 시간에 대한 비현실적인 기대를 끝까지 고집한다. 숭은 학업에 집중할 수 없어서 상담 센터에 온 공학도였다. 그는 멀리 떨어져 살고 있는 가족을 그리워했고, 친구가 거의 없었으며, 새로운 문화와 기후에 적응하는 데 많은 문제를 가지고 있었다. 그의 단 하나의 위안거리는 공학기술 문제를 해결하는 순수한 즐거움이었다. 그는 마음대로 사용할 수 있는 좋은 도구와 재료를 가지고 거의 모든 것을 만들거나 고칠 수 있다고 여겼다.

숭은 치료의 작용 방식에 대해서도 비슷한 기대를 가졌다. 그가 문제가 무엇인지를 치료사에게 말하면 이 전문적인 문제 해결사는 최선의 해결책을 만들어 주어야 했다. 그는 그 과정이 1, 2회기를 넘지 않아야 한다고 완강히 주장했다. 또한 그의 고통은 단 며칠만 지나면 전부를 포기할 수밖에 없다고 우기는 그런 것이었다.

제대로 표현하지 못하는 내담자

치료사들은 특히 말하는 기술 혹은 자신의 생각과 느낌을 설명하는 능력이 부족한 내담자를 돕기가 어렵다고 자주 보고한다.

> 치료사: 내가 당신을 위해서 무엇을 할 수 있을까요?
>
> 내담자: 몰라요.
>
> 치료사: 여기에 왜 왔는지 모르시나요?

내담자: 예. 몰라요. 무슨 말인가 하면 내가 여기에 온 이유는 알아요. 나는 도움이나 그런 것들을 원해요. 하지만 무엇이 잘못됐는지, 당신이 무엇을 할 수 있을지는 몰라요.

치료사: 당신에 대한 것을 내게 말해 주세요.

내담자: 말할 게 많지는 않아요. 나는 평생을 여기서 살아왔지요. 큰길 바로 아래서 일하고 있고요. 당신이 알고 싶은 것이 무엇이지요?

치료사: 바로 지금 당신의 기분이 어떤지로 시작해 볼까요?

내담자: 아무런 기분도 아닌데요.

상상력이 부족하거나 사실만 중시하는 내담자

어떤 사람들은 애매모호함을 견디지 못하고 추상적인 추론 능력이 부족하다. 스티븐은 회계사다. 그는 좋은 사람이고 설명이 빠르다. 무릎 위에는 클립보드가 있고 가슴 주머니에는 서로 다른 색깔의 펜들이 한 벌 들어 있다. 그는 들은 것을 냉큼 기록하고 중요한 것은 노란색으로 강조한다. 그는 자신이 적은 것을 띄엄띄엄 골라서 큰 소리로 읽는다. "그래서 당신이 말하고 있는 것은 당신이 나의 자문가, 일종의 내 정신적 회계사라는 것이지요, 하하. 하지만 대부분의 일은 내가 해야 하죠? 내 생각에 당신은 그저 지시사항과 해야 할 숙제를 읽어 줄 뿐인 것 같은데요."

무지한 내담자

일부 내담자들은 자기반성 능력이 부족하고 자기 인식에 대한 관심이 없다. "나는 당신에게 정말로 협조하고 싶지만 사실은 회기 시간 이외에는 이런 일들에 대해서 전혀 생각하지 않습니다."

절망감을 느끼는 내담자

가장 힘든 내담자들 중에는 완전히 낙심하고, 심각한 자살 충동을 느끼며, 뭐든 조금이라도 나아질 것이라는 최소한의 희망도 없는 사람들이 있다. 카린은 여섯 종류의 약물치료에도 반응하지 않는 주요 우울장애로 진단받은 상태다. 그녀는 끊임없이 울고 몹시 고통스럽게 흐느끼며 애원하는 눈빛으로 당신을 바라본다. "제발 뭐라도 좀 해 주세요. 어떻게 당신은 말 그대로 안에서 죽어 가는 나를 바라보기만 하면서 아무것도 하지 않고 앉아 있기만 하는 거죠?"

순종하는 내담자

지나치게 배려하고 아첨하면서 치료에 협조하는 척하지만 전혀 변하지 않는 내담자들이 있다. 프리다는 수년간 약속한 날에 꼬박꼬박 나왔다. 실상 그녀는 대부분의 직원들보다 기관에 더 오래 있었고 다른 직장으로 이제 막 옮겨 간 치료사까지 포함하여 그간 4명의 치료사들을 만나 왔다. 치료사들 각각은 다소 다른 치료적 접근을 취했지만 경과 기록은 매우 흡사하다. 프리다는 매우 유쾌하고 협조적인 내담자다. 그녀는 치료사가 요구하는 것은 무엇이든 할 것이고 어떤 도움이 주어지든 고마워하는 것처럼 보인다. 그러나 수년이 지나고 4명의 치료사들을 거쳐 간 후에도 그녀는 여전히 역기능적인 결혼생활을 하고 있고, 똑같은 밑바닥 일을 하고 있으며, 그녀를 조롱하는 똑같은 친구들을 만나고 있다. 하지만 그녀는 매주의 회기를 정말로 손꼽아 기다린다!

치료사를 공격하는 내담자

어떤 내담자들은 치료사의 신뢰성, 심지어는 신체적 안녕까지 위협하면서 겁을 주고 관계를 지배하려고 한다. "이봐, 당신이 해야 할 일을 내가 설명했지. 나는 당신이 내 아내에게 전화해서 집으로 오라고 말하길 바라. 그녀는 당신을 믿으니까. 사실 말이지, 당신이야말로 그녀의 머리에 떠나라는 생각을 제일 먼저 집어넣은 사람일 거야. 당신이 망친 이 상태를 바로잡아 놓지 않으면 내가 당신을 바로잡아 주지. 나는 당신이 사는 곳을 알아. 내게서 곧바로 연락이 없으면 당신은 주 면허위원회와 내 변호사로부터 연락을 받게 될 줄 알아."

충동 조절이 안 되는 내담자

충동 조절이 결여된 내담자들은 가장 힘들 수 있다. 그들은 걸핏하면 화를 내고 갑자기 난폭해진다. 물질 남용자들이 흔히 이 범주에 포함된다. 네이트는 알코올과 이것저것 다양한 약물에 취한 채로 운전하다가 4번의 유죄 판결을 받았다. 그는 법원으로부터 감옥에 가는 대신 치료를 받도록 의뢰되었고, 치료사인 당신이 놓아줄 때까지 회기에 참여하라는 명령을 받았다.

그는 만성 알코올중독에다가 화를 내고 싸움을 일으킨 전력도 가지고 있다. 가장 최근의 사건은 치료실로 오던 길에 도시 고속도로에서 일어났는데, 네이트는 어떤 사람이 그의 차선으로 끼어들어서 방해한다고 여겼다. 네이트는 그 사람을 길가로 몰아붙여서 그의 차창을 걷어차고 그를 차 밖으로 끄집어내어서는 그를 '설득하여' 사과하게 했다. 네이트는 "그건 별일도 아니었소. 그 녀석을 정말로 해치려고 한 것이 아니었거든. 그저 따끔하게 혼내고 싶었을 뿐이요."

치료사들이 가장 다루기 어렵다고 보고한 범주들을 검토해 보면 비협조적인 내담자들의 가장 우세한 특징은 요구가 많은 행동이라는 것이 드러난다. 진단명(편집증, 자기애성, 경계선), 기본적인 성격특성(완고한, 조종적인, 불평이 많은) 혹은 행동(도움을 거부하는, 협조하지 못하는, 위험하게 행동하는)에 상관없이, 비협조적인 내담자들은 자기 몫 이상의 관심을 받을 권리가 있다고 느낀다. 무엇이 내담자를 치료사에게 가장 힘겨운 내담자로 만드는가에 대한 연구들에서 되풀이되는 주제는 필요 이상의 시간과 관심에 대한 요구로 모아진다(Rosenbaum, Horowitz, & Wilner, 1986; Robbins, Beck, Mueller, & Mizener, 1988).

비협조적인 내담자의 요구가 많은 특성만큼이나 중요한 두 번째 주제는 그들의 통제 욕구다. 어떤 내담자라도 무력감을 경험하면 저항하게 되며, 치료와 치료사를 통제하려고 함으로써 개인적인 힘을 회복하려고 한다. 하지만 진짜로 비협조적인 내담자는 상황에 저항할 뿐만 아니라 성격적으로도 반항적인 사람이다(Brehm & Brehm,

1981). 그런 사람은 (모든 곳에 있다고 지각한) 위협에 대한 반응으로 인생에서 만나는 모든 것을 지배하고 통제하려고 한다(Dowd & Seibel, 1990).

협조적인 내담자와 비협조적인 내담자를 쉽게 구별 짓는 세 번째 요인은 방어기제의 유형이다. 억제, 지성화, 합리화 같은 고차원적인 방어는 컨버그(Kernberg, 1984)가 분열적이라고 설명한 보다 원시적인 기제—경계선 성격장애에서 흔히 보이는, 수용할 수 없는 충동에 대한 실제적인 해리가 수반된—에 비하면 상대적으로 다루기 쉽다. 후자는 불안한 내담자를 정신내적 갈등으로부터 보호하는 데 매우 효과적이지만 내담자의 유연성과 적응성을 감소시키는 부작용이 있다.

네 번째 주제는 비협조적인 내담자가 문제를 남 탓으로 돌리는 경향이다. 그들은 인류에 대항하여 전쟁을 벌이는 사람들이다. 그들은 과거에 그들에게 가해진 부당함에 대해 앙심을 품고 복수심에 불타며 큰 고통 속에서 지낸다. "문제가 접근할 수 있고 도와줄 수 있게끔 그들 속에 존재하는 것이 아니라 외부 세계에 꽂혀 있다. 그것은 그들을 싫어하고, 그들이 자기 삶을 살지 못하도록 방해하고, 그들을 걱정하고 불안하게 만들고, 그들의 권리를 빼앗아 가는 것처럼 보이는 '다른 사람들'이다." (Davis, 1984, p. 3) 그래서 그들은 모든 에너지와 관심을 총동원해서 부당하다고 지각한 것을 바로잡고, 자신들이 얼마나 불공평한 대우를 받는지에 대해 불평하며, 상처받지 않으려고 가장 가까운 사람들을 공격한다.

그러므로 우리는 대부분의 치료사가 가장 비협조적이라고 의견의 일치를 본 내담자들에 대해서 다음과 같은 결론을 내릴 수 있다. 그들은 우리가 기꺼이 주려고 하거나 줄 수 있는 것 이상을 요구하는 경향이 있다. 그들은 통제하기 위해서 매 순간 우리와 맞서 싸우고 그들의 명령대로 하도록 우리를 조종하려고 한다. 그들은 우리가 그들의 문제라고 여기는 것을 자신들의 것으로 인정하지 않는다. 그래서 자신들이 뭔가 부족함이 있다고 인정할 때도 우리가 그것을 해결하기 위해 그들이 하길 바라는 것을 하지 않는다.

그러므로 우리가 다음을 궁금해하는 것은 당연할 것이다. 이것이 치료사가 경험하는 내담자들 중 일부에 불과한 가장 비협조적인 내담자들의 목록이라면 협조적이라고 묘사되는 사람들이 남아 있기는 한 것인가?

이상적인 내담자

당신이 치료실에서 다음 내담자를 기다리고 있는데, 그가 새로 의뢰된 사람이라서 당신은 그에 대해 전혀 모른다. 문이 열리는 소리가 나고 누가 대기실로 들어온다. 당신은 그가 누구이기를 바라는가? 당신의 이상적인 내담자, 당신이 선호하는 치료 방식에 꼭 들어맞는 사람의 이미지를 그려 보라. 그 내담자는 남자인가 혹은 여자인가? 소년인가 혹은 소녀인가? 노인인가, 젊은이인가, 아니면 중년인가? 어떻게 생겼는가? 직업은 무엇인가? 호소하는 문제는 무엇인가?

나의 내담자는 분명히 여성이다. 그녀는 40대로 내 나이쯤이며, 매력적이지만 마음을 산란케 하지는 않는다. 그녀는 신체적으로 건강하다. 그녀는 영화 제작자다. 아니, 사진작가로 하자(약속에 맞춰 나타날 것이라고 더 믿을 수 있으니까). 그녀는 자기 확신이 있고 침착하며 자신의 약점을 드러내기를 두려워하지 않는다. 그녀는 어떤 허약함 때문이 아니라 성장과 자기 이해를 위해서 치료받으러 온다. 그녀는 자신에 대해 알고 싶어 하고 이미 아주 잘 살고 있지만 더욱더 잘 살고 싶어 한다.

아이쿠, 이런 활동은 역겹다! 그녀는 지구에서 나의 도움이 필요한 마지막 사람이지만 그럼에도 나의 이상적인 내담자다. 그러나 나의 태도를 보다 면밀하게 살펴보면 내가 이미 알고 있고 할 수 있는 것을 뛰어넘도록 밀어붙이는 소위 비협조적인 내담자와의 작업보다 이런 종류의 '쉬운' 작업에서 얻는 만족감이 훨씬 덜하다는 것을 깨닫는다.

대부분의 전문가들은 내가 방금 했던 것—자신의 이상적인 내담자를 그려 보는 것—을 아주 쉽게 할 수 있다. 완벽한 내담자는 믿을 수 있으며 개방적이고, 치료가 할 수 있는 것에 대해 현실적이고 긍정적인 기대를 가지며, 회기 진행의 중대한 책임을 기꺼이 받아들인다(Stiles, Shapiro, & Elliot, 1986). 자신이 담당한 건수에서 가장 수월한 내담자와 가장 힘든 내담자를 비교해 보라는 질문을 받으면 치료사들은 여러 가지 특징들을 일관되게 분간할 수 있다. 그들의 이상적인 내담자들은 더 매력적이고, 덜 병리적이며, 힘든 내담자들보다 예후가 더 좋다. 또한 성격장애인 경우가 적다. 치료사의 경험 정도와 이론적 지향성을 포함한 모든 고려사항을 무시하고 내린 공통적인 결론은 최고의 내담자는 매우 호감이 가고 좋은 관계기술을 가지고 있다는 것이다(Merbaum & Butcher, 1982).

긍정적인 결과와 가장 많은 관련이 있는 내담자 특징에 대한 보고

서에서, 섹스턴과 휘스턴(Sexton & Whiston, 1990)은 치료에 가장 적합한 사람(적어도 경험적 연구에서 사용된 측정 기준에 있어서)은 지적이고 교양이 있고 사회경제적으로 상위계층에 속하며 백인이고 정서적으로 건강하고 급성의 문제를 경험하는 사람인 경우가 많다고 결론지었다. 또한 저자들은 내담자 특징에 대한 수많은 신화에 대해서 반박했다. 예컨대, 내담자의 성별은 결과와 관련이 없고(Jones & Zoppel, 1982), 나이도 마찬가지며(Luborsky, Crits-Christoph, Mintz, & Auerbach, 1988), 내담자가 사회경제적으로 상위계층일 때는 인종도 그러하다(Jones, 1982).

일반적으로 정신과 의사, 심리학자, 가족치료사, 사회사업가, 상담자들이 시장에서 서로 차지하려고 경쟁하는 가장 바람직한 내담자들은 뚜렷한 특징을 가지고 있다. 그들은 밝고 활기차고 재미있는 사람들이다. 그들은 전문가들이다. 또한 상당히 건강하고 성격장애를 가지고 있지 않으며 다루기 쉬운 증상을 나타낸다. 그들은 변화하려는 동기가 높지만 결과를 기다릴 만큼의 인내심은 있다. 큰 수용력을 가지고 있어서 통찰을 발달시킬 수 있고, 모호함을 견뎌 낼 수 있으며, 불확실성을 처리할 수 있을 만큼 높은 역치를 가지고 있다. 그들은 말을 잘하고 창조적으로 생각하는 사람들이어서 생생한 자료를 세부적으로나 상징적으로 풍부하게 묘사한다. 더구나 사회적 기술과 책임감이 있다. 약속 시간에 잘 맞춰 오고, 청구서를 즉각 지불하며, 취소된 것도 지불하겠다고 제안한다. 그들은 진짜 응급 상황이 아니면 치료사의 집으로 전화한다거나 회기 시간이 아닌 경우에 귀찮게 하는 일이 결코 없다. 그들은 우리의 지위에 대해 적절한 경의를 표하고 존중한다. 그리고 우리의 도움을 매우 고마워한다.

여기서 문화적 쟁점에 관한 논의를 하는 것이 좋겠다. 어떤 치료사들이 치료하기 어려운 내담자들의 목록을 만든다면 그런 사람들은 가난하고 사회적인 혜택을 받지 못하며 소수 집단에 속할 공산이 크다. 일반적으로 그런 내담자들은 변화에 대한 동기가 낮고, 치료를 방해하기 십상인 역기능적인 가족의 구성원이며, 대체로 심리치료를 잘 받아들이지 않는 장애—아동학대, 알코올과 약물 남용, 극도의 빈곤, 만성적인 절망감—를 가진 것으로 여겨진다(Larke, 1985). 그러나 나는 현장에 있는 많은 치료사들이 사회적인 혜택을 받지 못하거나 문화적으로 다른 사람들을 치료하는 것을 더 좋아하는데 그 이유가 우리를 가장 필요로 하는 그들에게 다가가기 위해 우리의 가치와 기술을 최대한 발휘해야 하기 때문이라는 것을 언급해야겠다. 흔히 그런 내담자들은 우리와 다른 것만큼이나 그렇게 어렵지는 않으며, 인생의 경험과 배경이 우리와 가장 비슷한 사람들보다 더 해 볼 만하다.

많은 치료사들이 인종차별주의, 문화적인 둔감성 혹은 편견 때문에 젊고 매력적이고 말을 잘하고 지적인 내담자를 선호하는 것은 아니라고 앞서 언급한 바 있다. 하지만 이것은 참으로 미약한 항변일 뿐이다. 진실은 대개의 경우 비협조적인 내담자는 우리를 좋아하지 않기 때문에 비협조적이라는 것이다. 그들은 우리와는 다른 규칙과 가치에 따라 움직인다. 흔히 그들은 치료적 경험을 최대한 활용할 준비가 되어 있지 않다. 그들은 권위자를 믿지 않으며 자신들을 괴롭히는 것에 대해 이야기하기를 꺼린다.

우리와 같은 배경, 언어, 관습을 공유하는 사람과 대화하는 것은 더 쉽다. 이러한 인생 경험이 서로 다른 정도가 공통 화제를 찾기 위해 우리가 투자해야 할 시간과 에너지의 양을 결정한다.

지지자나 믿을 만한 친구의 도움을 가장 필요로 하는 사람들이 그런 도움을 오랫동안 받을 가능성이 가장 적다는 모순이 종종 발견된다. 내담자들은 그들의 행동과 그 방식 때문만이 아니라 치료사가 그들을 어떻게 인식하고 어떤 꼬리표를 붙이느냐 때문에도 비협조적으로 변하게 된다.

3장

내담자에 대해 험담하기

전통적으로 의학, 교육학, 사회과학에서는 어떤 것을 잘 이해하지 못하면 그것에 상상의 꼬리표를 붙인다. 복잡한 현상에 이름을 붙일 수 있게 되면 그것을 활용할 수 있는 것처럼 보인다. 따라서 의학 모델에 기초한 진단체계는 복잡한 심리적 과정이 각각의 진단 범주와 같다는 표시다. 이론적으로 이것은 훌륭한 아이디어다. 그러나 실제적으로 비협조적인 내담자는 '경계선' '자기애성' '연극성'이라고 적힌 상자에 뒤섞여 넣어지며, 심지어 그들이 그러한 기준 모두에 포함되거나 어디에도 포함되지 않을 때도 그러하다(Kroll, 1988).

또한 진단체계는 받아들이기 어려울 만큼 신뢰가 가지 않는다. 그것은 사람들의 인생에 낙인을 찍고 그들의 독특성과 개별성 대신 애매모호하고 혼란스러운 꼬리표를 사용한다(Boy, 1989). 더구나 사람들의 자원과 강점보다는 정신병리에 치우쳐서 그들의 문제를 더 강조한다(Kottler & Brown, 1992).

비협조적인 내담자를 설명하는 수많은 기술어들이 있다. 예를 들어, '성격적으로 문제가 있는'(Leszcz, 1989), '스트레스가 많은'(Medeiros & Prochaska, 1988), '도깨비 같은'(O'Conner & Horowitz, 1984), '아주 불쾌한'(Martin, 1975), '밉살스러운'(Groves, 1978), '도움을 거부하는'(Lipsitt, 1970), '조종적인'(Hamilton, Decker, & Rumbaut, 1986), '불가능한'(Davis, 1984), '이름 붙은'(Boulanger, 1988), '거슬리는'(Greenberg, 1984), 그리고 좀 더 부드러운 꼬리표로는 '내키지 않는'(Dyer & Vriend, 1973), '저항적인'(Hartman & Reynolds, 1987), '동기가 부족한'(West, 1975) 등이 있다.

이 주제에 관한 대부분의 저술들의 요지는 일부 내담자들이 그들의 잘못일 수도 있고 아닐 수도 있는 다양한 이유로 인해서 치료사의 **수행 욕구**에 반하는 **수행 욕구**를 가진다는 것이다(Fiore, 1988). 그 안에는 투쟁이 놓여 있다. 우리는 고장 난 것을 발견하여 그것을 고치기 위해 뭔가를 하려는 강한 욕구를 가지는 반면, 비협조적인 내담자는 우리의 이해를 벗어난 방식으로 행동하고 싶은 강한 충동을 느낀다. 내담자는 우리가 익숙해 있는 것과는 다른 규칙 아래에서 움직인다. 이것이 저항의 형태인지 아닌지는 중요하지 않다. 치료에서 이런 특이한 행동 방식(중립적인 언어로)은 방향감각을 잃게 만들고 좌절감을 주게 되는데, 그 이유는 우리가 그 행동을 악화시키지 않으면서 이해하고 반응하려고 노력하기 때문이다.

골칫거리 내담자에게 꼬리표를 붙이는 것은 처음에는 약간의 안도감(한밤중에 이상한 소리를 듣고 다시 잠들기 위해서 그에 대한 설명을 만들어 내는 것과 같은 종류의)을 주지만, 결국 이런 꼬리표는 우리가 도울 사람을 독특한 개인으로 보지 못하게 만들 수 있다. 우리가 내담자에게 경계선, 건강염려증, 자기애성 등의 꼬리표를 붙이기 시작하면 때로 우리의 연민과 보살핌의 많은 부분을 희생시키게 된다. 이런 꼬리표는 뇌성마비나 다발성 경화증 같은 의학 용어만큼의 동정심도 이끌어 내지 못한다.

이미 남을 믿지 않고 조심하는 내담자, 이미 다른 사람들이 괴상하게 여기고 부당하게 판단한다고 느끼는 내담자에게 많은 도움을 주려고 하면, 우리가 만나는 실재의 사람들과 치료 계획이나 보험 청구서에 삽입할 꼬리표를 혼동해서는 안 된다. 우리 마음속에서 또는 동료와 이야기할 때 내담자를 지칭하기 위해 정신의학적 꼬리표를 사용하는 것은 흔히 분노와 격분을 느낄 때다. "너는 내가 오늘 만났던 그 경계선을 믿어선 안 돼." "내가 그 강박증을 치료하고 있어." "자기애 씨와 히스테리 부인을 만나야 할 시간이군."

이런 진술에 담긴 냉소주의는 우리를 힘들게 하는 내담자에게 때때로 느끼는 경멸감(그리고 공포감)을 생생하게 드러내고 있다. 그들을 진정으로 돕기 위한 첫 단계는 더 이상의 곤욕으로부터 우리 자신을 보호하는 것과 동시에 우리가 한때 느꼈던 보살핌, 연민, 공감을 되찾는 것이다. 때로 우리는 전체적인 인간을 역기능적인 존재로 격하시키지 않는, 행동에 근거한 꼬리표를 대신 사용함으로써 그렇게 할 수 있다. 그러므로 어떤 내담자가 '경계선적인' 또는 '자기애적인' 행동을 한다고 우리가 말하거나 생각한다면, 우리는 이러한 현상이 상황에 따른 것이고 그 사람의 모든 것은 분명 아니라는 것을 계속 인식하면서 일어날 일을 설명할 수 있게 된다. 미국정신의학회(American Psychiatric Association, 1987)의 『진단 및 통계 편람

(*Diagnostic and Statistical Manual*)』도 사람에게 꼬리표를 붙이는 것에서 탈피하여 후속 개정판에서는 장애를 설명하는 것으로 대신하려는 움직임을 보이고 있다.

우리가 비협조적인 내담자와의 직면을 마다하지 않는 것은 우리의 전문직이 성숙했다는 신호다. 점점 더 많은 책, 워크숍, 학술 토론회, 공개 토론회, 학술지의 특별 쟁점이 그 주제를 다루고 있다. 이와 병행하여 비협조적인 내담자에 대한 치료사 자신의 역전이 반응과 갈등을 일으킨 치료사의 몫에 대해서 점점 더 많은 관심이 쏠리고 있다(Slakter, 1987; Wolstein, 1988; Tansey & Burke, 1989; McElroy & McElroy, 1991; Natterson, 1991).

파이너(Feiner, 1982)는 비협조적인 내담자와 그들이 치료사에게 미치는 영향에 대한 폭넓은 관심을 하나의 건강한 도전으로 보는데, 그 목적은 우리를 가장 필요로 하면서도 우리가 신성시하는 규칙을 따르지 않는 사람들에게 우리의 영향력을 확장하려는 것이다. 그러나 중요한 문제는 우리가 비협조적인 내담자를 하나의 쟁점으로 마주하게 되면 고유한 인간의 자율성과 독특성을 부인하게 된다는 것이다. 우리에게는 다루기 어렵고 심지어는 좀 무서운 사람들이 있고, 우리는 그들의 생명력을 질식시키기 위해 꼬리표를 사용한다.

때로는 무지가 도움이 된다

모든 사람들이 심리치료에 적합하지는 않다. 어떤 내담자들은 특정한 치료사들과는 잘해 나가지 못하지만 다른 치료사들과는 잘해 나간다. 또 어떤 내담자들은 누군가가 그들을 도와주려고 하는 것에 반응하지 못한다. 그들은 삶의 구체적인 변화를 만들고 싶지 않거나 그렇게 할 수 없다. 이러한 형태의 저항은 아주 치명적이어서 점심 전에 칼 로저스(Carl Rogers), 앨버트 엘리스(Albert Ellis), 지그문트 프로이트(Sigmund Freud), 버지니아 사티어(Virginia Satir)를 물리치고 오후에 기분 전환 삼아 밀턴 에릭슨(Milton Erickson)과 시간을 보낼 수 있을 정도다. 간단히 말해서, 이러한 내담자들은 우리 주변에 있는 비협조적인 사람들이다.

우리는 『진단 및 통계 편람』(American Psychiatric Association, 1987)의 성격장애 범주에 대체로 들어맞는 사람들에 대해서 이야기하고 있다. 그러나 이것은 분류일 뿐이다. 특정한 내담자가 나타내는 장애를 정확하게 진단하는 것은 도움이 되기도 하지만 가끔 우리를 곤혹스럽게 만들기도 한다. 꼬리표를 붙이는 과정은 우리가 다루고 있는 것에 대하여 병인론, 증상군, 예후 등과 같은 것으로 이해하거나 아니면 최소한 시작이라도 할 수 있도록 돕는다. 우리가 치료실에서 마주치게 되는 것에 대해 글로 인쇄된 설명서를 본다는 것은 매우 위안이 되는 일이기도 하다.

하지만 이러한 꼬리표는 우리와 우리의 내담자에게 이따금 해를 입히기도 한다. 내가 이 일을 하던 초반에 어떤 젊은이가 나를 만나러 와서는 아내의 속옷을 입고 이웃들이 모두 볼 수 있는 거리로 뛰쳐나가고 싶은 참을 수 없는 충동을 호소했다. 그의 충동은 솟아오를 대로 올라서, 가장 좋아하는 네글리제를 입고 문 옆에 앉아서 금방이라도 밖으로 뛰쳐나갈 지경에 이르렀다. 단순함과 미숙함에서 나는 그저 우리 모두가 부끄러운 일을 한다고 설명했을 따름이다. 그래서 어쨌단 말인가? 하지만 우리를 파괴시키는 것은 **죄책감**이다.

그는 그 말을 듣고 두드러지게 안심하는 것 같았고, 나는 그의 기분이 훨씬 더 좋아진 것을 알 수 있었다. 다음 주가 되어 나는 그와 만나기 전에 수퍼바이저를 만났는데, 수퍼바이저는 나의 순진함과 어리석음에 깜짝 놀랐다. 내담자는 충동 조절의 문제와 성적 이상 행동을 분명히 드러냈다. 그것은 다루기가 매우 힘들며 성공적으로 해결하기 위해서는 수년이 걸리는 것이었다. 나는 당연히 야단을 맞았고 다음번의 면담을 위해 충분히 준비하였다. 나는 병력을 철저히 수집할 마음을 먹고 성적 이상 행동자의 치료에 무엇이 수반되든지 그 지루한 과정을 시작할 태세를 갖췄다.

내담자는 나의 치료실로 들어와서는 밝은 미소를 띠고 따뜻한 악수를 나누었다. "당신의 도움에 감사합니다. 당신이 정말 옳았어요. 여기를 나서면서 나는 그것이 나를 잡아 삼킬 수치와 죄책감이라고 결론을 내렸습니다. 나는 가장 친한 친구에게 나의 충동을 이야기하려고 결심했지요. 그런데 그는 나를 피해 달아나는 것이 아니라 내게 자신의 변태적인 기호를 말해 주었습니다. 그다음에 집으로 돌아온 나는 눈물을 흘리면서 아내에게 고백했습니다. 분명히 그녀는 나를 보호시설로 보내거나 적어도 이혼하고 싶어 할 거라고 확신하면서 말이지요. 하지만 놀랍게도 그녀는 내게 자신의 속옷을 입게 했고 우리는 인생 최고의 열광적인 섹스를 했어요! 정말 고맙습니다. 나는 정말 기분이 좋습니다. 그리고 밖으로 뛰쳐나가려는 충동은 이제 사라졌습니다."

분명히 이것은 진짜 성적 이상 행동이 아니었다고 말하기 쉽다(그

정의에 의하면 그는 한 번의 회기로 완치될 수 없으니까). 그러나 내가 이 사례에 '충동장애' 가 아니라 '이상한 짓을 하고는 스스로를 받아들일 수가 없어서 죄책감을 느끼는 남성' 이라고 꼬리표를 붙인 것은 나의 미숙함, 무지, 세련됨의 부족이었다고 생각하고 싶다(그리고 잠시나마 나를 기쁘게 하고 싶다). 나는 이 사례의 교훈을 결코 잊은 적이 없다(나를 다른 사람에게 넘겨 주고 싶어 했던 나의 수퍼바이저도 잊을 수 없다). 그때 이후로 나는 소위 충동장애, 성격장애 등으로 불리는 사람들을 여러 번 치료했으며, 내 대뇌의 일부가 꼬리표를 자동적으로 붙이는데도 그런 사례에 대해서는 꼬리표를 사용하여 생각하기를 완강하게 거부했다.

진단명은 나를 우울하게 만든다. 일단 내가 특정한 꼬리표에 대한 예후가 얼마나 끔찍한지를 읽게 되면, 나는 내가 도움이 될 수 있다는 희망과 믿음을 잃어버린다(내담자가 전혀 나아지지 않을 때도 그렇게까지 나쁜 기분을 느끼지는 않을 정도로). 이 책에서 논의하게 될 많은 내담자들은 치료할 때 좌절감을 주며, 심지어는 격분하게까지 만든다. 그들은 우리의 분노를 쉽게 불러일으키며 우리의 연민을 위태롭게 떨어뜨린다. 그들은 우리를 괴롭히고, 때로는 일부러 상처를 입히며 우리의 자신감을 무너뜨리려고 한다. 그러므로 우리의 평정과 배려를 잃지 않기 위해서는 그것을 어떤 형태로든 저지하는 것이 필요하다. 나는 비협조적인 내담자에 대해서 말하고 치료할 때, 이 사람은 자신이 할 수 있는 최선을 다하고 있는 고통받는 인간이라고 나 자신에게 끊임없이 상기시키는 것이 도움이 되었다.

내담자는 적이 아니고 치료는 전쟁이 아니다

어떤 치료사는 비협조적인 내담자에 대해서 우리의 의지를 시험하는, 파괴적이고 위험하고 흉포한 창꼬치 고기[1]라고 생각한다. 버그먼(Bergman, 1985, p. 3)은 『창꼬치 고기 잡기(*Fishing for Barracuda*)』라는 자신의 책에서 이러한 관점을 설명하면서, 내담자는 정신건강 전문가를 좌절시키기 위해서 자신이 할 수 있는 최선을 다한다고 언급했다. "일단 첫 번째 전화 통화로부터 이 인상 깊은 치료 실패의 역사에 대해 듣게 되면 나는 즉각 '저항 모드'가 되어서 그 가족을 저항이 덜한 가족을 보는 것과는 다른 방식으로 보기 시작한다."

버그먼(1985)은 다음의 몇 가지 요인에 따라 내담자의 비협조성 정도를 측정하고 있다. (1) 다른 치료사들을 좌절시킨 전력, (2) 현재 증상의 만성화, (3) 근본적인 문제가 숨겨진 정도, (4) 그 사례에 관여했던 다른 조력자들의 수, (5) 의뢰된 전후 사정. 그는 내담자와의 최초 전화 통화에서 자신이 '창꼬치 고기'를 치료할지 말지를 쉽게 결정할 수 있다고 주장한다. 공중전화 박스에서 전화하여 그의 자격증에 대해서 묻고 자신이 불안을 거의 느끼지 않는다거나 자신이 아닌 다른 사람이 문제의 원인이라고 말하는 사람들은 즉각 저항적이라는 진단이 내려지고, 예외적인 형태의 치료가 필요하게 된다.

단 한 번의 간단한 전화 통화 후에 내담자가 비협조적일 것이라고 결론 내리는 것은 돌이킬 수 없는 연쇄 행동들을 일으킨다. 내담자

1) 역자 주: 창꼬치 고기는 열대, 아열대의 식용어로, 무자비한 약탈자를 의미하기도 한다.

는 오로지 고통을 피하고 싶을 뿐이므로 저항한다는 것이 불명예도 아니고 욕먹을 이유도 없다. 브로이어와 프로이트(Breuer & Freud, 1893)가 「히스테리에 대한 연구(Studies of Hysteria)」에서 저항이라는 용어를 처음 생각해 냈을 때, 그것은 실제의 또는 상상의 고통을 피하려는 내담자의 노력을 묘사한 것이었다. 밀먼과 골드먼(Milman & Goldman, 1987)은 프로이트가 처음 발견했던 놀라운 사건—무언가가 24세의 내담자인 프로일라인 엘리자베스 폰 R.로 하여금 과거의 특정한 생각과 기억을 회상할 수 없게 만드는 것—에 대해서 말하고 있다. 엘리자베스에게 연상을 계속하도록 거듭 요구했음에도 불구하고 그녀의 협조를 얻으려는 노력이 좌절된 후, 프로이트는 흥분하여 다음과 같은 결론을 내렸다. "히스테리컬한 증상을 만들어 내는 데 관여하는 것과 바로 그 순간에 병리적인 생각이 의식화되는 것을 막는 것이 동일한 정신적 세력임에 틀림없다는 생각이 떠오르자 내 눈앞에 새로운 이해가 펼쳐지는 것 같았다." (Breuer & Freud, 1893, p. 268)

물론 프로이트는 특정한 내담자가 왜 저항하고 비협조적으로 변하게 되는지를 연구하고, 그 과정에서 자신의 억제, 방어기제, 전이 이론의 핵심을 발견하는 데 여생을 바쳤다. 그리하여 내담자를 비협조적으로 만드는 것에 대한 이해는 모든 정신분석적 사고의 토대가 되었다.

그 이후 세대의 분석가들은 저항에 대한 프로이트의 개념을 확장시키려고 노력했다. 여기에는 빌헬름 라이히(Wilhelm Reich), 하인즈 코헛(Heinz Kohut), 로버트 랭스(Robert Langs), 자크 라캉(Jacques Lacan), 제임스 매스터슨(James Masterson), 안나 프로이트(Anna Freud), 피터 지오바치니(Peter Giovacchini), 오토 컨버그(Otto Kernberg) 같은 저술가들이 포함된다. 치료사가 정신역동 이론에 동조하든 말든 상관없이, 저항에 대한 이런 관심의 주된 가치는 내담자들의 방해 행동이 그들이 두려워하는 것, 피하는 것, 이 방해가 의미하는 것에 대한 귀중한 정보의 원천으로서 존중되어야 한다는 중요한 전제에 있다.

비협조적인 내담자들은 겁에 질려 있다. 우리가 저항이라고 부르고 (물리쳐야 할 적으로서) 막거나 피해 가려고 하는 그들의 행동은 정상적인 것이다. 그들은 분명 살아 있는 우리를 잡아먹으려고 하는 흉포한 창꼬치 고기가 아니다. 비협조적인 내담자들은 우리가 평소 대하는 사람들보다 더 복잡한 문제를 가지고 있고 우리가 선호하는 것과 다른 상호작용 방식을 가지고 있는 사람들일 뿐이다. 내담자들에 대해 험담하는 것은 저항하는 내담자들의 대화 방식이 설사 간접적이고 성가신 것일지라도 우리에게 자신들의 고통을 말하려고 애쓰고 있다는 사실을 감추는 것에 불과하다.

4장

행동의 관점에서

우리가 가끔 그렇게 생각할 뿐, 실상 내담자는 우리의 생활을 일부러 비참하게 만들려고 하는 것이 아니다. 그들은 자신의 관점으로 인생에서 최선의 것을 찾아다니느라 애쓸 따름이다. 그들은 자신의 자리에서 안정된 느낌과 안전한 느낌에 연결된 가느다란 실을 잡고 있느라 안간힘을 쓰고 있다.

"제발 갑작스럽게 움직이지 마세요. 내가 당신에게 협조하려고 애쓰고 있다는 것, 나 자신의 방식으로 정말 애쓰고 있다는 것만 이해해 주세요. 나는 당신이 오로지 나를 도우려고 할 뿐임을 알아요. 그러니 나도 일부러 비협조적으로 나오는 것이 아니에요. 하지만 나는 당신이 원하는 사람이 될 수 없고 당신이 원하는 대로 할 수가 없어요. 최소한 아직은 아니에요. 나는 나 외의 모든 사람의 기대에 따라 사는 것에 지쳤어요. 조금만 더 내 비위를 맞춰 줄 수 없나요? 나도 성가시게 굴려고 작정한 것이 아니에요."

많은 비협조적인 내담자들이 인정한 대로, 이 독백은 확실한 진실이며 그들에게 무슨 일이 일어나고 있는지를 나타낸다. 그들은 자신이 다른 사람과 가까워지기에 어려운 방식으로 행동한다는 인식을 얼마간 가지고 있지만 그것이 어떤 방식인지는 잘 모른다. 게다가 사람들과 거리를 두지 않고 지내는 생활을 상상하는 것만으로도 완전히 겁에 질려 버린다.

변화에 대한 저항과 위협적인 자극에 대한 방어는 삶의 한 방식이다. 그것은 우리가 낯설고 놀라운 아이디어들에 적응하기 위해 새로운 인지 구조를 구축할 시간을 벌어 준다. 그것은 우리가 이질적이고 혼란스러운 관점들에 익숙해지려고 할 때 숨 돌릴 틈을 준다. 그것은 모든 유기체 조직의 부분을 이루고 있는 적응기전이다. 그것은 우리가 이전에 경험하지 못했던 것에 대한 반응을 고안해 내도록 준비시킨다.

이 순간 그리고 매 순간 우리의 방어체계는 대뇌 안에서 작동하고 있다. 새로운 아이디어가 제시된 후 우리가 제일 먼저 하고 싶은 것은 그것을 깎아내리거나 부적절하게 만들 방법을 찾는 것이다. 우리가 어떤 새로운 아이디어를 사실로 받아들이게 되면, 이 새로운 정보를 통합시킬 방법을 생각해 내야 하고 오랫동안 의지해 왔지만 이제는 못쓰게 된 계획들을 깨끗이 치워 버려야 하는 수많은 일들이 우리 앞에 놓이게 된다.

나는 참만남 운동에서 치료를 처음 배웠는데, 그때 대부분의 개입의 초점은 내담자들 간의 정서를 표현시키고 자극시키는 것이었다. 내가 했던 대부분의 일은 사람들 주위를 돌면서 그들이 자신들의 느낌에 접촉하고 드러내도록 돕는 것이었다. 감정은 인간 존재의 핵심이며 모든 기쁨과 고통의 근원이다. 사람들이 자신의 느낌을 이해하고 표현하도록 도우라. 그러면 생활의 변화가 자연스럽게 뒤따를 것이다.

나는 치료사로서 이것이 멋진 작업 방식이라고 생각했다. 그리고 그것은 효과가 매우 좋았다.

나는 앨버트 앨리스(Albert Ellis)가 역기능적 사고야말로 심리적 고통의 원천이라는 견해를 소개하는 것을 처음 들었을 때 격분했던 것을 기억한다. 내가 인간의 변화에 대해서 이해한 모든 것을 위태롭게 만드는 그 따위 말도 안 되는 소리를 그가 어떻게 감히 지껄일 수 있단 말인가! 나는 이 경솔한 뉴요커와 그의 터무니없는 논리체계를 비웃을 방법을 찾고는 즐거워했다. 그러나 나의 적의는 이윽고 그 힘을 잃었고, 나는 인지치료의 아이디어를 내 임상 방식에 섞을 방법을 서서히 찾게 되었다. 또 다른 새로운 아이디어를 접하여 내게 편해진 전문가적 태도가 위협받을 때마다 나는 수백 번에 걸쳐서 거의 모든 사람들에 대해 비슷한 과정을 경험했다. 물론 내가 하고 있는 것은 비협조적인 내담자들이 좀 더 큰 규모로 하고 있는 바로 그것이다. 즉, 내담자가 미지의 것을 향해 모험할 수 있을 정도의 편안함을 느낄 때까지 시간을 버는 것 말이다.

치료사와 내담자의 기대

한 내담자가 문을 지나 걸어 들어올 때 우리는 무슨 일이 일어날지, 내담자가 어떤 행동을 하고 무슨 말을 할지, 우리가 어떻게 반응할지에 대해서 갖은 예측과 예언을 하기 마련이다. 우리가 좋아하는 내담자와 싫어하는 내담자 간의 차이는 본질적으로 우리가 세운 규칙과 가치에 그들이 기꺼이 동의하느냐에 기초하고 있다. 모든 치료사들은 가장 적절하다고 생각하는 내담자의 행동에 대해 특정한 기대를 가지고 있다. 여기에는 다음의 것들이 포함된다.

- 내담자는 공손하고 우리의 전반적인 모습에 좋은 인상을 받을 것이다.
- 내담자는 무엇이 문제인지와 우리가 무엇을 도울 수 있는지에 대해서 분명하고 간결하게 말할 것이다.
- 내담자의 설명은 상당히 명쾌하고 질서 정연할 것이다.
- 내담자는 간간이 말을 멈춰서 우리의 생각을 말할 수 있게 할 것이며, 그래서 서로가 같은 마음임을 확인시켜 줄 것이다.
- 내담자는 우리가 그들을 위해 할 수 있고 할 수 없는 것에 대해서 현실적인 기대를 가질 것이다.
- 내담자는 도움이 되기를 바라는 우리의 마음에 고마움을 표현하고 우리의 능력에 신뢰를 보일 것이다.

치료사가 이 규칙들을 얼마나 강하게 지지하느냐는 내담자가 그의 기대대로 행동하지 않았을 때 그가 얼마나 언짢아지느냐와 직접적인 관계가 있다(Freemont & Anderson, 1988). 물론 이 전제는 치료 계약의 가장 기본적인 규칙을 무시하고 있다. 내담자의 주요 임무는 그/그녀 자신이 되는 것이다. "그가 달리 할 수 있는 것은 없다.

그가 자신의 무가치감과 무력한 분노를 전달할 때, 그것이 그에게 가장 중요한 문제라면 그는 자신의 임무를 다하고 있는 것이다." (Fiore, 1988, p. 91)

치료관계에서 생기는 가장 흔한 문제는 내담자가 치료사의 기대에 따르지 않을 때뿐만 아니라 치료사가 내담자의 기대에 따르지 않을 때도 일어난다. 대부분의 내담자는 결국에는 치료사에게 실망하게 된다. 그중에서도 비협조적인 내담자는 가장 많이 실망한다. 그들은 우리에게 비현실적인 기대를 가지고 있으며 우리가 다음의 것들을 충족시켜 주기를 바란다.

- 모든 것을 알고 무엇이든 할 수 있기
- 끝없는 인내심을 가지기
- 그들이 다른 사람에게 가하고 싶었던 모든 모욕을 당해 주는 것으로 돈을 받는 종이 되기
- 그들이 아무것도 하지 않아도 모든 고통을 사라지게 하는 비법 가지기
- 그들에 대해 생각하느라 우리의 자유 시간을 몽땅 쓰고 그들이 말하고 싶을 때 언제든지 만날 수 있도록 우리의 일정과 사생활을 없애 버리기
- 그들이 약속을 잊는다 해도 전혀 불편해하지 않고 그들이 청구된 비용을 지불할 수 없다 해도 화내지 않기

고통으로부터 보호하고 구원할 수 있는 전능한 부모의 자리에 치료사를 올려놓는 내담자의 무의식적인 욕구에 대해서 처음으로 자

세하게 말한 것은 프로이트([1915] 1957)였다. 어느 날 그들이 이 '이상적인 부모'가 전혀 완벽하지 않다는 것을 알게 되는 것은 불가피한 일이다. 그들은 우리가 실수하는 것을 알아차린다. 우리는 모든 것을 알지 못한다. 그리고 때로는 그들조차도 우리의 조바심, 지루함, 좌절감을 느낄 수 있다. 우리를 비난하기 시작할 때, 그들은 간접적인 방법을 가장 흔히 사용한다. 이것은 우리가 그들의 기대를 저버렸기 때문에, 우리가 충분히 말하거나 행동하지 않았기 때문에 우리를 벌주는 것이다. 그들은 늦게 오거나 혹은 오는 것을 까맣게 잊어버린다. 그들은 기본적인 요구에도 응하지 않거나 순전히 앙심을 품고 퇴행하는 듯 보인다(Strean, 1985).

치료에서 부딪히는 많은 문제는 파트너 한 사람 또는 두 사람 모두가 상대의 행동에 실망하기 때문에 일어난다. 치료사는 내담자가 일상적인 행동 규칙도 따르지 않기 때문에 짜증이 난다. 내담자는 치료사가 자신이 기대했던 사랑 많고, 관대하고, 현명하고, 마술적인 사람이 아니어서 화가 난다. 그러므로 중요한 작업은 한 사람이라도 안전감이나 정직성을 양보한다는 느낌 없이 이 과정에 참여한 두 사람 모두가 상대에게 요구하는 것을 타협하는 것이다.

당신이 어딜 가든지…… 거기에는 당신이 있다

남미 여행 안내서에서 프란츠(Franz, 1990)는 그의 경쟁자 대부분이 여행 희망자들에게 끝없는 여행 일정, 묵을 곳에 대한 추천, 먹어보거나 살 것, 구경하고 사진 찍을 것, 살펴보는 방법 등을 제공하는 것에 대해 한탄한다. 아무리 그래도 외국 여행은 여행자의 기분, 자금, 목적에 따라서 모험이 되어야 하고 자연발생적인 기회와 개인의 가능성으로 가득 차야 한다는 것이 프란츠의 생각이다. 특별한 순서에 따라 특정한 장소에 가려고 애쓰지 말라. 당신이 어딜 가든지, 거기에는 이미 당신이 있다.

정신치료는 몇 개의 인기 있는 방문지 목록을 가진 여행과 매우 흡사하다. 대부분의 사람들이 자신의 증상을 설명하는 것에서부터 목표 진술, 개인적 배경 탐구, 문제가 어떻게 시작되었는지에 대한 이해의 발전, 이러한 통찰을 행동으로 옮기는 것까지 상당히 예측 가능한 길로 나아가는 경향이 있지만, 이러한 일련의 과정이 일어나는 또 다른 길에는 광범위한 개인차가 있다. 어떤 사람은 누구나 인정하는 관광 명소를 전혀 들르지 않고도 남미를 확실히 구경할 수 있다.

나는 내담자들을 위하는 만큼 우리 자신을 위해서도, 내담자와 함께 하는 우리의 여행에 대해서 어떤 기대를 만들어 내고 계획된 방문지 목록을 어떻게 조직하는지에 대해서 이야기한 바 있다. 우리가 가고 있는 곳을 알면 더 편안해진다. 그러나 비협조적인 내담자들은 우리의 기대를 벗어나는 사람들이다.

40대의 여성인 메리골드의 이야기를 시작해 보자. 메리골드? 무슨 이름이 그래?

그녀는 자리에 앉기도 전에 치료실을 이리저리 돌아다니면서 꽂혀 있는 책들, 걸려 있는 졸업장을 꼼꼼하게 조사하고 상황을 주의 깊게 살폈다. 이 여자가 뭘 하고 있는 거야? 여기 앉아 기다리면서 나를 봐야 하잖아?

아무런 예고도 없이, 그녀는 행진하는 군인처럼 발뒤꿈치를 홱 돌리면서 내가 있는 쪽으로 손가락을 가리켰다. 맙소사, 이런 사례를 받아서는 안 되는 걸 알고 있었는데!

"저기 선생님, 저것들이 어떻게 걸려 있죠?" 걸려 있다고? 그녀는 내 고환이 어떻게 걸려 있는지를 묻는 건가? 정말 믿을 수가 없군.

"예? 무엇이 어떻게 걸려 있다고요?"

"아니, 벽에 있는 이 그림들 말이에요. 저것들이 서로 완벽하게 일직선이 되도록 어떻게 걸었어요? 당신도 강박증인가요?" 이런, 그녀는 처음 만난 지 2분 만에 나에 대해서 고정관념을 가지게 되었군. 내가 그녀에 대해서 아는 모든 것은 이 사례가 골칫거리가 될 거라는 거야.

"여기 와서 앉으시고 내가 당신을 위해 무얼 할 수 있는지 말씀해 주시겠어요?"

"내가 여기 서 있으면 안 된다는 건가요? 그리고 당신에 대해서 먼저 말하면 안 되나요?"

이 대화를 하나의 관점에서 살펴보면, 특히 그녀의 행동을 우리가 일반적으로 보고 정상적으로 기대하는 것과 비교해 볼 때 우리가 감당하기 어려운 비협조적인 내담자를 만났다는 것에 의심의 여지가 없다. 그러나 그녀가 내담자로서 평범하지 않게 다가오는 것을 위협으로 받아들인 관점을 잠시 유보한다면 우리는 좀 더 열린 마음으로 그녀를 만날 수 있다. 어떤 면에서 이런 상호작용은 그것이 무엇을 드러내고 있느냐는 점에서 대단히 흥미롭다. 또 다른 면에서 그것은 아주 유쾌하다. 여전히 남아 있는 또 다른 면에서 이런 내담자를 묘사하는 가장 적당한 단어는 아마도 **도전적인**일 것이다. 결국 **비협조**

적인이라는 용어는 우리 마음속에 있는 방문지 목록을 내담자가 따르지 않는다는 것을 의미할 때가 있다. 그래서 랭스(Langs, 1989, p. 3)는 치료사들에게 매 회기를 '바라는 것 없이, 기억 없이, 이해 없이' 접근하라고 경고한다. 우리는 선입견을 비워 낸 후에만 새로운 통찰을 가져오는 생기 넘치는 관점을 가지고 내담자와 상호작용할 수 있다.

치료사가 내담자를 싫어할 때

어려운 상황의 전면에 서서 20년을 지내 온 한 베테랑 치료사가 커피를 마시면서 서로의 담당 건수를 딱하게 여기고 있는 동료들에게 다음과 같이 말했다. "나는 내 업무를 내담자 다섯 명으로 줄였어. 그리고 나는 그들 모두가 딱 질색이야." 모두가 배꼽을 잡고 웃었다.

우리 중 몇 사람이 우리의 진짜 감정에 대해 아무리 당혹스러워한다고 해도 우리가 내담자들 중 일부를 싫어하는 것은 이 전문직의 현실이다(Winnecott, 1949; Epstein, 1979). 그들은 우리가 휘말려 들었음을 우연히 알게 되는, 방해하고 보복하고 조종하는 술책들, 우리를 상대로 한 게임들, 그리고 우리를 골탕 먹인 온갖 방해를 참아 낸 만큼의 대가를 우리에게 치르지 않는다. 그에 대해 생각해 보면, 의존적, 자기 파괴적, 통제적 태도를 취하는 것에 타고난 재주와 관심이 있다는 이유만으로 누군가가 우리의 생활에 불필요한 부담을 덧씌우고 우리에게 두려움, 혐오감, 죄책감, 부적절함을 불러일으키는

데도 그 사람을 싫어하지 않는다는 것은 미치지 않고는 불가능한 일이다(Groves, 1978).

비협조적인 내담자에 대한 이러한 관점은 내담자의 행동보다 치료사의 좌절 인내 기능을 더 많이 살펴보게 한다. 프로이트조차도 아주 저항적인 내담자들에게는 가끔 너무 화가 나서 그들이 누워 있는 소파를 발로 차고 싶을 지경이라고 말했다(Singer, 1985).

우리가 아는 것이나 할 수 있는 것의 한계에 도달했을 때, 우리의 이해나 능력을 넘어선 상황으로 인해서 혼란스럽거나 방해받는다고 느낄 때, 쉽게 벗어나는 방법은 내담자를 탓하는 것이다. 구조적으로 보면, 비협조적인 내담자는 자신에게는 문제가 아니지만 다른 사람, 특히 치료사에게는 자주 문제가 된다(Kitzler & Lay, 1984). 그러므로 유난히 골치 아픈 사례에서 일어나고 있는 일의 역학관계를 밝히려고 할 때는 우리 자신을 먼저 돌아보고 우리가 한 무엇이 내담자를 비협조적으로 만드는지를 살펴보는 것이 매우 중요하다.

2부
치료사가 비협조적일 때

5장

치료사 자신이 방해할 때

'내게 가장 힘든 내담자'는 내 나이 또래의 남자로서, 내가 내담자들에게서 매우 소중하게 여기는 특성들을 처음에는 많이 드러낸다. 그는 상당히 밝고 말을 잘하며 생각을 분명하게 표현한다. 또한 예민하고 겉보기로는 자신에 대해 의욕적으로 탐구한다. 나를 불편하게 만드는 단 하나의 것은 그가 나보다 훨씬 똑똑하다는 것—그리고 그가 그것을 안다는 것—이다. 그는 심리적으로 아주 세련되고 실상 그전에 치료를 몇 번 받아서 자신에 대한 기대가 무엇인지 정확하게 안다. 그는 전문 용어를 말할 수 있고 치료의 개념을 아주 잘 이해한다.

이 사람은 전문직에 있으며 자기 멋대로 하는 데 이골이 나 있고 평생토록 이 목적을 아주 능숙하게 달성해 왔다. 그는 자기 생각을 아주 분명하게 표현하고 설득력이 있기 때문에 자신의 계획을 수행하는 도중에 어떤 심각한 저항도 거의 만난 적이 없다. 더욱이 그는 자신에 대해서 지나치게 비현실적인 기대, 그가 결코 그만큼 될 수 없고 결코 그만큼 할 수 없는 완벽주의적인 관념을 가지고 있다. 내가 그를 치료하기가 특히 어려운 것은 그가 삶의 실제적인 변화를 회피하는 하나의 방법으로 자신의 지식을 사용하고 나를 만족시키려고 늘 번드르르한 말만 늘어놓는다는 것이다. 그가 나를 앞서려고 자신의 지적 능력을 사용하는 정도를 보면 나는 엄청난 좌절감을 느낀다.

그에게 가장 깊이 배인 특성 중의 하나는 조급증이다. 비록 그는 강하게 부인하지만, 그는 인생에서 즉각적인 결과를 요구한다(자신으로부터 그리고 추측하건대 타인으로부터도). 나는 내가 그의 기대만큼 훌륭하지도, 독창적이지도, 통찰력이 뛰어나지도 않아서 그가 실망하는 것을 느낀다. 나는 내가 이해할 수 있고 수행할 수 있는 것 이상에 도달하기 위해 엄청난 압박감을 느낀다. 한편으로는 나의 능력을 최대한 발휘하고 성장하기 위해 이 도전을 환영하는 마음도 있지만 지속적인 수행 불안은 내게 큰 고통을 일으킨다.

이 사내는 나를 계속 화나게 한다. 내 의지와 반대로, 나는 그의 행동에 대해 방어적인 태도를 취하게 되거나 위협을 느끼기 시작한다. 내가 그의 다음 행동을 알고 있을 때조차도 나는 부정적으로 반응하는 자신을 여전히 멈출 수가 없다. 마치 그가 내 마음을 읽을 수 있는 것 같다.

그리고 그는 그렇게 할 수 있다.

'내게 가장 힘든 내담자'는 바로 나다.

내면을 들여다보기

1부에서 우리는 '비협조적'이라는 것이 권위자의 위치에 있는 한 사람이 기대에 부응하지 못하는 다른 사람에 대해 내리는 판단이라는 점에 주목했다. 그것은 개인의 주관적인 느낌을 토대로 선택한 편의상의 꼬리표다. 그러므로 우리는 그 꼬리표를 만들어 낸 우리 자신의 역할을 점검하지 않고서 내담자를 비협조적이라고 간주해서는 안 된다.

이런 내담자들을 치료하면서 우리는 그들의 행동뿐만 아니라 우리의 자기비판적 태도와 소망적 사고로 인해서도 많은 것을 경험한다(Medeiros & Prochaska, 1988). 내담자의 비협조성은 '저기 밖에' 있는 것이 아니라 '여기 안에', 즉 우리가 다른 사람에 대한 자신의 경험을 관찰하고, 감지하고, 규정하고, 조직하고, 구성하고, 분석하는 곳인 우리 각자의 내면에 있다. 마러(Mahrer, 1984, p. 70)는 거슬리는 사람을 만날 때 자기에게 올라오는 느낌의 근원을 다음과 같이 설명한다. "나는 내 속에서 그것을 느낀다. 그것은 여기 내 안에 있는 거슬림의 경험이다. 누가 내게 그것이 어디 있느냐고 묻는다면 나는 나, 내 존재 방식, 내 안의 느낌과 경험을 가리킬 것이다."

내담자를 주관적으로 지각하기

프로이트는 내담자를 치료하기 어렵다고 보게 만드는 치료사 자신의 미해결 과제에 대한 최초의 예를 안나 O.(Anna O.)의 사례 보고에서 적었다. 사실 안나 O.는 「히스테리에 대한 연구(Studies on Hysteria)」를 프로이트와 공동 저술한 조셉 브로이어(Joseph Breuer)의 내담자였다. 브로이어는 안나 O.가 자신을 향해 성적인 감정을 발전시킬지도 모른다는 두려움을 크게 가졌던 것 같다. 그는 안나를 향한 자신의 감정에다 그녀에 대한 아내의 질투가 합쳐져서 치료를 서둘러 종결했다(Feiner, 1982). 재미있는 것은 브로이어가 안나를 치료과정의 장애물로 지각했다는 것이다. 그는 교착상태를 만들어 낸 자신의 역할을 인정하지 않았다.

내담자가 비협조적이건 아니건 간에, 그것은 보통 내담자의 행동뿐만 아니라 치료사의 지각에 달려 있기도 하다(Roth, 1990). 치료환경이나 이론적 지향성에 상관없이 첫 회기에 온 내담자의 절반은 다시 오지 않는다는 점을 생각해 보라. 일반적으로 그들은 치료 실패자, 탈락자, 저항적인 내담자라고 알려져 있다. 우리가 뭔가를 잘못했거나 치료동맹을 구축할 수 없었거나 내담자를 충분히 동기부여할 수 없었기 때문에, 또는 내담자가 너무 방어적이고 문제가 많기 때문에 내담자는 되돌아오지 않기로 선택했다.

그래서 어떤 연구자는 내담자들이 치료 첫 회기 후에 되돌아오지 않는 이유를 조사하기로 했다. 탈먼(Talmon, 1990)은 자신의 치료현장에서 단 한 번의 회기 동안 만났던 내담자들의 78%가 호전되었다고 보고한 것을 발견하고 매우 놀랐다! 다른 두 명의 치료사가 실시한 또 다른 연구에서는 1회기에 만난 내담자들의 88%가 확실히 나아졌다고 느꼈다. 이런 수치들이 과장되어 있건 아니건 간에, 그것들은 동일한 임상 결과에 대한 서로 다른 지각이 가능하다는 것을 매우 뚜렷하게 보여 준다.

치료과정에 참여한 사람들은 각자 동등한 주관성을 가지고 있기 때문에 하나의 개입에 대한 해석에는 치료사가 가진 가치관, 지각, 개인적 느낌, 주관적 인상 등이 실려 있다(Natterson, 1991). 내담자에게서 저항의 증거를 찾으려는 치료사들은 그것을 찾을 것이다. 호손 효과(Hawthorne Effect)[1)]와 피그말리온 효과(Pygmalion Effect)[2)]의 그림자! 당신이 어떤 내담자가 비협조적일 것이라고 예상한다면 내담자는 아마도 당신의 기대에 부응할 것이다.

최근에 나는 한 교육 실습생과 내가 그에게 맡긴 내담자 간의 첫 면담을 녹음한 테이프를 들었다. 처음에는 내가 그 내담자를 면담했지만 그녀는 건강보험이 없어서 최소한의 상담료도 지불할 수 없었다. 그래서 내가 수퍼비전을 하고 있는 다른 치료사에게 치료받을 것을 그녀에게 제안했다. 그녀는 자신의 삶을 변화시키려는 의욕이 매우 높았기 때문에 선뜻 동의했다.

그 내담자와 교육 실습생 간의 첫 면담은 내가 경험했던 것과 동일한 억양과 리듬으로 시작되었다. 그녀는 속사포 같은 질문을 해대었다. 그는 어떤 자격증들을 가지고 있는가? 현장에 얼마나 오랫동안 있었는가? 그의 이론적 지향성은 무엇인가? 그는 저녁 시간에 그녀를 만날 수 있는가? 그녀가 내게 이런 질문을 했을 때, 나는 그녀가 매우 불안하고 상황에 익숙해지기 위해 시간을 벌고 있다고 생

---

1) 역자 주: 호손 효과(Hawthorne Effect)는 단지 주목받고 있다는 사실 때문에 그 대상자에게서 나타나는 업적의 향상을 의미한다.

2) 역자 주: 피그말리온 효과(Pygmalion Effect)는 선입관에 의한 기대가 학습자에게 주는 효과를 말한다.

각했다. 그러므로 나는 각각의 질문에 대해 인내심을 가지고 설명해 주었고 그런 후에는 함께 즐겁고 생산적인 대화를 시작했다.

그러나 나는 같은 대본에서 전혀 다른 시나리오가 펼쳐지는 것을 듣고 깜짝 놀랐다. 내담자가 치료사에게 그의 치료 방식에 대해 물었을 때, 그는 얼버무리면서 초점을 그녀에게로 돌렸다. "그녀는 그게 왜 알고 싶었을까요?" 그가 내게 퉁명스럽게 물었다. 어쨌든 그는 그런 질문에 대답하기 전에 그녀에 대해 더 많이 알 필요가 있었을 것이다.

그녀가 다른 질문을 막 하려는 참에 치료사가 가로막았다. "당신은 나에 대해서 물어볼 것이 참 많은 것 같군요. 하지만 괜찮다면 내가 먼저 당신에게 몇 가지를 물어보고 싶은데요."

면담이 진행됨에 따라 내담자는 점점 더 고집스러워지고 말이 없어졌다. 사실 그녀는 완전히 적대적으로 변해서(비협조적인 내담자의 원형) 요구가 많고 통제하려 하고 목소리가 날카로워지고 비협조적으로 나왔다. 치료사는 녹음기를 끄고 고개를 가로저으며 "암캐 같으니라고, 안 그래요?"라고 말했다. 그녀와 함께한 내 경험은 아주 달랐는데, 왜냐하면 그녀의 처음 행동에 대한 내 해석이 교육 실습생의 해석과 전혀 달랐기 때문이다.

내담자가 비협조적인 태도를 취하도록 부추기기

"내가 치료를 포기하고 장사를 하려고 결심했던 바로 그때, 나는 모든 내담자가 비협조적으로 보이는 것을 알아차렸다." 소진된 전문가 한 사람이 그렇게 말했다.

힘이 고갈되었다고 느끼고, 자기 직업에 대한 열정과 흥분을 잃어버리고, 자기가 하는 일에 지치고 지루해지고 무관심해진 치료사들이 치료를 진정으로 사랑하는 치료사들에 비해서 비협조적이고 저항적인 내담자들을 더 많이 만나게 되는 것은 사실이다. 소진된 치료사는 어떤 행동을 짜증스럽게 보는 반면 열정적인 치료사는 도전할 만하다고 본다. 전자가 비협조적인 내담자들을 '골칫거리'로 부르는 반면 후자는 그들의 고통에 공명한다. 소진된 치료사는 조급하고 좌절감을 느끼며 자신이 기대하는 것을 내담자가 정확히 수행하도록 지나치게 요구한다. 프로그램에서 조금이라도 벗어나면 저항적이라는 꼬리표를 붙이고 그에 맞춰 상대한다.

소진된 치료사는 내담자가 비협조적인 내담자의 이력을 시작하게 만드는 바로 그 사람일 경우가 많다. 캐롤라인은 전남편에게 상처받고 거부당하고 학대당했다는 느낌을 가지고 들어온다. 그녀는 누군가로부터, 특히 남자로부터 이해 아니면 작은 관심이라도 받기를 갈망한다. 그녀는 가난하고 상처받기 쉽다. 이러한 상태는 그녀가 치료사와 개인적인 상호작용을 시작할 때 바로 드러난다. 그녀는 치료사가 자신을 하나의 대상, 즉 그의 시간을 사는 대가로 돈을 지불하는 내담자가 아닌 한 인간으로 봐 주기를 필사적으로 원한다.

치료사는 캐롤라인의 가난을 예민하게 알아챈다. 그 문제에 대해서는 누구에게도 그러하다. 그는 자신의 형편 이상으로 아이 양육비를 대고 있다. 그는 불편할 정도로 많은 내담자를 보고 있는데, 그것은 오로지 돈이 필요해서다. 모두가 그의 돈을 원하는 것 같다. 전처, 아이들, 그의 몸에 달라붙어 피를 빨아먹는 거머리들이라고 상상하기 시작한 30명 남짓의 내담자들. 그리고 그때 캐롤라인이 걸어 들어온다.

치료사는 동정 어린 가면을 쓰고 돌봐 주는 척한다. 이 의존적인 여자, 또 한 마리의 거머리에 대한 업신여김과 혐오감이 무심코 스며나온다. 캐롤라인은 그가 자신을 좋아하지 않는다는 것을 느낄 수 있다. 그녀는 단지 그녀의 존재를 참고 있을 뿐이면서 그녀에게 관심 있는 척하는 남자들의 마음을 읽는 데 풍부한 경험이 있다.

'그래, 여기 또 한 명 있군. 이런 멍청이에게 돈을 줘야 하다니 믿을 수가 없어. 그는 배려하는 예의도 갖추질 못했군. 하품을 참고 있는 그를 좀 봐. 이건 굴욕이야. 그가 도대체 뭔데 저러는 거야?'

캐롤라인은 치료사에게 인정받기 위해 더 열심히 애를 쓴다. 그녀가 더 많이 뉘우치고 더 공손하고 더 매달릴수록 치료사는 더 멀리 물러선다.

'이 사람들이 왜 나를 찾을까? 그녀를 좀 봐. 내가 하는 모든 말에 매달리는구먼. 이 의존성을 직면시켜야겠어. 그러지 않으면 그녀는 결코 가지 않을 거야.'

그는 그렇게 한다. 캐롤라인은 폭발한다. 난생처음 그녀는 어떤 사람에게, 어떤 남자에게 꺼지라고 말한다. 그녀는 울면서 치료실을 뛰쳐나간다.

치료사는 머리를 가로젓는다. 그는 방금 만난 이 미치광이에 대해서 동료에게 말하고 싶어 견딜 수가 없다. 그는 왜 항상 그들이 그의 문 앞에서 끝내는지 궁금하다.

2년이 지나고 캐롤라인은 다른 치료사를 만나 신뢰를 쌓아 간다. 이때의 치료사는 여성이다. 그러나 캐롤라인은 시작도 하기 전에 새로운 치료사에게 자신의 조건과 기대를 알린다. 치료사는 한숨을 쉬며 중얼거린다. "비협조적인 내담자가 한 사람 더 생겼군."

위협 느끼기

이 책의 전제들 중 하나는 치료에 대한 내담자들의 부정적인 반응이 꼭 그들의 저항이나 비협조적 경향성으로 인해 생긴 결과는 아니라는 것이다. 대개 그들은 어설프고 무신경한 치료사들의 해석이나 직면을 공격이라고 여기고 그에 대항하여 자신을 지키려 한다 (Strupp, 1989).

그 예로, 두 명의 치료사가 다음 내담자의 진술에 대해 어떻게 다르게 반응하는지 대조해 보자.

> 내담자: 내가 아직 시작할 준비가 됐는지 잘 모르겠어요.
>
> 치료사 A: 그러는 걸 보니 당신은 아주 방어적인 것 같군요.
>
> 치료사 B: 앞으로 나를 믿을 수 있을지 확신이 서지 않나 보군요. 우리가 서로 좀 더 잘 알게 될 때까지 기다리고 싶어 하는 것을 이해할 수 있어요.

한 반응이 다른 반응보다 더 효과적이라고 꼭 결론을 내릴 수는 없지만 화를 돋우는 치료사 A의 개입은 내담자의 견고한 저항을 촉발시킬 것 같다. 흔히 일어나는 일이지만, 우리가 주어진 순간에 내담자의 속도나 욕구를 존중하지 않으면 우리는 그들을 괴물로 만드는 기폭제가 된다. 우리는 자신이 단지 도움이 되려고만 한다고 느낄지 모르지만 내담자들은 우리가 그들을 엄하게 벌하려고 한다고 느낀다. 그렇게 감지한 공격에 대해서 내담자가 할 수 있는 반응이라고는 전략적인 물러남, 참지 않고 도망가기, 맹렬한 반격뿐이다.

전략적인 물러남에서 내담자는 치료가 결코 안전하지 않다고 여긴다. 그들은 자신이 드러낸 약점이 부당하게 이용되고 비난받을 것이라고 생각하기 시작한다. 그들은 우리가 단지 그들의 자기 패배적인 행동을 찾아서 역기능적인 패턴에 대한 자각을 증진시키려고 애쓰고 있다는 것을 알 수 없다. 대신 그들은 너무 많은 상처를 입지 않고 회기들을 끝낼 방법을 궁리한다. 그들은 등에 총 맞지 않고 물러나기에 충분한 시간을 벌려고 횡설수설하고 주의 산만하고 비굴하게 굴면서 자신의 후퇴를 감추기 위한 연막을 피운다.

참지 않고 도망가기는 감지한 공격에 대한 상당히 직접적인 반응이다. "안녕. 나는 돌아오지 않을 거예요. 하지만 내가 준비되면 당신에게 꼭 전화할게요." 그 메시지가 분명히 나타내는 것은 치료가 내담자에게 안전하게 느껴지지 않고 떠날 때가 되었다는 것이다.

맹렬한 반격은 치료사가 그것을 상쇄하기 위해서 꽤나 애를 먹어야 하지만 모든 반응 중에서 실로 가장 건강한 것일 수 있다. 내담자는 상처받고 거부당하고 무시당했다고 느낀다. 궁지에 몰린 큰 상처를 입은 동물처럼 내담자는 무서운 적이 된다. 반사적인 행동이든 혹은 싸움을 위한 의도적인 선택이든, 상처 입은 내담자는 소모적인 전쟁을 시작한다. 내담자는 우리가 과거에 제멋대로 힘을 휘두르던 가학적인 권위자들과 같은 사람들이라고 결론을 내린다. 그러나 우리는 도움을 주는 것에 대해 돈을 받고 있기 때문에 내담자가 보복을 가할 대상으로 아주 만만하다. 보복은 정말 불쾌한 것이다.

비협조적인 내담자는 우리가 무시하고 피하고 싶은 방법으로 우리를 위협한다. 그들은 우리의 전문성에 도전한다('내가 그에 대해서 너무 잘 아니 그도 어쩔 수 없을걸.'). 그들은 우리의 인내심을 시험한다('그녀는 치료에서 뭐라도 얻어 낼 만한 의욕이 하나도 없군.'). 그들은 우리가 전문가로서 가진 바로 그 유능감을 위협한다('엉터리같이 말하는 그가 누구더라?'). 바로 이런 이유들 때문에 우리는 실패할 가능성이 있는 사례를 가까이 하고 싶지 않고, 가능하면 그들을 포기하고 싶고, 위협감을 느낄 때마다 내담자가 비협조적인 탓으로 돌리고 싶다(Kottler & Blau, 1989).

변명하기

치료사의 어떤 특성은 치료사 자신이 감당하기 어려운 내담자들을 만나게 만든다. 스미스와 스타인들러(Smith & Steindler, 1983, p. 110)는 가장 취약한 치료사란 '치료에 대한 집착'—어떤 희생을 치르더라도 글자 그대로 치료를 해야 한다는 잘못된 신념—을 발달시킨 사람이라고 생각한다.

이 이상주의, 비현실적인 기대, 완벽의 추구는 치료사로 하여금 많은 실망을 경험하게 만든다. 내담자들은 자신들에게 쏟아진 모든 노력에 대해서 충분히 고마워하지 않는다. 그들은 자신들에 대한 치료사의 기대에 부응할 수 없다. 게다가 치료사는 내담자가 협조하지 않을 때 자신의 성과에 실망감을 느낀다. '내가 뭔가 잘못하고 있는

게 틀림없어.' '내가 더 숙련되고/지적이고/독창적이라면 틀림없이 이 문제를 풀 수 있을 텐데.'

엘리스(Ellis, 1985)는 저항에 대한 분석 연구 후에, 치료사가 특히 다음과 같은 신념을 완강하게 고수할 때 가장 비협조적인 내담자는 바로 치료사 자신이라는 결론에 이르렀다.

- '나는 모든 내담자의 치료를 항상 성공적으로 해야 해.'
- '치료가 내가 생각하는 방식대로 진행되지 않으면 그것은 기본적으로 내가 무능하기 때문이야.'
- '내담자들은 내게 항상 협조해야 하고 내가 그들을 위해 하는 모든 것을 좋아하고 감사해야 해.'
- '치료는 순조롭고 수월하게 흘러가야 하고 나는 매 순간 그것을 즐겨야 해.'

이런 마음속의 가정들이 치료사 안에서 작동하면 그가 비협조적인 내담자의 치료에 해로운 결과를 가져올 가능성이 매우 크다. 그런 치료사는 치료 결과에 대해 지나친 책임감을 가진 나머지, 내담자의 문제가 긍정적으로 해결되지 않으면 그것이 자기의 잘못이라고 믿는다. 부정적인 결과에 대한 책임을 지려는 유혹을 성공적으로 방어하는 방법은 그 반대 방향을 취하는 것이다. 즉, 내담자가 비협조적인 탓으로 돌리는 것이다.

치료사들은 내담자의 방해를 해명하기 위해 일반적으로 두 가지 유형의 변명을 한다. 첫 번째는 치료사의 완벽주의적 경향성으로 치료가 계획에 따라 진행되지 않을 때 자신을 탓하는 것이다. 두 번째는 방어적인 태도를 취하고 부정적인 결과에 대한 어떤 책임도 인정하지 않는 것이다. 이러한 극단적인 시각 차이는 비협조적인 내담자의 행동에 반응하는 완벽주의적 치료사와 방어적 치료사의 내적 대화(internal dialogue)에서 다음과 같이 나타난다.

내담자: "지난번 약속을 잊어서 죄송해요."
완벽주의적 치료사: 내가 더 잘해 주고 한계를 더 확실하게 정했더라면 이런 일은 일어나지 않았을 텐데.
방어적 치료사: 당신이 처리할 수 없는 어떤 것에 내가 접근한 것이 분명해.

내담자: "나는 당신이 방금 한 말을 정말 인정할 수 없어요."
완벽주의적 치료사: 아뿔싸, 내가 정말 잘못했군. 나는 왜 이렇게 참을성이 없지? 이해시킬 적당한 방법을 찾을 수 없을 것 같아.
방어적 치료사: 당신은 내 말의 핵심으로부터 주의를 딴 데로 돌리려고 애쓰는군. 이봐, 얼굴에 다 드러나잖아!

내담자: "언젠가는 내가 자살할 거라고 생각해요."
완벽주의적 치료사: 결국 이번에도 나는 당신의 마음을 움직이지 못했군. 내가 할 수 있는 뭔가 다른 것이 틀림없이 있을 거야.
방어적 치료사: 이봐, 그건 당신의 선택이지. 그것이 당신의 결정이라면 내가 그것을 막기 위해 할 수 있는 것이 별로 없어.

내담자: "당신은 엉터리야. 당신은 자기가 뭘 하는지 아는 척하면서 매주 거기에 앉아 있을 뿐이지. 하지만 당신은 나를 도울 방법을 모르잖아."

완벽주의적 치료사: 알아채 버렸네!

방어적 치료사: 당신의 문제를 바로잡는 것은 내 일이 아니야. 당신은 일이 잘 안 될 때도 내가 아주 침착하고 차분하니까 화를 내는군.

내담자: "당신이 휴가를 가 버리면 내가 어떻게 견뎌 내야 할지 모르겠어요."

완벽주의적 치료사: 아무래도 오랫동안 떨어져 있으면 안 되겠어. 내가 너무 많은 의존심이 생기게 해 놓고는 이제 이 사람을 갑자기 분리시키려고 했구나.

방어적 치료사: 당신은 나를 상대로 심리전을 하고 있군. 당신은 괜찮을 거야. 내가 없는 동안 당신이 힘든 시간을 보낸다면 앞으로 내게 너무 의존하지 않게 하는 좋은 교육이 될 거야.

내담자: "다시 오지 않기로 결정했어요."

완벽주의적 치료사: 내가 어디서 잘못했지? 내가 모든 것을 제대로 하고 있다고 생각했는데. 내가 충분히 빨리 적응하지 못해서 잃게 된 사람이 여기 또 생겼네. 상담료를 깎아 주겠다고 하면…….

방어적 치료사: 아마 그게 최선일 거야. 당신은 변화할 준비가 되지 않았어. 자, 이 시간대에 누구를 넣을 수 있을까?

이상과 같이 내담자의 말에 대한 반응으로 만들어진 모든 대답의 중심에는 우리의 완벽주의나 방어적 경향이 있다. 우리의 핵심 문제는 매일의 치료 회기로 인해 항상 예민하게 작동하는 방아쇠와 같은 상태에 있다. 내담자가 더 까다롭고 도전적일수록 우리는 자기보호적 방어에 더욱더 의지해야 한다.

이 두 관점 사이에는 우리가 할 수 있는 것과 할 수 없는 것에 대해 현실적으로 판단할 수 있게 하는 자리가 있다. 한편으로는 역기능적인 체제로 끌어들이려는 내담자의 의도에 우리가 희생물이 되지 않는 것이 중요하다. 이런 점에서 내담자와 우리 자신에 대한 합리적인 기대를 가지는 것이 도움이 되는 것처럼 정서적인 거리를 유지하는 것도 그러하다. 그렇다고 임상적인 초연함이라는 두꺼운 가면 뒤에 숨는 것도 결국은 도움이 되지 않는다. 그것은 아주 작은 보살핌도 크게 갈망하는 사람들에게 우리가 아무것도 주지 않고 냉담하게 구는 것처럼 보이게 한다. 또한 치료적 상호작용에 의해 촉발된 우리의 개인적 문제로부터 우리 자신을 차단시킨다. 우리는 특정한 종류의 내담자와 사건에 우리가 어느 정도 영향받는다는 것을 기꺼이 인정하지 않으면 그것들의 지배로부터 결코 벗어날 수 없다.

6장

바람에게 이야기하기

우리의 직업이 처음 생긴 이후로 무익함과 좌절감은 치료사들의 영원한 동반자였다. 프로이트는 이 주제에 대해서 거의 다루지 않았지만 말이다. 후기 저작에서(Freud, [1915] 1957) 그는 내담자와의 회기 중에 갑자기 일어나는 부정적인 감정을 결국 인정했다. "분석 작업에서 여성 환자에게 남근 선망을 포기하도록 설득할 때야말로 내 모든 노력이 헛되었다는 답답함과 '바람에게 이야기'하고 있는 듯한 느낌으로 가장 고통스럽다."(p. 270) 최근에 남근을 원하는 여성 환자를 만난 기억은 없다 해도 우리 대부분은 '바람에게 이야기'하는 느낌과 비협조적인 내담자를 연결 지을 수 있다.

비협조적인 내담자가 치료사에게 끼칠 수 있는 심각한 영향에 대해 기록한 첫 사례에서, 프로이트와 카를 융(Carl Jung)은 오토 그로스라는 내담자에 대해 두 사람이 함께 가지게 된 분노를 서로 위로

하였다(McGuire, 1974). 그로스는 심각한 자기애적 병리로 인해서 프로이트에게 상당한 정도의 좌절감과 불안을 유발한 것으로 보이며, 프로이트가 스스로 인정한 '자기중심주의'와 역전이 때문에 상황이 더 악화되었던 것 같다. 프로이트는 그 환자를 여름 동안 융에게 맡기기로 했다. 융은 매우 낙관적인 생각을 가지고 그로스를 치료해 나갔는데, 결국에는 그의 모든 공감, 선의, 뛰어난 해석이 사실상 아무런 쓸모가 없었다는 것을 알게 되었을 뿐이다. 그 환자는 융에게도 실패를 안겨 주었다. 1908년 6월 19일자 편지에서 융은 프로이트에게 그로스에 대한 불만을 토로하였다. "그는 지금 내가 그를 완치시켰다는 망상 속에서 살고 있으며 감사가 넘치는 편지를 벌써 내게 보냈습니다……. 내게 이 경험은 일생에서 가장 가혹한 것입니다." 그러고 나서 융은 자신의 진실한 바람을 표현하였고 죄책감을 약간 내비쳤다. 하지만 그는 이 환자를 다른 누구에게도 부담지우려 하지 않았고 그를 처음 맡긴 프로이트에게도 돌려보내려고 하지 않았으며, 충분히 오랜 기간 치료해서 그가 완치되었다고 선언했다(Liebenberg, 1990).

내담자가 우리의 단추를 누를 때

우리가 개인적인 생활과 전문가로서의 삶에서 어떤 불만족을 느낄 때, 내담자는 훨씬 더 비협조적으로 보인다. 최근 한 치료사가 소진되어 힘들었던 어느 시기에 한 특별한 사례가 그에게 끼친 영향에 대하여 내게 감동적인 이야기를 해 주었다.

내게 가장 비협조적인 내담자는 그의 진단명이나 치료에 대한 요구사항 때문에 힘든 것이 아니었다. 그는 아주 흥미롭지도, 파란만장하지도, 역동적이지도 않았다. 이 사례를 그렇게 힘들게 만든 것은 그를 치료하면서 생겨난 나의 정서적인 반응이었다.

나는 4년 동안 한 정신건강 센터에서 치료사로 일하고 있었다. 나는 기진맥진했고, 극도로 피곤했으며, 정서적으로 고갈되었다. 나는 개인적인 성취에 대한 의미를 잃어버린 상태였다. 내 담당 건수의 90%가 만성 정신질환이었기 때문에 나는 모든 것을 비인격화하고 내담자들을 비인간화하고 있었으며, 그러지 않으면 내가 '환자'가 될 것 같았다. 내 일은 기본적으로 사례 관리였으며 내 담당 건수인 90명 이상의 환자들을 진정시키는 것이었다. 그것은 중요한 일이었지만 내가 하고 싶은 일은 아니었다.

그 특별한 내담자는 70세의 흑인 남성으로서 미시시피 주립병원에서 50년을 보내고 막 퇴원한 사람이었다. 그는 정신분열증이라고 처음 진단받고 나서 성인이 된 이후부터 평생을 거기에서 보냈다. 그가 말보다 몸짓에 더 잘 반응하는 것 같았기에 나는 치료실로 따라오라고 손짓했고, 그는 오랫동안 향정신병 약물을 먹은 환자들이 흔히 그러듯 이따금 발을 질질 끌며 걸어왔다.

나는 그에게 말을 걸려고 했지만 사실 큰 노력을 기울인 것은 아니었다. 그는 내가 본 다른 환자들과 비슷하게 말이 없었고 약에 취해 있었다. 내가 하는 모든 질문에 그는 중얼중얼하는 소리로 반응했다. 그래서 나는 그에게 하숙집을 마련해 주고 3개월 뒤에 다시 만날 수 있게 조처했다. 그러고 나서 그의 사례를 처리하는 데 필요한 33개의 서식을 작성했다.

나는 그 사내에게 총 20분을 썼고, 내가 그에 대해 알고 있는 유일한 것은 그가 신발의 뒤축을 잘라 냈다는 것이었다. 완전히 새것이었는데 뒤축이 없었다. 그날 아침에는 오기로 했던 사람들이 나타나지 않았고 예약 취소도 몇 건 있었다. 그래서 나는 그의 서류를 살펴볼 시간이 많았는데 그에 대한 어떤 것을 읽고는 놀라서 눈이 휘둥그레졌다. 그 혹은 그의 이름에 관한 어떤 것이 내 눈에 익었지만, 나는 아마도 그가 누군가를 죽였거나 주립병원에서 한 번 탈출했던 적이 있어서 그의 이름이나 얼굴이 신문에 실렸었나 보다 하고 생각했다.

불현듯 어떤 생각이 떠올라서 나는 그의 파일을 급하게 넘겼다. 그는 나의 할아버지와 같은 이름을 가지고 있었고 같은 날에 태어났다. 할아버지는 7개월 전에 돌아가셨다. 그리고 나는 아직 슬픔에서 완전히 벗어나지 못했다. 나는 가족들 중에서 가장 강한 사람이었고 다른 사람들을 위로해야만 했기에 나 자신에게는 애도할 시간을 주지 못했다.

그래서 나는 그의 기록에 빠져들게 되었는데 읽으면 읽을수록 더 화가 나고 역겨워졌다. 20세 때 그는 한 의사에 의해 짧은 정신병적 증상 발현이 있다는 판정을 받았고, 주립병원 체제에서 늘 일어나는 불운한 일과 불찰로 인해 공공수용시설에서 소라진(Thorazine, 향정신병 약물)을 복용하고 그 부작용으로 발을 질질 끌면서 평생을 살아가라는 선고를 받았다. 첫 입원 후 4개월이 지나자 시설 측은 그를 퇴원시키고 싶었지만 가족이 그를 원하지 않았기 때문에 그는 갈 곳이 없었다. 그들은 그를 보호소로 보내고는 그에 대해서 잊어버렸다. 당시의 의사가 의원성[1)] 정신병을 다시 만들어 내었다.

나는 정신건강 체제가 이 사람을 얼마나 부당하게 희생시켰는지에 대해서 분노했지만 곧 나도 같은 일을 했음을 깨달았다. 나 역시 그를 한 인간으로서 치료하기를 거부했다. 그는 그저 또 다른 정신분열증 환자였고 또 하나의 가망 없는 사례일 뿐이었다. 나는 내가 경멸했던 모든 것보다 별로 나을 것이 없었다.

나는 죄책감을 느끼고 그의 사례에 집착하기 시작했다. 나는 그를 치료하기로 결심했다. 나는 다음 날 그를 정신과 의사에게 보냈고 그의 약물을 바꿔야 한다고 주장했다. 나는 그를 1주에 3~4회 만나기 시작했다. 우리는 산책을 했다. 나는 잘릴 뒤축이 없는 새 신발을 그에게 사 주었다. 그리고 나도 그와 비슷한 신발로 바꾸었다.

우리는 현관에 앉았고, 나는 그에게 말을 걸려고 애썼다. 나는 내가 아는 모든 방법을 사용했다. 그에게서 아주 작은 반응 또는 내가 거기에 있음을 안다는 기색조차 발견하지 못한 채 4개월이 지났고, 그는 잠자던 중에 숨을 거두었다.

물론 내가 나를 치료하려고 했던 것만큼 그를 치료하려고 애쓰지는 않았음을 이제는 안다. 하지만 그 후로 나는 내가 비협조적이라고 여기는 내담자들 대부분이 나 자신의 문제와 연결되어 있는 사람들이라고 생각하게 되었다. 또한 내가 내 한계에 맞서고 있었다는 것을 깨달았는데, 그것을 인정하기가 쉽지 않았다. 이 경험을 하고 나서 5~6개월 동안 나는 정서적으로 만신창이가 되었다. 그 사람을 만나기 전의 내가 소진상태였다면 그때는 내가 죽을 것 같았다. 나는 회복하기 위해 1개월간의 휴가가 필요했다.

---

1) 역자 주: 의원성이란 의사에게 원인이 있는, 의사의 부주의로 생기는 것을 의미한다.

문제를 개인적으로 받아들이기

치료사들은 사람들을 돕는 것을 즐기고 그에 대한 답례로 어느 정도의 감사를 기대한다. 하지만 내담자가 감사는커녕 적개심, 무례함, 냉담함으로 반응할 때는 치료사가 그것을 개인적으로 받아들이지 않기란 어렵다. 앞에서 서술한 정신분열증 입원환자의 사례에서 치료사는 그가 가진 개인적인 문제가 환자의 문제와 뒤얽혔기 때문만이 아니라 그가 치료의 성공을 필요로 했기 때문에 정서적으로 지나치게 관여하게 되었다. 그는 할아버지를 구할 수 없었지만 이 환자의 삶을 조금 더 편하게 만들어 주기로 결심했는데 그 사람이 치료사의 개입을 원하거나 그에 반응할 수 있는지는 상관하지 않았다.

이와 비슷한 많은 상황에서 우리가 원하는 대로 내담자가 반응하지 않을 때 우리는 흔히 좌절감, 자신감 저하, 절망감을 느낀다. 우리는 우리의 불만을 직접적으로 또는 물러남을 통해 전달한다. 이에 대한 반응으로 내담자는 더욱더 거부당하고 평가절하된 느낌을 받게 되며 저항적인 행동은 더 심해지게 된다. 그리하여 상처와 보복의 끝없는 소용돌이는 거기에 참여한 두 사람이 상대를 비협조적이라고 볼 때까지 계속된다.

의료적 개입에 대체로 저항하고 치료적 권고에 순응하지 않는 환자들에 대한 연구에서 마틴(Martin, 1979)은 몇 가지 공통적인 특징을 발견했다. 이런 환자들은 보통 환자들보다 제안을 잘 따르지 않고 의사에게 복종하지 않는 경향을 보였다. 그들은 자신의 문제를 인정하지 않으려는 하나의 방어기제로 부정을 사용했고, 또한 높은 불안을 나타냈다.

이 연구대상이 폐결핵과 당뇨, 그 외의 만성질환으로 고통받는 환자들, 몹시 까다로운 치과 문제를 가진 환자들이기는 하지만 그 결과는 치료사에게도 교훈을 준다. 이 모든 저항적인 환자들의 가장 공통적인 특징은 "질환, 예방, 치료에 대한 개인의 반응을 결정하는 데 있어서 불안이 근본적으로 중요하다는 것" 이다(Martin, 1979, p. 5).

마음 깊은 곳을 들여다보면 비협조적인 내담자는 고통스럽고 상처받기 쉬운 삶에 대처하려고 애쓰는 아주 불안한 사람이다. 이러한 정보는 치료와 관련된 학문에 있어서 너무나 분명하고 기본적인 부분이어서 거의 언급되지도 않는다. 그러나 우리는 비협조적인 내담자가 할 수 있는 한 잘 살아가려고 노력하고 있음을 잊어서는 안 된다. 이 내담자가 우리를 공격하고, 우리로부터 물러나고, 우리와 게임을 할 때 본능적으로 나오는 우리의 첫 반응은 그 표현을 개인적으로 받아들이는 것이다. '어째서 당신이 내 생활을 이렇게 불필요할 정도로 힘겹게 만들고 있지?' 그리고 그 상황에서 한 걸음 물러나 생각하면 마침내 깨닫게 된다. '아니야, 당신은 내게 이러는 것이 아니야. 당신은 자신에게 그렇게 하고 있군. 나는 당신의 분노의 표적이야. 나는 당신이 모든 괴로움을 풀어놓을 정도로 안전하게 느끼는 유일한 사람이군. 나는 운이 좋아.'

비협조적인 내담자와 그 치료사의 유사성

우리가 유난히 성가신 성격 특성이나 행동 때문에 특정한 내담자들을 무서워하거나 경멸하는 것 못지않게, 우리는 인정하고 싶은 것 이상으로 그들과 비슷하다. 의사들의 가장 공통된 특징과 그들이 가장 힘들어하는 환자들의 특성을 비교한 연구에서 포드(Ford, 1981)는 대단히 흥미롭고도 충격적인 유사점을 발견했다. 대부분의 의사들은 끊임없이 애를 먹이는 환자들이 병을 삶의 방식으로 삼은 만성 신체화 장애를 가진 사람들이라고 한다. 여기에는 아픈 역할을 즐기는 만성 통증 환자나 의사가 아무것도 해 줄 수 없는 증상에 대해 만성적으로 불평하는 사람들이 있다. 신경질적이거나 건강염려증적인 경향이 있는 환자, 꾀병을 부리는 사람, 장애를 꾸며내거나 장애가 있다고 주장하거나 전환 반응을 보이는 환자들도 그러하다.

이 모든 환자들이 어떤 공통된 특징을 가지고 있는 것은 별로 놀라운 사실도 아니다. 예컨대, 신체화 장애 환자는 대개 어린 시절에 집을 떠나서 의존 욕구를 충족시킬 수 없었다. 그들은 아이였을 때 흔히 질병이나 죽음과 관련된 경험을 했다. 그들은 뚜렷한 우울, 과도한 약물 사용, 정서적 압박감을 나타낸다. 포드(1981)는 이런 특징들을 의사들의 가장 공통된 특징과 비교하고 의사들과 환자들이 똑같은 특징들을 많이 보이고 있다는 것을 알고 놀랐다.

비협조적인 환자들과 그들의 의사들은 다른 면에서도 관련되는 경우가 많다. 환자는 건강염려증적인 반면, 의사는 질병과 죽음에 대하여 역공포(counterphobic)[2)]적이다. 환자가 노골적인 의존 욕구를 드러내는 반면, 의사는 의존 욕구에 대한 방어로 반동형성을 발

2) 역자 주: 역공포란 공포증 극복을 위해 공포를 느끼게 하는 상황을 스스로 체험하는 일이다.

달시킨다. 환자가 보호받고 싶은 바람을 가지고 있는 반면, 의사는 전능감에 대한 환상을 품고 있다. 이러한 패턴을 검토한 후에 포드(1981, p. 255)는 다음과 같은 결론을 내린다. "신체화 장애 환자들은 의사들과 심리적 유사성을 공유하고 있기 때문에 의사의 정신내적 갈등을 이용할 수 있다."

포드의 결과를 치료 면담으로 가져와 추정해 보면 흥미롭다. 우리 자신과 우리가 가장 경멸하는 내담자들 간의 유사점은 무엇인가? 비협조적인 내담자들과 우리가 가진 배경, 성격, 미해결 과제 간의 공통된 특징은 무엇인가?

치료사들은 바로 그들의 내담자들처럼 갈등 수준이 높은 가정에서 자란 경우가 흔하다. 또한 우리는 다른 사람에게 영향을 끼치는 능력, 다른 사람의 느낌에 대한 높은 감수성, 의존이라는 주제에 대한 과잉반응, 관계상의 힘과 통제에 대한 욕구 등과 같은 특징들도 많이 공유하고 있다. 이러한 비교는 우리가 가장 힘들어하는 내담자들은 우리가 가장 불쾌하게 여기는 면에서 우리와 비슷한 사람들이라는 불가피한 결론을 내리게 한다. 그러나 긍정적으로 보면 내담자들에 대한 우리 자신의 정서적인 반응은 그들을 어떻게 치료해야 할지에 대한 귀중한 단서를 준다.

당신을 괴롭히는 사람과 그 이유

비협조적인 내담자들은 치료사에게 끼치는 영향력—분노, 짜증, 불안 또는 지나친 배려를 유발하는 능력—의 측면에서 흔히 정의되기 때문에 우리가 자극받을 수 있는 부분을 살펴보는 것이 중요하다. 당신은 어떤 유형의 내담자, 진단명, 행동 양식, 상호작용이 당신의 안정을 계속 잃게 만든다고 생각하는가? 당신이 자신의 편견, 지각, 문제가 내담자를 비협조적으로 만든다는 것에 동의할 수 없다고 해도 최소한 당신은 내담자와 치료사 양쪽의 상호적인 영향이 문제에 원인 제공을 한다는 것은 분명히 인정해야만 한다.

치료를 진행하다가 장애물에 부딪힐 때 우리가 살펴볼 첫 번째는 바로 우리 자신이다.

- 내가 하고 있는 것 중 무엇이 치료동맹에 문제를 만들어 내거나 악화시키는가? 내가 이 내담자에게 직접 말하는 것과 전화로 말하는 것이 그렇게 서로 다른 것은 흥미롭지 않은가? 내게는 누가 책임자인지를 그에게 단호하게 알려 주어 내 속도에 따르도록 하려는 욕구가 있는 것 같다.
- 내가 경험하는 갈등에 따라 어떤 미해결 과제가 촉발되는가? 내가 이 여성에게 충분히 해 주지 못하고 있는 것이 분명하다. 아니, 아마도 나는 그녀에게 너무 많은 것을 해 주려고 애쓰고 있고, 그래서 일이 이렇게 된 데에 너무 많은 책임감을 가지고 있는지도 모른다. 아니, 말하자면 나는 내가 무엇을 해야 할지를 모른다. 나는 누군가에 대해서 내가 어떤 입장에 있는지, 그녀가 나를 좋아하는지 아닌지, 그녀가 내가 잘하고 있다고 생각하는지 아닌지를 모르면 좌절과 혼란을 느낀다. 이 여성은 내게 아무런 단서를 주지 않고, 그래서 나는 결국 그녀에게 어떤 반응을 불러일으키기 위해 신랄하게 굴고 빈정대는 것이다. 그러

고 나면 나는 내가 한 짓이 싫어진다.

- 그 내담자는 내게 누구를 생각나게 하는가? 내 삼촌 맷이다. 틀림없이 맷이다. 그들 둘 다 똑같은 조종 방식을 가지고 있어서 다른 사람들이 자신들의 말대로 하게 만든다. 나는 맷이 달콤한 말로 나를 꾀어 무엇인가를 하도록 만들었던 그 당시를 모두 기억한다.
- 나는 그 내담자의 진전에 대한 좌절감와 조바심을 어떤 방식으로 행동화하고 있는가? 그녀는 아침에 시간 맞춰 여기 올 수 없을 것 같다면서 다음 약속 날짜를 언제로 바꿀 수 있는지 내게 물었을 뿐이다. 나는 그녀를 왜 그렇게 힘들게 했을까? 나는 보통 그런 일에 그렇게까지 융통성 없게 굴지 않는다.
- 나는 이 내담자가 어떻게 하길 기대했는가? 이 남자는 아버지가 병원에 있기 때문에 정말로 마음이 아프다. 나는 그에게 내 아버지에 대해 이야기하고, 그래서 그가 어떤 느낌일지를 잘 안다고 한다. 그는 내가 마치 건방진 말을 하는 하인이기라도 한 것처럼 내게 큰 소리로 화를 낸다. 그에 대해 생각해 보자. 아마 나의 노출이 적절하지 않았는지도 모른다.
- 이 관계 속에서 나의 어떤 욕구가 충족되지 않고 있는가? 나는 내가 사람들을 도우려고 애를 많이 쓸 때 그들이 어느 정도의 감사를 표현하기를 기대한다. 아니, 요구한다. 내가 전문적인 서비스를 제공하는 데 따른 대가를 받고 있기는 하지만, 기본적으로 나는 내가 관여하여 다른 사람이 성장하는 것을 보는 즐거움을 위해 이 일을 한다. 그래, 내가 어떤 식으로 도움이 되었는지를 생각하면 내가 강하다는 느낌마저 든다. 내담자가 내 노력

의 진가를 인정하지 않으면 나는 속았다고 느끼기 시작한다.

왜 특정한 내담자가 당신의 마음을 어지럽히는지, 또는 왜 당신이 할 수 있는 것보다 더 효과적으로 행동하지 못하는지를 이해하려고 하면 다른 질문들도 생각해 낼 수 있을 것이다. 내가 무슨 일이 일어나고 있는지 이해하도록 도와줄 어떤 정보를 놓치고 있는가? 나는 이 사례를 어떻게 잘못 다루었는가? 나는 어떻게 하다가 지나치게 조종적이고 통제적인 태도를 취하게 되었는가? 내 가설들은 내담자를 이해하고 다루는 방식과 어떻게 연결되는가? 아마도 스스로에게 할 가장 중요한 질문은 이것일지도 모른다. 무엇이 나로 하여금 이 사람을 좀 더 보살피고 연민을 갖지 못하게 하는가?

우리가 어떤 사례로 힘들어하는 자신을 발견할 때 이 질문 목록을 살펴보면, 내담자가 방해하고 저항하고 비협조적이라고 비난을 퍼붓기 전에 문제를 악화시키고 있는 우리 자신의 역할을 확인할 수 있게 된다. 내담자가 비협조적인 경우, 그 원인은 보통 다음 두 가지 중 하나다. (1) 그들이 치료사로부터 받아들여지거나 이해받는다고 느끼지 못할 때, (2) 그들이 치료사가 너무 가까이 다가오는 것을 두려워할 때. 이 시나리오 중 어느 것이든 치료사가 느낀 분노와 좌절감은 그/그녀의 미해결 과제와 더불어 저항이 이해되고 훈습될 수 있게 하는 버팀목이 된다.

7장

치료사가 벌이는 게임

내담자가 비협조적일 때 이러한 상황은 그의 성격 특성과 행동뿐만 아니라 치료사의 자질과 개인적 문제, 그에 더하여 내담자와 치료사 간의 상호작용의 영향을 받는다. 내담자가 유별난 태도를 보이면 치료사는 그것을 '무서워하는' '방어적인' '통제적인' '비협조적인'이라는 방식으로 해석한다. 치료사는 자신이 내담자의 행동에 부여한 의미를 근거로 반응한다. 그러면 내담자는 치료사가 자신에 대해 어떤 식으로 느끼는지를 감지하거나 눈치챈다. 이 복잡한 상호작용에서 그런 지각은 내담자가 다음에 할 행동에 영향을 준다. 오래지 않아 치료사는 내담자가 '비협조적'이라고 확신하게 된다. 그러나 다음의 사례에서 생생하게 나타나듯이, 때로 이런 행동은 치료사의 미해결 과제에 대한 정당한 반응이다.

메릴린과 네이선은 이혼 직전에 있었다. 네이선은 깊이 뉘우치고 미안해하면서 그들의 결혼을 지속하기 위해 할 수 있는 것은 무엇이든 하겠다는 의지를 내보였다. 메릴린은 이 남자에 대한 분노로 가득 차 있었는데, 그는 20년 이상을 그녀가 집에만 있고 사회생활은 보류하도록 강요해 왔다. 그녀가 이 세월 동안 얼마나 분개했는지를 알아차린 것은 그녀가 엄청난 발전을 했다는 것을 나타낸다.

부부가 함께한 세 번째 회기에서 메릴린은 자신이 어떻게 느꼈는지를 남편에게 말할 준비가 되었다고 여겼다. 하지만 그녀가 자신의 분노를 열렬하게 표현하면 할수록 네이선은 더 객관적이고 무관심하고 짜증날 정도로 논리적인 태도를 취했다. 그녀의 감정 폭발에 대한 반응으로 그는 단지 어깨를 으쓱하며 부드럽게 말했다. "우리는 과거를 바꿀 수 없어, 여보. 이런 것들을 몇 번이고 되풀이하는 대신에 우리가 지금 할 수 있는 것에 대해 이야기하는 게 어떻겠어?" 그의 태도는 메릴린의 화를 더 돋우었다. 분명히 그녀는 비협조적으로 나오고 있었다.

아니면 최소한 나는 당시에 그렇게 생각했다.

나는 그들 두 사람이 이성적인 성인으로서 대화할 수 있을 만큼 침착해지지 않으면 이 문제를 해결할 수 없다는 입장을 취했다. (그들은 습관적으로 싸웠던 내 부모와 그들을 말리지 못했던 내 무력감을 상기시켰다.)

메릴린의 분노가 끓어오를 때마다 나는 그녀의 관심을 다른 데로 돌리고 그녀를 진정시키려고 애썼다. (나는 분노를 다루는 데 진짜 문제가 있다. 나는 나 자신이 분노를 자주 느끼는 것을 허용하지 않으며 누군가가 내게 화를 낼 때마다 물러나서 앵돌아진다.)

메릴린은 내가 그녀를 좋아하지 않는다고 느꼈다. 그녀는 남편과 내가 그녀를 아이처럼 다루면서 함께 비난하기 때문에 안전감을 느끼지 못한다고 내게 말했다. (나는 그녀가 내 능력에 의문을 제기하면서 공격한다고 느꼈다. 이제 나는 그녀가 정말로 비협조적인 내담자라고 확신했다.)

나는 내가 그녀를 정말로 좋아하고 그녀에 맞서서 남편의 편을 들고 있지 않다며 안심시키려고 했다. (나는 거짓말을 했다. 당시에 나는 그녀의 남편을 강하게 동일시하면서 가엾게 여기고 있었다. 중립을 지키려고 안간힘을 썼지만 나는 진짜 문제라고 생각한 사람에 대해서 확실히 강한 반감을 가지고 있었다.)

이 중요한 회기가 끝난 후, 나는 그 상황으로부터 한 걸음 물러나서 내 속에서 무엇이 일어나기에 그 여성을 그렇게 싫어하는지 곰곰이 생각할 수 있게 되었다. 그래, 그녀는 강력했다. 그래, 그녀는 시끄러웠다. 그래, 자신을 표현하는 그녀의 방식은 내가 익숙해 있는 것과 달랐다. 그러나 스스로 나아지기 위해, 상호 의존적인 관계를 변화시키기 위해 최선을 다하고 있는 한 인간이 여기에 있다. 그런데도 내가 고작 생각한 것이라고는 그녀가 비협조적이라는 것이다.

씁쓸하게도, 나는 그녀가 자신을 표현하는 데 필요했던 그 방식을 받아들일 수 없어서 혹은 그러고 싶지 않아서 비협조적인 태도를 취하게 되었던 것이다. 나는 나 자신의 분노를 부정하는 내 속의 만성적인 문제를 직면해야 했다. 내담자의 문제를 지나치게 동일시하는 것은 치료 면담을 실제보다 더 힘든 것으로 만드는 가장 흔한 방법 중 하나다. 또한 네이선과 메릴린과 같은 분열된 가족 상황과 접촉하는 것은 가장 큰 불안감을 주는 것이기도 하다.

선호하는 게임

치료사들이 자기 자신 그리고 다른 사람들과 게임을 벌이는 일은 너무나 흔하다. 내가 나의 행동 그리고 내가 면담하고 수퍼비전하고 관찰한 동료들의 행동에서 알게 된 것이 몇 가지 있다. 그것은 다음과 같다.

1. 나는 현재의 위치에 도달하기 위해 정말 열심히 일했고 당신들은 내가 가진 지식과 나의 존재에 대해 큰 존중과 존경을 표해야 한다.

우리가 중요한 사람이라는 것을 스스로 믿기 위해 오만과 자기도취가 꼭 필요한 것은 아니다. 사회는 우리 전문직의 구성원들에게 이미 경의를 표하고 있으니 말이다. 우리는 상처 입은 사람들을 보호하는 일을 대행하도록 입법부로부터 정식으로 허가받은 치유자이자 전문가다. 우리는 현재의 위치에 오기까지 정말 열심히 일해 왔다. 그리고 우리에게 요구되는 다양한 과정을 거쳐 왔다. 개인적인 희생을 통해서, 스스로에게 엄격한 훈련을 받게 하면서, 우리의 삶을 지식 추구에 바치면서 말이다. 우리가 우리 자신이 아주 특별하다고 믿는 것도 무리가 아니다.

당신은 사람들이 모인 장소에서 어떤 치료사들이 재미있는 이야기를 들려주고 질문을 재치 있게 받아넘기며 인생에서 가장 복잡한 문제에 대한 명확한 해답을 권위 있는 목소리로 제시하는 것을 본 적이 있는가? 치료사들이 이야기할 때 사람들은 경청한다. 그들은 우리가 진실과 연결된 특별한 경로를 가지고 있다고 여긴다.

우리가 무엇을 기대하거나 심지어는 요구하더라도 내담자들이 경의를 표한다는 것은 쉽게 알아볼 수 있다. 우리는 소탈하고 느긋한 사람처럼 행동하지만 존중의 선을 넘어오면 발끈한다. 우리에게는 사람들이 우리를 직함으로 부르는 것이 아니라 우리의 허락을 구하는 것이 중요하다.

우리의 이야기를 가로막아 보라. 그러면 우리는 쉽게 발언권을 내어 줄 것이다. 내담자여, 당신이 말해야 하는 것은 대단히 중요하고 꼭 말해야만 한다. 심지어 우리는 당신이 말한 요점을 소리 높여 이야기할 것이다. 하지만 우리의 마음은 불편하고 미진하다. 다음번에는 그렇게 쉽게 양보하지 않을 것이다.

우리의 일을 조롱하거나 심리치료사에 관한 우스갯소리를 해 보라. 우리는 우리 직업의 모순을 듣고 웃을 것이다. 하지만 우리의 마음은 상처 입고 불쾌해진다.

많은 치료사들(인정받고 싶은 욕구가 마무리되지 않은 나 같은 사람들)이 벌이는 이 첫 번째 게임은 이미 권위에 대한 의혹을 가지고 있는 내담자들이 제 모습 그대로 있도록 허용된 무대에서 시작된다. 그들이 상상의 선을 넘게 되면 치료사의 물러남이라는 벌을 받게 되겠지만 말이다.

2. 나는 전지전능하다. 나는 당신의 마음을 읽고 미래를 예측할 수 있는 마술적인 힘을 가지고 있다.

우리의 영향력은 어느 정도는 우리가 내담자에게 매력적이고 신비하고 믿을 만한 모델이라고 자처하는 능력에 바탕을 두고 있다.

우리는 이런 신뢰감이 스며들게 하기 위해 다양한 방법에 의지한다. 우리는 보통의 인간에게는 보이지 않는 것을 보는 것 같다. 우리는 기저에 깔린 감정을 반영하고 이전에 파묻혔던 메시지를 해석한다. 우리는 특정한 사건이 일어날 것이라고 예언한다. 대개의 경우 그 사건들은 우리가 그렇게 될 것이라고 말했던 그대로 일어난다. 그 사건들이 우리의 예언대로 정확히 펼쳐지지 않을 때도 우리는 언제나 사리에 맞게 준비된 설명을 가지고 있다.

우리는 훌륭한 마술사처럼 우리를 환상적인 스승으로 만들어 줄 많은 비결을 가지고 있다. 그리고 성미가 고약하지만 통찰력이 있는 내담자가 '교묘한 술책'으로 우리의 시도를 망치려고 할 때 부아가 난다. 나는 '내담자의 의자' 바로 옆의 탁자에 작은 시계를 놓아두고 있는데, 그것은 드러나지 않게 시간을 볼 수 있는 완벽한 자리다. 내담자들은 내가 회기 종료 시간을 항상 정확하게 아는 것 같다며 보통은 그에 대해 깊은 인상을 받는다. 내 시계를 한 번도 보지 못한 채로.

한 내담자는 내 직업의 모든 구성원들을 '악착같이 돈을 긁어모으는 사기꾼'으로 여긴다고 선언하면서 첫 회기를 시작했다. 그는 시계를 보는 내 시야를 막을 방법을 항상 찾았다. 어느 날에는 티슈 상자를 '우연히' 시계 앞으로 밀었다. 다른 날에는 열쇠나 선글라스를 탁자 위에 던져서 그것에 맞은 시계가 삐딱하게 놓이도록 했다. 한 번은 뻔뻔스럽게도 일부러 시계를 돌려놓고는 내가 어떤 말을 하도록 자극했다. 물론 나는 그렇게 했다. 그 말은 "당신은 주변에 있는 아주 작은 것도 모두 통제하려는 욕구를 가지고 있는 것 같군요."와 같이 적당히 신랄하고 질책하는 것이었다. 나는 그를 제자리에 돌려놓고는 매우 의기양양했으며 바로 다음 기회에 나의 마술적인 힘을 다른 방법으로 보여 주겠다고 결심했다. 그랬음에도 불구하고 그는 전혀 감명받지 않았다. 그래서 우리는 누가 더 까다로운 사람이 될 수 있는지 경쟁하면서 부질없는 이야기를 끝없이 지껄였다.

3. 나는 당신이 나를 괴롭히려고 시도하는 어떤 것에도 휘둘리지 않는다. 나는 철저하게 객관적이고 공정하다. 내가 당신을 돌보는 동안 당신은 그저 한 사람의 내담자일 뿐이며 내 삶의 일부가 아니다.

나는 이 게임을 아주 좋아한다. 이것은 우리가 '프로이트의 가면'을 쓰고 전혀 동요하지 않는 것처럼 보이는 경우다. 이것은 우리가 진짜로 충격받거나 상처받거나 실망하거나 화나거나 좌절하거나 불안하지 않는 척하는 경우다. 비록 마음 깊은 곳에서는 감정이 가마솥처럼 부글부글 끓고 있다 하더라도 말이다. 물론 비협조적인 내담자는 이런 느낌들을 절묘하게 알아채고 우리를 괴롭힐 방법을 알아낸다. 우리는 이런 공격에 휘둘리지 않는 척하고 내담자가 문 밖으로 걸어 나가면 우리 생활에서도 사라질 것처럼 행동한다. 이런 행동은 내담자로 하여금 우리를 마음속으로 울게 만들겠다고 결심하게 할 뿐이다. 그러고 나면 우리는 당연히 더욱더 냉담해지고 억제적으로 변하게 된다. 춤은 그렇게 계속된다.

4. 당신은 나처럼 되기 위해 모든 노력을 기울여야 한다. 나를 보라. 내가 얼마나 침착하고 자신감 있고 자제를 잘하는지. 당신이 내 충고를 귀담아듣고 잘 따르기만 하면 당신도 그렇게 될 수 있다.

치료사들이란 공정하고, 개인적인 판단을 하지 않고, 다른 문화,

배경, 삶의 철학에 수용적이라고 주장하면서도 우리 모두는 가장 효과가 있다고 여기는 방법을 선호한다. 즉, 내담자가 중요하다고 여기는 목표가 무엇이든 그것에 도달하도록 도울 것이라고 선언하며 치료를 시작하지만, 우리가 훨씬 더 좋다고 생각하는 대안들을 우리 스스로 가지고 있다는 것이다. 물론 우리는 이를 내담자에게 분명히 알리지는 않는다. 하지만 대개 내담자는 우리가 그의 대안보다 우리의 것을 따르도록 설득하려고 하는 것은 아닌지 매우 의심스러워한다. 다음은 이 게임의 예다.

"당신은 내가 당신과 당신의 남편을 함께 만나서 그가 집안일에 대한 책임감을 좀 더 가지라고 설득하기를 바라는군요? 음, 그것은 분명 당신들 두 사람 사이를 살펴볼 수 있는 중요한 문제인 것 같군요." (해석: 이보세요, 부인! 당신들 두 사람이 여기에 오는 것이 필요하다면 그건 좋아요. 그러면 우리는 사건의 핵심에 진짜로 접근할 수 있겠군요. 당신들의 상호작용 양식을 조사하는 것 말이에요.)

"내가 당신의 아들에게 당신의 이혼 후 그 많은 문제를 누가 일으켰는지를 말해 줬으면 하는군요? 나는 몇 가지 전후 사정을 알아보기 위해 당신을 먼저 만났으면 하는데요?" (해석: 나는 차라리 당신을 치료했으면 좋겠네요. 게다가 어쩌면 당신의 문제 때문에 아들이 계속 주의를 끌려고 하는 게 아닐까요?)

"그거 정말 멋진 생각이네요. 당신이 일에 대한 불만을 상사에게 말하는 것 말이에요. 그게 효과가 없더라도 다른 대안을 생각해 낼 수 있을 거예요." (해석: 도대체 몇 번을 말해야 하는지. 학교로 돌아가서 학위를 끝내지 않으면 그런 장래성 없는 직업에 영원히 갇혀서 꼼짝도 못하게 될 거요.)

"잠시 치료를 중단하고 혼자서 해 보겠다는 거죠? 당장 반대할 이유는 없습니다. 좀 더 이야기하면서 그 결정으로 인한 결과를 살펴보는 게 어떨까요?" (해석: 농담해요? 친밀한 관계가 시작되자마자 달아나려는 충동적인 생활방식인 줄 알고도 내가 당신을 여기서 나가도록 내버려 두는 건 절대 안 되죠.)

우리는 내담자가 스스로 인식한 것과 동떨어지게 문제를 재구성하여 진단결과를 진술하면 그 대가를 치르게 된다. 내담자가 우리의 해석을 받아들일 준비가 되지 않은 것을 알고도 그를 그럴듯한 말로 달래려고 하면 이것은 게임이 된다. 내담자는 우리가 하려는 것을 감지하고는 우리 자신의 술책을 인정하게 만들려고 '비협조적'인 태도를 취하게 된다. 우리가 자신의 시도를 모르는 척 부정하면 내담자는 더욱더 의심스러워하면서 결의에 찬 싸움을 확대시킨다.

5. 나는 내가 하는 일에 아주 능하고 많은 사람들에게 도움을 주었다. 치료가 제대로 되지 않는다면 그것은 당신의 잘못이다.

우리가 대학원에서 암기한 게임의 방법이 있다. 그것은 다음과 같다. 우리의 직업은 훌륭한 경청자가 되는 것이고, 내담자의 역할은 훌륭한 화자—마음에 떠오르는 것은 무엇이든지, 솔직하고 믿을 만하게, 철저하게 묘사하는—가 되는 것이다. 그런 협조가 없다면 우리는 큰 도움이 될 수 없다. 이런 비협조와 비슷한 것이 의사에게 극심한 고통을 호소하는 환자의 비협조다. 의사가 어디가 아픈지 물을 때, 환자는 수수께끼 같은 웃음을 지으며 다음과 같이 대답한다. "그게 당신이 알아내야 할 거예요."

그러므로 우리는 우리의 경이로운 치유 마술이 효과를 발휘할 수 있으려면 내담자가 어느 정도 협조해야 한다고 요구까지는 아니어도 기대를 한다. 치료가 예상대로 진행되지 않거나 내담자의 상태가 나아지기는커녕 더 악화된다면 우리가 첫 번째로 책임을 지울 곳은 분명히 내담자의 어깨다. '나는 모든 사람들에게 한 것과 똑같이 당신에게 하고 있다. 그들은 점점 더 나아지고 있다. 그러니 당신 책임이 틀림없다.'

이러한 추론은 현실을 명백하게 무시하고 있는데, 우리가 모든 내담자에게 비슷한 전략을 적용했다고 주장하면 몇몇 사람은 우리가 그들을 개별적으로 대해 주지 않았다고 화를 낼 것이다. 다음의 예에서 보듯이, 때로는 그들이 옳다.

트리샤와 다니엘라는 힘든 이혼의 여파로 고통스럽다. 그들은 둘 다 우울하고 자존감의 문제가 있다. 나는 약간의 보살핌과 지지로 두 사람을 치료한다. 나는 그들에게 과거를 뒤로하고 위험을 무릅쓰며 다시 세상 속으로 나아가라고 요구한다. 나는 그 두 사람에게 기본적으로 똑같이 해 주고 있는 것을 긍정적으로 여긴다. 트리샤는 빨리 나아지는 반면 다니엘라는 서서히 더 나빠진다. 그녀는 비협조적으로 변하고 있다.

때때로 다니엘라는 유혹적인 태도를 취한다. 나는 그녀의 행동을 해석하면서 그녀를 부드럽게 위로한다. 그녀는 앵돌아지고 더 나빠진다. 이에 나는 내가 그녀의 바람대로 반응하지 않았기 때문에 나를 벌주고 있는 것이라고 내 본위로 생각한다. 나는 저항의 근원을 찾기 위해 그녀의 행동의 모든 측면을 꼼꼼하게 분석한다. 그녀는 내가 그녀에게 실망하고 있다고 주장한다. 나는 아니라고 거짓말한다. 그녀는 나를 믿지 않게 되고 훨씬 더 나빠진다.

몇 달이 지나서야 나는 잠시 멈춰서 이 혼란 속에서 나의 역할을 곰곰이 생각해 본다. 내가 하고 있는 어떤 것이 치료를 방해하는가? 좌절의 순간에 나는 바로 이 질문을 불쑥 내뱉는다. 그리고 놀랍게도 그녀는 내게 매우 논리 정연한 대답을 준다. 다니엘라는 그녀가 내 바람대로 될 수 없어서 또는 되려고 하지 않기 때문에 내가 그녀에게 화를 낸다고 느낀다. 그녀는 남편으로부터 그런 허튼 소리를 이미 충분히 들었다. 그녀는 그렇게 비협조적인 태도를 취하려고 한 것이 아니지만 내 실망을 감지할 때 비위가 상한다. 그녀가 자신의 속도대로 움직이는 것이 나쁘단 말인가?

힘의 충돌

치료적 관계는 동반자 관계일 뿐만 아니라 서로 다른 목표와 가치관, 많은 경우 서로 다른 성, 인종, 나이, 교육, 문화, 종교, 사회경제적 배경 등을 대변하는 두 사람 간의 대결이기도 하다(Mens-Verhulst, 1991). 따라서 가장 비협조적인 관계의 근원에는 힘의 충돌이 있다.

내담자가 어느 정도의 통제력을 유지하기 위해 벌이는 게임은 치료사의 게임으로 인해 악화된다. 왜냐하면 치료사 역시 우위를 차지하려고 하고 그 역시 미해결된 개인적 과제를 무심코 행동화하고 있기 때문이다. 내담자가 말할 때마다 우리는 도와주는 사람으로서뿐만 아니라 한 인간으로서 그의 이야기와 관계를 맺는다. 이 두 역할이 충돌하면 결국 내담자가 느끼는 저항이나 방어가 악화된다.

우리 중 많은 이들이 느끼는 통제와 힘의 욕구를 예로 들어 보자. 많은 이들이 여기에 끌리는 것은 우리가 인생에서 관계를 책임지는 일을 좋아하기 때문이다. 우리는 다른 사람이 배후에서 조종하는 느낌을 대부분의 사람들보다 훨씬 더 싫어한다. 이런 이유로 우리는 직업적인 관계에서 우리가 기본 규칙을 정하고 개인적인 관계를 상당 부분 통제하는 기술을 갖추게 해 주는 직업을 선택했다. 우리는 다른 사람들보다도 생각이나 느낌을 훨씬 더 잘 표현하고 더 훌륭한 토론자가 되기 쉽다. 우리는 사람들의 행동 방식과 그 이유를 알기 위해 한 사람의 생애에 관한 연구를 해 왔다. 우리는 우리 분야 밖에서는 알려지지 않은 동기들과 인간적인 현상들을 알고 있다. 우리는 심리상태에 대해 예리하다고 할 만큼 민감하고 그것이 대부분의 사람들에게는 보이지 않게 작용하는 것을 감지할 수 있다. 간단히 말해, 대인관계에 관해서라면 우리는 올림픽 선수들이다. 우리는 우리가 받은 훈련을 받지 못한 사람들보다도 관계를 훨씬 잘 통제하게 해 주는 지식, 기술, 개입, 책략으로 완전무장을 하고 있다. 그래서 우리는 이 힘을 많이 즐긴다.

다른 사람에 대한 통제력을 발휘해 온 내담자, 관계에서 힘을 행사하는 것을 우리처럼 즐기는 누군가를 떠올려 보자. 그런 사람들은 어린 시절에 그들의 믿음을 배신한 누군가의 지배 아래서 지독한 상처를 입었기 때문에 다른 사람이(심지어는 대가를 지불한 전문가라고 할지라도) 자신들에게 어떤 힘이든 행사하는 것을 단호하게 거부한다. 그들은 벽에 꽂힌 책과 졸업장이 그들의 마음속을 살피는 우리의 능력을 광고한다고 보고 위협감을 느낀다. 그들은 우리가 능숙하게 대화를 이끌면서 회기를 운영하는 것을 알아채고는 질투를 느낀다. 그리고 우리의 통제 욕구를 감지하고는 겁을 먹는다. 일단 위협감을 느끼면 그들은 전쟁을 선포한다.

3부

매우 비협조적인 내담자

8장

자살을 결심한 경우

치료사들이 비협조적인 내담자들을 만들어 내거나 그들을 평소보다 더 고집스러운 사람이 되도록 훈련시킬 수 있는 것은 사실이다. 그러나 일부 사람들은 이미 잘 연마된 조종기술을 가지고 우리에게 온다. 컨버그(Kernberg, 1984)가 '악의에 찬 자기도취자'라고 묘사한 이 내담자들은 간혹 치료사를 이기는 데서 가학 · 피학적인 즐거움을 얻는데, 심지어 그것이 본질적으로 자기 패배적인 행동을 의미한다 해도 그렇다. 그들은 상황이 진행되는 방식에 대해 시종 격렬한 실망감을 호소하면서 자신의 치료 진행을 방해할 수 있다는 것에 엄청난 힘을 느낀다. 컨버그(1984)가 묘사하고 있는 한 여성 내담자는 자신의 팔에 반복적인 화상을 입히고 곪아 터진 팔을 긴 소매 아래 가리고는 자신의 인생이 아주 멋지다고 말했다. 그녀와 비슷한 내담자들은 희생자와 가해자 둘 다가 되는 데서 느끼는 힘이 어찌나

강한지 전능한 권위를 가진 존재를 무력하고 좌절에 찬 사람으로 몰락시킬 수 있을 정도다!

치료사의 치료 계획이나 결심과는 상관없이, 일부 내담자들은 자기 마음대로 할 때 치료사를 조종하려는 경향이 적다. 글래디스는 내 치료실의 문턱을 넘자마자 자기 이야기를 바로 시작했다. 좌절과 분노가 빗발치듯 쏟아졌는데, 그 대부분은 그녀의 말을 한 번도 귀담아듣지 않았던 남편을 향한 것이었다. 결혼 40년이 지난 후 글래디스와 남편은 껄끄러운 휴전상태에 이르렀으며 가정과 생활을 별개의 세계로 분리하여 살고 있었다.

글래디스는 첫 회기 내내, 그리고 시간을 넘기면서까지 쉴 새 없이 말했다. 평소 나는 약속된 시간 안에 한 회기를 정확히 끝내는 데 능숙하다. 하지만 내가 자주 쓰는 신호들은 이 까다로운 여성의 독백을 조금도 줄이지 못했다. 나는 그녀의 말을 중단시키고 시간이 다 되었음을 정중하게 알리면서 다음 약속을 잡겠는지 물었다. 그녀는 마치 내가 방 안에 없는 것처럼 투덜거렸다. 나는 일어서서 문으로 걸어갔지만(자리를 뜰 시간이 되었음을 알리는 매우 뚜렷한 신호임에도) 그녀는 의자에 결연하게 앉아서 장황한 불평을 계속 늘어놓았다.

나는 내 치료실에 진을 친 이 늙고 고독하고 조그만 할머니를 보고 마음이 아팠다. 그녀는 자신의 말을 들어 준 사람을 만난 것이 수 년 만에 처음인 것 같았다. 그런데도 나는 예상보다 일찍 듣는 것을 멈추고 그녀를 의자에서 일으켜 세워서 지금 20분 이상을 기다리고 있는 다른 내담자에게 옮겨 갈 방법을 궁리했던 것이다.

회기 종료 문제가 우리 관계의 첫 단계에서 최초의 싸움이 되었다. 나는 시작하고 30분이 지나면 그때부터 회기를 끝내려고 애썼다. 심하게는 방을 나와 복도에서 그녀를 부르며 "마칠 시간입니다."라고도 했다. 하지만 아무것도 도움이 되지 않았다. 내가 할 수 있는 최선은 그녀가 에너지를 다 써 버린 태엽 인형처럼 스스로 멈추기를 기다리는 것뿐이었다. 어느 날은 화가 나서 그녀에게 내가 얼마나 곤욕스럽고 좌절감을 느끼는지를 털어놓았다. 그녀는 천연덕스레 "나한테 말하지 그랬어요?" 하고 대답했다.

초기에는 회기가 빨리 지나갔다. 글래디스는 할 말이 많았고 아무에게도 그 말을 한 적이 없는 것이 분명했다. 내가 해야 할 모든 것은 가만히 앉아서 그녀가 마음껏 말하게 두는 것이었다. 그녀는 자신의 삶 속에 있는 사람들, 지나간 시간, 결혼생활을 바꿀 수 없는 무력감에 대해서 매우 감정적으로 이야기했다.

처음에 나는 약간의 탐색과 질문을 감행했지만 그녀가 자신의 계획을 가지고 있음을 알고 나서는 그녀가 잦아들 때까지 기다렸다가 개입하기로 결정했다. 내가 2년이나 기다려야 할 줄은 전혀 상상도 하지 못했다! 100시간 넘게 지나는 동안 그녀는 말했고 나는 들었다. 이 틀에 박힌 일상을 바꾸려고 아무리 애를 써도 나는 정해진 시간에 회기를 끝내려고 할 때마다 그보다 조금 앞서 나타난 그녀의 완고한 저항과 늘 만날 뿐이었다. 분명히 그녀는 돈을 쓴 보람이 있다고 여겼고 자신이 나아진 것을 기뻐하는 것 같았다. 그리고 실제로 그녀의 가정생활은 개선되었고 우울감은 줄어들었다.

하지만 이 모든 것에서 내 역할은 무엇이었는가? 내가 그녀에게 뭔가(지지적이거나 반영적이거나 해석적인)를 말하려고 할 때마다 그녀는 잠시 멈추고 내가 집중을 방해하기라도 한 것처럼 나를 보면서 "내가 어디까지 했죠? 아, 맞아……." 하면서 자신의 독백을 계속했다. 글래디스는 내가 모든 회기에서 한마디도 하지 않으면 완전히 만족할 것이다. 하지만 나의 자존감(그리고 도전의식)은 글래디스가 숨을 들이쉬려고 멈추는 그 짧은 순간에 미미한 언급이나마 끼워 넣으라고 재촉했다.

몇 시간 동안 마음속으로 은밀히 연습한 후, 어느 날 나는 마침내 그녀에게 이 유감스러운 사태를 직면시키려고 결심했다. 내가 아무런 쓸모가 없다고 느껴졌다. 심지어는 내가 회기에 참석할 필요가 있는가 하는 의문마저 들었다. 아마 그녀는 내 치료실을 빌려 쓰고는 상담료를 놓아두고 갈 수도 있을 것이다. 나는 그녀에게 이런 것들을 직설적으로, 단호하게, 분명하게 말했다.

글래디스는 나를 빤히 바라보았다. 얼굴을 찡그리고 내가 말한 것에 대해 곰곰이 생각하는 것 같았다. 나는 바로 후회했다. 이 작고 귀여운 할머니는 치료를 통해 그녀가 원하는 것을 이제 막 얻고 있는 중이다. 그런데도 그녀와 입씨름을 하려고 하는 나는 누구인가? 그녀는 고개를 끄덕였다. 한 번, 두 번. 내게 들은 것을 인정하면서. 그러고 나서는 내가 중단시키기 전에 말하고 있던 것을 곧바로 계속했다! 아, 그 후에도 그녀의 독백에는 아무런 변화가 없었다. 그녀는 대단한 자기 수양이라도 하듯이 회기 중에 한 번이나 두 번 갑자기 멈추고는 나를 기다리는 듯 바라보았는데, 마치 "그래, 건방진 놈아, 덧붙이고 싶은 게 있으면 어디 말해 봐."라고 하는 것 같았다.

이상한 일은 내가 글래디스를 아주 좋아했다는 것이다. 나는 그녀의 이야기를 듣는 것을 즐겼는데 아무런 반응도 못하게 하는 것을 분하게 여길 때조차 그랬다(바로 그녀의 남편이 완전히 졌다고 느꼈던 것처럼). 이제껏 나를 그렇게 힘들게 했던 내담자는 거의 없었다. 나는 말하는 것을 좋아하기 때문에 치료사가 되었다. 나는 활기찬 대화에 적극적으로 참여하면서 생각을 공유하고 교환하는 것을 좋아한다. 하지만 글래디스는 자기에게 필요한 것을 알고 있는 것 같았는데, 그것은 바로 자신을 방해하지 않는 대가로 돈을 받는 한 사람의 청중이었던 것이다.

글래디스는 자신이 원하는 것을 우리에게 얻으려는 빗나간 계획을 세우고 치료실에 오는 내담자들을 대표한다. 우리가 최선을 다해 치료하는 것을 얼마나 좋아하는지, 혹은 우리가 그들에게 필요한 것이 무엇이라고 생각하는지는 그들에게 별 상관이 없다. 그들은 자신들의 명령을 따르도록 조종할 수 있는 협조적인 치료사를 찾기 위해서 필요하다면 한 다스의 후보들과도 면담할 것이다.

조종적인 행동의 유형

조종은 "한 개인의 이득을 위해서 매력, 설득, 유혹, 속임수, 죄책감, 유도, 강압을 사용하여 다른 사람의 행동에 의도적으로 영향을 미치거나 통제하는 것" 이라고 정의할 수 있다(Hamilton, Decker, & Rumbaut, 1986, p. 191). 대개 이 용어는 관계를 통제하려는 내담자의 노력을 설명하는 데 사용된다. 치료사가 이와 똑같이 하면 '내담자의 행동을 능숙하게 제어하는 것' 이라고 부른다.

해밀턴(Hamilton)과 그의 공저자들은 조종이란 확실한 장애라기보다는 통제력을 얻기 위한 상황적 전략이라고 이야기하며, 이런 이유로 '조종적인 내담자' 보다는 '조종적인 행동' 이라고 말하는 것을 더 좋아한다. 또 이 개념은 우리가 내담자를 우리의 영역에 도전하는 적으로 여기기보다는 그가 가진 변화되어야 할 어떤 측면에 초점을 맞추게 한다.

내담자들은 여러 가지 방식으로—직접적으로 또는 간접적으로, 의식적으로 또는 무의식적으로—조종적인 태도를 취하게 될 수 있다. 직접적인 방식으로는 치료의 조건을 정하거나 만나 달라고 간청하거나 안심시켜 달라는 부탁을 한다. 간접적인 방식은 알아차리기와 다루기가 훨씬 어려우며 내담자들은 이를 위해 매우 창조적으로 변하기도 한다. 머피와 구즈(Murphy & Guze, 1960)는 보다 보편적인 형태의 조종에 대해서 설명하였다. 그것을 대표적인 예와 함께 요약하면 다음과 같다.

- 부당한 요구: "집에 계실 텐데 귀찮게 해서 죄송하지만 잠을 잘 수가 없어요. 내게 도움될 만한 게 뭐 없을까요?"
- 치료 조건을 통제하기: "내가 기분이 안 좋을 때도 약속을 취소하려면 24시간 전에 알려야 한다고 말하지 않았잖아요. 내가 오고 싶지 않을 때만 그렇게 하라는 거였다고 생각했어요. 그러니 나는 다른 날에 약속을 잡고 싶어요. 당신이 이런 오해를 불러일으킨 데 대해서 도리에 맞게 행동할 셈이라면 말이지요."
- 만나 달라고 간청하기: "기분이 더 나빠지면 전화해도 된다고 했지요. 내 두통도 증상의 일부일 수 있나요?"
- 특별한 관심: "보통 수요일 저녁에는 일하시지 않는 걸 알고 있지만 이번 한 번만 좀 만나 주실 수 없나요?"
- 자기비하: "나 같은 사람에게 왜 그렇게 친절하신지 모르겠어

요. 정말이지 나는 그런 관심을 받을 만한 가치가 없어요."

- 불평하기: "당신은 내가 여태껏 만났던 의사들과는 다를 거라고 생각했어요. 그런데 당신이 이렇게 잔인할 수 있다니요."
- 자기 파괴적인 행동으로 위협하기: "이번 주는 아마 괜찮을 거예요. 하지만 자살을 결심할 때를 대비해서 나를 돕기 위해 애썼던 모든 것에 대해 감사하고 싶군요."

많은 사례 중의 하나

이런 조종적인 행동의 많은 예들은 가장 무서운 내담자들, 가장 다루기 어려운 사람들의 레퍼토리를 이룬다. 이는 그들이 우리를 굴복시켜 자신들의 요구를 따르도록 하기 위해 극단적인 수단에 의존하는 경향이 있기 때문이다. 내가 이야기하고 있는 것은 물론 경계선 성격장애자들이다.

그 시작은 대개 별 악의가 없어 보인다. 한 사례에서 메이블은 지난주에 내게 쓴 짧은 편지를 읽어 보겠느냐고 물었다. "지금요?" 내가 물었고 그녀는 상냥하게 "아뇨. 나중에 읽으셔도 돼요."라고 말했다.

우리는 두 번째 회기를 시작했고, 메이블은 우리가 처음 만났을 때부터 했던 이야기를 계속했다. 그녀는 비열한 부모의 손아귀에서 고통받았던 비참한 경험에 대해서 상세히 이야기했다. 무시, 언어적 학대, 성추행의 암시, 끝없는 심리 게임들. 그녀는 믿을 수 없을 만큼 연약해 보였다. 그래서 나는 모든 것이 괜찮아질 것이고, 그녀는 적절한 곳에 왔으며, 내가 그녀를 도울 것이라는 등 그녀를 거듭 안심시키려고 하는 나 자신을 멈출 수가 없을 지경이었다.

메이블이 가고 나서 바로 나는 두 장짜리 편지를 펼쳤다. 그 글에서 그녀는 첫 회기에 내 말을 얼마나 잘 듣고 있었는지를 확실히 입증했다. 그녀는 우리가 토론했던 주제를 한 번 더 적었고 여기저기에 내가 했던 말을 글자 그대로 인용해 놓기까지 했다. 나는 감동했고 약간 으쓱했다. 나는 그녀가 견뎌 왔던 고통과 그녀가 언젠가는 부모의 해로운 영향에서 완전히 벗어나 정상적인 삶을 살아야 한다는 열망으로 마음이 더욱 움직였다. 나는 편지의 여백에 그녀에게 보내는 메모를 간단히 적어서 다시 부쳤다.

그다음인 세 번째 회기 직전에 그녀는 내게 또 다른 편지를 건넸는데 이번 것은 아주 두툼했다. 나는 보이는 대로가 다가 아님을 어렴풋이 감지하기 시작했다. 하지만 나는 그때 이미 '낚인' 상태였다.

그 후에 바로 주중의 전화가 시작되었다. 처음에는 아무런 악의가 없는 것 같았다. 약속 날짜를 다시 잡아도 되나요? 예약 카드를 잃어버렸는데 약속이 3시인가요, 아니면 4시인가요?

몇 달이 지나면서 전화는 점점 늘어났고, 나는 그 전화가 규칙적인 간격으로 올 것이라고 예상하기 시작했다. 그때까지도 나는 그녀의 통화를 중단시킬 마음을 먹지 못했다. 결국 나는 그녀의 인생에서 친밀한 관계를 맺은 유일한 사람이었기 때문이다. 그리고 그녀는 정말 나아지고 있는 것 같았다.

내게 처음으로 어떤 신호를 준, 혹은 적어도 어떤 일이 일어날 것이라고 말해 준 한 동료가 있었다. 게다가 그 친구는 내가 그녀에게 한계를 정할 필요가 있다는 생각을 하게 만들었다. 바로 다음 회기에 나는 메이블에게 그녀가 진짜 비상사태에 처하지 않는 한(이것이 재앙을 유도하게 될 줄이야!) 주중에 더 이상 전화를 받지 않겠다고 전했다. 집으로 전화가 오기 시작한 것은 그때부터였다.

어느 날 저녁 아주 늦게 나는 전화기를 들었고 전화선의 저쪽 끝에서부터 흐느끼는 소리를 들었는데 창자가 비틀리는 듯 비참한 흐느낌이었다. 나는 그게 누군지 당장 알았다. 그녀를 진정시키려고 한참을 무익하게 애쓴 후에 내 목소리는 그녀가 늘 드러내 보였던 히스테리를 띠기 시작했다. 나는 그녀가 자살할 것임을 안다. 내가 그녀의 부모처럼 그녀를 잔인하게 거부했기 때문에 그것은 모두 내 잘못이다. (그녀가 바로 그 대사를 말해 줬는지도 모른다.)

내 인내심이 한계에 다다른 바로 그때 메이블은 기적적으로 통제력을 되찾았다. 그녀는 자신이 나를 가장 필요로 할 때 내가 거기에 있어 준 데 대해서 무척이나 고마워했다. 나는 아마도 그녀의 목숨을 구한 것 같았고, 그녀는 그 말을 거듭 반복했다. 전화를 끊었을 때 나는 전화선에 여전히 매달려 있는 것 같은 느낌이 들었다.

그녀는 그다음 회기에 대단히 협조적이었으며, 고마워하고 열성적이며 자신을 완전히 통제하는 모범적인 내담자였다. 허리케인의 눈 속에 있는 사람이 "결국 모든 것이 잔잔해 보이니까 폭풍우는 끝났어."라고 중얼거리는 것과 똑같이, 나는 유쾌하게 계속 진행했고 우리가 이뤄 낸 발전과 나 자신을 매우 자랑스러워했다.

집으로 오는 전화가 본격적으로 시작되었을 때 대비를 좀 더 잘했더라면 좋았을 것을. 그것들은 결국 당연한 그다음 단계들이었다. 하지만 그때는 내 능력 밖의 일이었다. 그녀의 조종적인 책략에서 탈출할 방법을 찾느라 필사적이었던 나는 정신과 상담이 적절할 것 같다고 제안했다. 그녀는 "이제 나를 내쫓으려고 하는군요."라고 울부짖으며 항의했다. 나는 '맞아요.' 하고 생각했지만 대신 "우리는 당신의 우울증을 약으로 다스릴 수 있는지를 알아볼 필요가 있어요."라고 말했다.

정신과 의사는 매우 동정적이었다. 그녀가 아닌 나에 대해서. "그래요. 당신은 제대로 된 경계선 성격장애자에게 완전히 잡혀 버렸네요. 내가 당신이라면 좀 더 조심할 거예요."

'경계선 성격장애자'는 아주 음울하고 절망적이고 무섭게 들린다. 그것은 아래의 깊은 구렁으로 떨어질 필연적인 운명을 뒤로 미룬 채 결코 넘어갈 수 없는 가느다란 줄을 아슬아슬하게 타고 있는 사람을 떠올리게 한다. 그러나 메이블은 수년 동안 불안정하게나마 꾸준히 나아졌고, 내가 그곳을 떠날 때쯤에는 마침내 자신을 안정시켜서 좋은 직장과 지지체계를 얻게 되었다.

1년 뒤에 그녀에게서 편지가 왔다.

> 당신에게 말하게 해 주세요. 나는 아주 큰 곤란에 빠졌고 상황은 더 나아질 것 같지 않아요. 나는 무척 위축되어 있어요. 직장에 나가지도 않았고 전화도 안 했어요. 술을 많이 마시고 온갖 종류의 약을 먹고 있어요. 방에만 있고 전화도 안 받고 가족이나 친구들과 연락하지도 않아요. 상황이 아주 빨리 내리막으로 굴러 떨어지고 있는데도 나 자신을 멈추게 할 어떤 것도 하고 싶지 않아요.
>
> 나는 짜증이 나 있고 아무 이유 없이 화가 솟구쳐요. 한밤중에 비명을 지르면서 잠을 깨요. 나에게 상처를 내거나 제대로 베기만 하면 피를 흘리면서 죽을 수 있다는 희망으로 나를 해치고 있어요. 내

게 무슨 일이 일어나고 있는지, 뭘 어떻게 해야 할지 모르겠어요. 거의 자포자기 상태예요.

어떤 낯선 사람이 내 몸을 지배하는 느낌, 그것이 나를 파멸시키는 것을 막을 수 없다는 느낌이 들어요. 당신이 2년간 아주 잘 치료했던 사람이 바로 나라는 것을 믿지 못할 거예요.

내가 좀 더 분명하게 생각하고 제자리로 돌아가도록 도와줄 마법의 말을 좀 보내 주세요. 안 그러면 나는 다음 주의 내 25세 생일 때까지 살아 있지 못할 거예요. 몸 건강하세요. 아마 내 소식을 다시 듣게 될 거예요.

메이블의 고통이 너무나 깊고 강했기 때문에 나는 그녀의 편지를 읽으면서 뜨거운 물에 데는 듯한 느낌을 받았다. 그녀는 나를 괴롭히려고, 아니면 자신을 버려 둔 데 대해서 나를 벌하려고 일부러 그러는 것이 아니다. 그것은 그저 그녀가 기능하는 '자연스러운' 방식의 일부일 뿐이다. 너무나 보잘것없는 방법이지만, 그녀는 살아남기 위해서는 사람들을 끌어들여서 자신이 원하는 곳에 두어야 한다고 배웠다.

내가 메이블과 그녀의 기이한 행동을 겪고 나서 알게 된 놀라운 사실은 내가 이제껏 만난 거의 모든 치료사—대학 상담 센터, 정신건강 센터, 병원, 개인 상담소, 재활 센터, 위기 센터, 학교 등 어디에서 일하든 간에—가 비슷한 사례를 가지고 있다는 것이다. 어떤 치료사들은 메이블과 같은 조종적인 내담자들과의 결투를 즐기기도 한다. 그와 다른 우리는 그 싸움에서 자신의 일부를 잃고 상처를 핥으면서 경기장 뒤로 물러난다. 한 가지는 확실하다. 병적으로 조종적인 경계선 성격장애자는 모든 치료사의 온정, 기술, 전문 지식을 시험하는 최고의 시험대라는 것이다.

큰 위험과 최고의 도전

치료사가 심각한 정신장애가 있는 내담자를 치료할 경우, 정서적 긴장과 같은 위험 요소가 발생할 뿐 아니라 법적인 피해까지 입을 수 있다. 엄청난 분노로 가득 차 있는데다 정교한 조종방법으로 단련된 일부 내담자들은 그들 가까이에 있는 사람들에게 가능한 한 많은 피해를 입히는 것을 마다하지 않는다. 흔히 치료사들은 사법체제에서 강력한 응징의 표적이 되기도 하는데, 그들이 어떤 직업적인 범죄를 저질러서 그럴 때도 있지만 자신이 공격당한다고 상상한 비협조적인 내담자가 그들에게 앙갚음해서 그럴 때도 있다.

내담자가 청구서를 지불하지 않거나 치료에 협조할 수 없을 때, 그들이 계속 치료받도록 확실히 해 두지 않고 치료관계를 종결하면 우리는 의료과실 소송을 당할 수 있다(Vandecreet, Knapp, & Herzog, 1987). 어떤 내담자들은 아주 사소한 일에도 버림받았다고 느끼면서 크나큰 상처를 입히고 싶은 마음에 골치 아픈 소송을 시작하기도 한다. 시대적인 분위기에 따라 보험회사들이 가능한 한 빨리 보상금을 지불하려고 하기 때문에, 우리는 우리의 입장을 이야기할 기회도 갖지 못할 수 있다.

우리의 서비스를 가장 필요로 하는 사람들을 치료하다 보면 현실적인 장애물과 위험을 겪게 된다. 이와 비슷한 문제는 외과의들이

자가면역결핍증후군(auto immune deficieny syndrome: AIDS) 환자에게 긴급하지 않은 수술을 실시함으로써 자신들의 안전을 위태롭게 해야 하는지, 그리고 그럴 때는 언제인지에 관한 논란이다. 주된 차이점은 우리의 극히 비협조적인 내담자들은 신체가 아닌 정신의 고통을 겪고 있다는 것이다. 따라서 우리는 그들의 질병에 감염되지는 않지만 그들의 유해한 행동에 의해 영향받을 수 있고 또 정말로 영향을 받는다.

이 장에서 설명한 조종적인 내담자와 다음 장에서 논의할 통제적인 내담자는 치료사에게 직업적으로 최고의 도전과 최대의 만족감을 안겨 준다. 심각한 장애가 있거나 저항이 강한 내담자를 치료하는 것은 믿기 어려울 정도의 인내심, 좌절감에 대한 강한 내성, 현실적인 기대, 탁월한 진단 및 임상 기술, 경험 많은 동료 집단과 수퍼바이저들의 지도와 지지가 필요하다. 그런 내담자들은 우리가 바라는 것보다 훨씬 더 느리게 변화한다. 그들은 교활한 방법으로 우리를 시험할 것이다. 우리를 화나게 하고 우리 자신의 미해결 과제를 들여다보지 않을 수 없게 만든다. 하지만 또 그들은 우리를 가장 많이 필요로 한다. 그리고 수년간의 고된 치료 후에 그들이 보다 생산적이고 만족스러운 생활을 하게 될 때 우리는 약간의 성취나마 조금 자랑스러워할 수 있게 됨을 깨닫는다.

9장

당신이 나를 고칠 때까지 계속 올 것이다

그녀가 치료실에 들어와서 한 첫 번째 행동은 자리에 앉기도 전에 시계를 볼 수 없도록 돌려놓은 것이었다. “나는 항상 빤히 쳐다보는 저것을 마주할 수가 없어요. 그건 나를 불안하게 만들어요. 그냥 여기 앉아서 시간을 짐작하고 있을게요.”

다음으로 그녀는 내게 자신의 규칙을 말했다. 그녀는 일정 금액만을 지불할 용의가 있다. 보험금을 상환받은 후에만 청구된 비용을 지불할 것이다. 나는 어떤 상황에서도 그녀의 남편과 이야기해서는 안 된다. 약속이 가능한 유일한 시간은 수요일 또는 목요일 5시다. 납득이 되었는가?

“내가 왜 당신의 남편과 이야기할 수 없지요?” 나는 망연자실해서 할 말이 그것밖에 생각나지 않았다.

“그는 내가 여기 온 걸 모르니까요. 만약 그가 안다면 절대 여기

오지 못하게 할 거예요. 또 있어요. 당신은 우리 집에 절대로 전화하면 안 돼요. 집 번호를 주지도 않을 테니까. 그리고 청구서는 내 사무실 주소로 보내야 해요."

이 첫 만남 이후에 상황이 더 좋아지기는 했다. 나는 그녀에게 이의를 제기하지 않기로 결정했다(그녀는 내가 3학년 때 같은 반이었던 불량아를 생각나게 했고, 나는 그녀가 나를 때릴까 봐 무서웠다). 나는 대단한 관용과 인내심을 발휘했는데 그것은 내게 특히 어려운 일이다. 왜냐하면 나는 통제력을 잃지 않는 것과 연관된 나만의 문제를 가지고 있기 때문이다. 하지만 나는 그녀가 잠잠해질 때까지 기다리기로 했다. 아마도 나는 그 주에 평소와 달리 방심하고 있었던 것 같다.

두 번째와 세 번째 약속 사이의 어느 날, 나는 자동응답 서비스로 그녀에게 전화하라는 메시지를 받았다. 나는 몇 시간 뒤인 휴식 시간까지 기다렸다가 그녀에게 전화했다.

"여보세요."

"안녕하세요. 제프리 코틀러입니다. 전화하셨더군요."

"평소에도 나중에 연락하는 데 이렇게 오래 걸리나요?"

"네?"

"내 말은요, 답신 전화하는 데 항상 그렇게 오래 걸리느냐고요."

"이게 제 첫 번째 휴식 시간입니다." 나는 평소보다 더 참을성 있게 말했다.

"글쎄요, 전혀 마음에 들지 않는데요. 이게 응급 상황이었다면 어떻게 할 건가요?"

"분명히 응급 상황은 아니군요. 무슨 용건이시죠?"

"약속을 수요일에서 목요일로 바꿀 수 있는지 알고 싶었어요." 곧

다음 주인데 참 빨리도 알려 주는군.

"미안하지만 다른 시간은 안 되겠는데요." 나는 선뜻 조정해 주고 싶지 않았다.

"그렇게 간단한 것도 변경할 수 없다면 나는 좀 더 융통성 있는 사람을 찾아야 할 것 같군요." 융통성이라고? 지금 내가 융통성이 없다고 비난하고 있는 거야? 이 여자는 내가 치료실에 새 그림을 건 일에도 적응하지 못하면서(그녀는 그것을 금방 알아챘다) 내가 융통성이 없다고 말하고 있는 거야? 정말 엄청난 투사(projection)로군!

그래서 나는 "그러시든지요." 하고 말했다.

그러고 나서는 바로 후회했다. 나는 그녀가 나를 시험하고 있는 줄 뻔히 알면서도 내가 하고 싶은 대로 반응한 것에 무력감을 느꼈다. 그 순간 나는 그녀로부터 벗어나고 싶었을 뿐이었다.

그녀는 전화를 끊는 것으로 내게 답했다.

며칠 뒤 그녀는 다시 전화해서 메시지를 남겼다. 나는 대기실에 기다리는 사람이 있는데도 그녀에게 당장 전화했다. 우리 중 아무도 저번 일을 거론하지 않았지만 각자 자신의 방식대로 서로에게 사과했다. 그녀는 다시 전화함으로써, 나는 즉각적인 관심을 원하는 그녀의 요청을 받아들임으로써 말이다.

몇 달이 지나고 나서 그녀의 요구들 대부분이 차츰 줄어들었다. 어느 날 나는 그녀가 그렇게 하도록 훈련시킨 시계 돌려놓기를 잊어버렸다. 나는 도중에 이를 알아차렸지만 그녀가 그런 시계 따위에 주의를 기울이게 하고 싶지 않았다. 그녀를 문 밖으로 에스코트할 때 그녀가 내 어깨를 건드리면서 미소 지었다. "뭐예요? 내가 알아챈 걸 몰랐군요? 내가 좀 좋아진 것 같아요, 그렇죠?"

나는 그녀를 안아 주고 싶었다.

일부 내담자의 통제 욕구

통제적인 내담자들은 자신들이 특별한 치료를 받을 권리가 있다고 느낀다. 아이였을 적에 그들은 원하는 것을 얻기 위해 성질을 부렸다. 어른이 되어서는 전능한 느낌을 영원히 지속시키기 위해 좀 더 세련된 방법을 찾는다(Boulanger, 1988). 그들은 애정에 굶주리고 불평하고 요구하고 비참해진다(관계를 통제하기 위해 필요한 것이라면 무엇이든지 한다).

브렘과 브렘(Brehm & Brehm, 1981)은 대체로 통제 욕구란 자유가 부족하다는 지각에 근거한다고 생각한다. 사람들은 자신들의 생활 무대에서 힘을 잃었다고 느낄 때, 치료 상황에서는 가능한 한 많은 통제력을 지니겠다고 굳게 결심한다. 그들은 내적인 힘이 없을 때 외적인 통제력을 가능한 한 많이 행사함으로써 자유에 대한 환상을 되찾으려고 한다.

브렘과 브렘이 유도저항 치료(reactance therapy)라고 이름 붙인 이 통제 유도는 어느 정도의 자율성을 촉진하도록 돕기 때문에 조금만 받아도 아주 건강해질 수 있다. 다우드와 사이벨(Dowd & Seibel, 1990)은 여기에서 더 나아가 상황적 유도저항과 성격적 유도저항을 구분하고 있다. 후자의 상태는 비협조적인 내담자에게 매우 전형적으로 나타나는 것으로서 통제, 강압, 조종이 생활의 방식이다. 저자들은 상황적 유도저항을 우리 대부분이 흔히 저항이라고 생각하는 것과 동일시하는데, 그것은 내담자가 일시적인 무력감을 방어하기 위한 것이다.

통제에는 또 다른 이득이 있다. 피오레(Fiore, 1988)는 통제적인 내담자의 역동을 논의하면서 그들이 통제력을 잃지 않으면서 친밀한 접촉을 계속하고, 안전한 거리를 유지하기 위해 갈등을 외현화하고, 치료사를 무서운 충동을 담아 주는 그릇으로 사용하게 해 주는 보다 원시적인 방어에 대해서 설명하고 있다. 이런 방어의 가장 흔한 형태는 보호적 동일시로, 내담자는 수용할 수 없는 감정을 자기 것이 아니라고 부인하고 그것을 치료사에게 전가하고는 자신이 버렸다고 상상하며 즐거워한다. 피오레(1988, p. 99)는 통제적인 내담자가 이 과정을 어떻게 설명하는지를 예로 들고 있다.

> 나는 누군가와 친해지면 이 모든 부정적인 것들을 그들에게 떠넘기기 시작한다. 나는 그것이 내 것인 줄 알면서도 때로는 그들이 내게 그렇게 하고 있다고 생각한다. 가끔은 너무 많이 오락가락하여서 누가 누구에게 무엇을 하고 있는지를 놓치기도 한다. 그러고 나면 내가 진짜로 미쳤다는 느낌이 들기 시작한다. 지금은 당신이 내게 그것을 지적해 줄 수 있고 머리로는 알게 됐지만 별 차이는 없는 것 같다. 사람들이 나에 대해서 정말로 깜짝 놀랄 일 중의 하나는 내가 매우 통제적이라는 것이다. 내가 이것들을 외부로 떠넘기면 다른 사람이 내게 복수하려고 벼르는 것처럼 느껴지기에 나는 상황을 정말로 통제해야 한다고 느낀다.

그러므로 치료의 난제는 통제적인 시나리오를 행동화하는 내담자의 욕구를 어떻게 견뎌 내느냐, 지나친 고통을 겪지 않고 그것의 영향력을 어떻게 수용하느냐다. 위니컷(Winnecott, 1960), 비온(Bion, 1977), 컨버그(Kernberg, 1980) 같은 이 주제에 관한 전문가들에 따르면, 성공적인 '그릇'이 되는 비밀은 내담자가 방어를 더 이상 필요로 하지 않을 때까지 '수용적인 환경'의 범위를 분명하게 정하는 것과 동시에 공감적인 자세를 유지하는 것이다. 이것은 정말로 난제다. 그 과정에서 좌절하지 않고 통제하는 내담자의 날카로운 공격을 흡수해야 하다니.

유혹적인 변화

가장 힘든 내담자들 중에는 유혹적인 행동을 통해 우리를 통제하려고 하는 내담자가 있다. 일반적인 통념에서 성적 도발 행동은 치료사를 통제함으로써 근원적인 분노, 두려움, 허무감을 부인하려는 노력이라고 한다. 관계를 성적으로 만드는 내담자들은 진정한 친밀함을 회피하고, 다른 사람들을 자신의 매력에 복종시키고, 다른 사람들이 자신을 원한다고 느끼려고 그렇게 한다. 그들은 관심과 헌신을 얻으려고 하지만 결코 만족감을 느낄 수가 없다(Shochet, Levin, Lowen, & Lisansky, 1976).

임상 현장의 치료사들 중 90%에 가까운 이들이 일부 내담자들에게 성적인 매력을 느끼고(Pope, Keith-Spiegel, & Tabachnick, 1986), 그 대다수(64%)가 그런 감정에 대해서 죄책감, 불안, 혼란을 느낀다고 말한다. 이런 반응에 통제적인 내담자가 꼭 포함되어 있는 것은 아니고, 그것은 우리 자신의 미해결 과제의 결과일 수도 있다. 그렇다고 하더라도 유혹은 사람들이 치료사를 괴롭히려고 사용하는 방법 중에서 비교적 보편적으로 나타나고 그 효과도 크다. 우리 중 많은 이들이 유혹에 따라 행동하면 내담자의 안녕에 위험하고 해로운 결과를 가져올 것이라고 여긴다. 그럼에도 불구하고 유혹은 마음을 산란하게 만들고 우리 자신을 우리가 도와줘야 할 사람만큼이나 약하다고 느끼게 만들 수 있다. 통제적인 내담자가 유혹하기 위해서 할 수 있는 모든 것을 할 때, 특히 치료사가 그 사람을 아주 매력적이라고 여길 때, 상황은 당연한 일이지만 훨씬 더 힘들어진다.

마리아는 내가 이제껏 만났던 여성들 중 가장 아름답다. 그녀는 속옷을 입지 않는다. 적어도 나는 그녀가 몸에 짝 달라붙고 속이 다 비치는 얇은 드레스 아래에 무얼 입었다고 생각지 않는다. 믿기 어렵겠지만 나는 그녀를 거의 쳐다보지 못했다(처음에 흘낏 보고 경악하고 나서는).

내 다리는 꼬인다. 겨드랑이가 젖는다. 나는 침착하고 초연하게 보이려고 최선을 다한다. 아무 효과가 없다.

반면에 마리아는 아주 즐겁다. 그녀는 자신이 여기에 왜 왔는지를 말할 때 신발을 벗고 다리를 몸 아래에 집어넣었다. 이미 짧은 그녀의 드레스는 넓적다리 위로 더 올라간다. 나는 공황상태가 된다. 이제 어디를 봐야 하나? 모든 곳이 위험해 보인다. 그녀의 눈에 시선을 고정시키고 나서야 그녀의 의기양양한 미소를 알아차린다. 그녀가 일부러 그러는 것을 알아차리는 데 왜 그렇게 오래 걸렸을까? 숨쉬기가 조금 편해진다. 하지만 꼰 다리를 풀 엄두는 내지 못한다.

마리아는 전에 치료받은 적이 있다고 말한다. 실제로 그녀는 수년간 4명의 치료사들을 만났다. 나는 그녀가 내 치료실에 왜 오게 됐는지를 아무렇지 않은 척하고 묻는다. 그녀는 돌아갈 곳이 없다. 그녀는 길을 잃은 것 같고, 버려진 것 같고, 완전히 혼자가 된 것처럼 느낀다. 그녀의 남자친구가 관계를 느닷없이 끝내 버렸을 때 그 모든 것이 시작되었다. 그녀의 남자친구는 짐작대로 이전의 치료사였다.

나는 분개하여 버럭 화를 낸다. 이 약한 여인이 믿었던 전문가가 어떻게 그녀를 이용할 수 있단 말인가? 정말 어떻게! 그러고 나서 그녀는 그가 처음이 아니었다고 말한다. 그전의 치료사 두 사람도 그녀와 매우 가까운 사이였다(세 번째는 여자였다). 알겠다. 잘 알겠다. 내가 다음 차례인 것이다.

나는 대부분의 남자, 특히 남자 치료사에 대한 그녀의 신뢰가 떨어져 있음을 이해하게 된다. 사실 그녀는 나와 같은 성과 직업을 가진 사람들을 전혀 좋아할 수 없다. 나는 그녀에게 이 말을 전하고 나서 그녀가 드레스와 행동으로 나를 유혹하고 있는 것 같다고 매우 조심스럽게 말한다. 내가 그녀에게 조금이나마 도움이 되려면 이 관계를 온전하게 유지할 경계를 지키는 데 우리 둘 다 동의해야 한다고 설명한다. (나는 내가 그녀에게 말하는 만큼이나 나 자신에게도 말하고 있음을 알아차린다.)

마리아는 상냥하고 순진하게 미소 짓지만, 나는 내 상상이었나 싶을 정도로 빨리 지나간 분노의 번득임을 본다. 그러고 나서 그녀의 분노가 폭발한다. 그녀가 한낱 창녀에 불과하다는 말을 감히 어떻게 한단 말인가! 내 말은 그런 뜻이 아니었는데……. 나는 그녀가 이제껏 알았던 모든 남자들과 똑같다. 그녀는 전에 알았던 다른 사람들과 똑같이 내가 그녀와 자고 싶어 한다고 욕설을 퍼붓는다. (그녀는 어쨌든 내 그 약점을 쥐었다.)

“보세요.” 나는 인내심을 가지고 그녀에게 말한다. “나는 당신을 돕고 싶어요. 정말로요. 하지만 당신은 이전의 남자 치료사들 모두와의 관계가 침대에서 끝났다고 내게 방금 말했어요. 나는 남자이고 치료사입니다. 여기에 어떤 분명한 패턴이 있다고 생각하지 않나요?”

그 첫 번째 회기 이후에 마리아는 돌아오지 않았다. 와우, 나는 안도했다! 아내와 싸웠거나 다리 꼬는 것을 잊어버렸을 때와 같은 재수 없는 날에 그녀가 내 약점을 잡았더라면 어떻게 되었을까? 내 선의에도 불구하고 내가 통제력을 잃어버렸다면?

글쎄, 마리아는 여전히 세상 어딘가에 있고 나는 그녀가 할 수 있는 한 많은 남자 치료사들을 여전히 유혹하고 있을 것이라고 확신한다. 누군가가 결국 그녀의 손에 잡힐 때까지 말이다. 내가 그녀의 게임을 감지하고 그것을 직면시키려고 결심했기 때문에, 그리고 나 자신을 필사적으로 지키길 원했기 때문에 마리아는 도망쳐 버렸다. 그녀는 유혹하지 않으면 충분한 통제력을 가졌다고 느낄 수가 없다.

마리아가 극적인 예시이기는 하지만 그녀가 유혹적인 내담자들의 대표 인물은 아니며 대부분은 보통 더 은밀하게 움직인다. 내가 집단의 보조치료사를 맡고 있을 때 일어난 사례에서는 집단의 한 구성원이 누가 봐도 확연하게 내 동료에게 매료당했다. 그는 그녀(동료)의 관심을 끌거나 그녀가 그를 좋아한다는 아주 작은 인정이라도 얻기 위해서 자신이 생각할 수 있는 모든 것을 다 했다. 그가 유혹하기 위해 취한 성공적인 술책은 자신을 하찮게 만들고 여성과 좋은 관계를 가져 본 적이 한 번도 없다고 불평하는 것이었다. 이런 표현은 여성 구성원들로 하여금 대화에 끼어들어서 그가 매력적이라고 안심시키게 만들었는데 오직 내 동료의 언급만이 불꽃같은 반응을 일으켰다. 그는 그녀의 지지가 너무나 고맙다는 말을 마구 쏟아 내었다. 내 동료를 제외한 모든 사람들이 격분했는데, 그녀는 정말 비범하게도 그에게 다음과 같이 지적했다. "저와 이야기를 끝낸 후에 다른 구성원들이 어떻게 반응했는지를 살펴보는 게 어떨까요?"

마리아와 달리, 이 남성은 자신이 여성 권위자를 유혹하여 통제하려고 한다는 것을 인정할 수 있었다. 마침내 그는 이 통제적인 행동이 세 명의 여자 형제들과 한 집에서 사는 동안 왜 그렇게 잘 통했는지를 깨달으면서 진정한 통찰에 이르렀다. 더욱이 그는 여성 집단 구성원들이 그의 통제 게임에 대해 가졌던 느낌들을 공유하면서 그들에게 긍정적으로 반응하였다. 자신의 행동을 이해할 능력이 있음에도 불구하고 그는 유혹적인 행동을 바꾸기 위해 매우 지지적인 상황 속에서의 강력한 직면이 필요했다.

강해지고 싶은 욕구

그린버그(Greenberg, 1984)는 다른 사람의 권리를 존중하지도, 가치 있게 여기지도 않는 한 통제적인 내담자의 극단적인 사례를 설명하고 있다. 그녀는 늘 기분이 나쁘고 짜증을 냈다. 한 치료 집단에 들어왔을 때, 그녀는 다른 구성원들 대부분을 방해하여 그들과 멀어지는 데 성공하였다. 그녀의 말은 무엇이든지 불평이나 비난의 방식으로 표현되었다. 그녀는 다른 사람들에게 그들이 비열하다는 것을 알면 주저 없이 바로 꾸짖어 굴복시키겠다고 말했다. 그녀는 집단

에너지의 초점이 되었고 회오리바람처럼 거기서 모든 갈등이 뿜어져 나왔다.

하지만 그린버그는 이 내담자가 다른 사람들의 행동을 통제하려고 하는데도 그 상태를 계속 유지했다. 그것은 제일 먼저 치료받아야 할 그녀의 문제가 아닌 그의 문제였다. 그는 통제적이고 거슬리는 내담자가 나타나면 자신이 더 융통성 있는 사람이 될 기회가 주어진 것으로 본다. 심지어 그는 거슬리는 구성원이 기존의 집단 응집력에 도전할 때 그 뒤에 이루어지는 건설적인 대화를 통해 다른 집단 구성원들이 이익을 얻을 수 있다고 본다.

그런 참가자가 있는 집단들을 많이 지도해 본 내 경우에는 통제와 지배 욕구가 높은 사람을 포함시켜서 얻는 이익이 위험보다 더 크다는 것에 결코 동의하지 않는다.

나는 한 치료 집단을 여러 달 이상 매우 순조롭게 운영하다가 새로운 참가자(도로시)를 넣은 적이 있다. 나는 도로시가 다른 사람들이 자신을 어떻게 생각하는지 들으면 조금이라도 귀중한 통찰을 얻을 수 있을 것이라고 믿었다. 확실히 이 가정에 약간의 취할 점이 있기는 했다. 그러나 나는 다른 집단 구성원들이 오래도록 쌓아 왔던 믿음과 친밀감을 그녀가 얼마만큼 오염시킬 수 있는지 미처 예상하지 못했다.

처음에 나는 구성원들이 그들 속에 떨어진 이 '이방인'에게 힘을 모아 맞서는 것을 보고 기뻤다. 그러나 도로시가 자신의 위치를 파악하고, 리더들을 확인하여 그들 간의 유대를 약화시키고, 스스로 종신 대통령의 자리를 꿰차는 데는 그리 오랜 시간이 걸리지 않았다. 도로시의 방식에 대해서 일부는 불만으로 웅성거리고 일부는 미약하게 항의했지만 그런 반란은 무자비하게 뿌리 뽑혔다. 이 쿠데타가 일어나는 동안 나는 어디에 있었는가? 도로시는 나를 무력화할 방법도 찾았다. 그녀는 내가 항상 구해 주기만 한다면 집단 구성원들이 독립적으로 되는 방법을 결코 배울 수 없을 것이라고 설득했다. 그녀는 핵심을 알고 있었다. 그래서 나는 무슨 일이 펼쳐지는지 보기 위해 뒤로 물러났다.

구성원들은 도로시나 그녀가 훈련시킨 '돌격대원들' 중의 하나에게 짓밟힐 것을 두려워했고, 불만을 표현하는 것이 더 이상 안전하지 않다고 느꼈다. 그래서 여러 명이 집단을 탈퇴하였다. 무슨 일이 벌어지고 있는지 알아차리기도 전에, 나는 도로시와 그녀의 마력에 사로잡힌 몇몇 사람들 한가운데에 남겨졌다. 우리는 그 후로도 얼마 동안 집단을 계속했지만 믿음과 친밀감의 정도는 결코 전과 같지 않았다.

도로시 같은 내담자들은 완전히 통제할 수 없으면 스스로가 더 이상 존재할 수 없게 될 것이라고 여긴다. 따라서 그들은 상황을 자기 식대로 유지하기 위해 힘이 닿는 한 모든 것을 하려고 한다. 그리고 그들은 다른 사람들을 자기 명령대로 움직이게 만드는 종신 전문가들이다. 이를 자각한 보랭거(Boulanger, 1988)는 이런 내담자들과는 사전에 엄격한 치료 계약을 협의하되, 특히 시간에 대해서 확실히 해 두라고 권유한다. 예약 취소, 약속을 잊거나 늦는 것, 회기 길이 등을 처리하는 규칙이 확고하게 세워지면 내담자들과 직접적으로 맞설 필요가 없다.

나는 이 전제에 전적으로 동의한다. 그러나 불행하게도 나는 규칙을 엄격하게 시행하는 규율주의자가 못된다. 나는 기회가 있을 때마다 나 자신의 뜻과 반대로 행동하기 때문에, 기존의 규칙에 도전하는 사람들에 대해 내심 감탄하고 그들이 규칙을 얼마나 많이 피해갈 수 있는지를 살펴본다. 게다가 나는 내담자들 대부분이 나를 좋아해야만 내가 유능하다고 느낀다. 통제적인 내담자들은 나한테 오면 보나마나 아주 신날 것이다.

나는 전임 수퍼바이저들로부터 줄곧 책망을 들으면서도 두 가지 길 중에서 더 쉬운 쪽을 택한다. "그러지 말아요! 그들이 당신보다 더 세지도록 놔둬서는 안 돼요. 그러면 그들이 당신을 산 채로 잡아먹을 거요."

나는 내담자를 적으로, '세심한 관리'가 필요하거나 맞붙어 싸워서 굴복시켜야 할 사람으로 보느라 힘든 시간을 보내 왔다. 그보다 나는 사람들의 미심쩍은 점을 선의로 해석하기를 더 좋아한다. 나는 내담자가 회기를(그리고 나를) 일정한 한계 내에서 그리고 일정한 시간 동안 통제하도록 놔둘 수 있다. 나는 내담자가 용납될 수 없는 선을 넘어올 때까지 그/그녀에게 행동의 자유를 주는 것이 그렇게 나쁘다고 여기지 않는다. 내가 가장 우려하는 것은 지나친 요구로 인해 내담자를 잃는 것이다. 나는 내담자들을 그들이 원하는 대로 따르게 만들고 빠뜨린 약속에 대해서도 지불하게 만드는 동료들을 경외했다. 내가 문제를 무시하면 저절로 해결될 것이라는 게 내 방법이다. 매우 놀랍게도, 대부분의 사례에서는 어김없이 그렇게 된다. 나는 그 전략이 효과가 없을 때만 더 강력한 방법을 쓸 것이다.

예방적인 조치

친밀한 관계를 망친 전력이 있는 내담자에게 최선의 해결책은 예방적인 한계 설정이다. 스미스와 스타인들러(Smith & Steindler, 1983)는 내담자가 보내는 신호에 민감해지면 그들이 행동화를 취할 방향을 예상할 수 있다고 말한다. 그러면 우리는 상황이 불편하리만큼 악화되기 전에 견고한 한계를 세울 수 있다.

예를 들어, 첫 면담 동안에 다음의 사건들 중 하나가 일어난다고 상상해 보자.

- 내담자가 당신이 결혼했는지 묻는다.
- 내담자가 당신이 이제까지 만난 어떤 치료사들보다도 훨씬 더 친절하다고 말한다.
- 내담자가 방 안의 빛이 더 은은해질 것이라며 당신에게 커튼을 치라고 한다.
- 내담자가 당신이 아무런 질문도 못하게 하면서 그 시간 내내 쉬지 않고 이야기한다.
- 내담자가 당신이 말한 것에 대해 매우 격렬하게 이의를 제기한다.
- 회기가 끝나고 내담자를 돌아가게 하기가 힘들다.

이런 행동들은 반드시 골치 아픈 문제가 다가오고 있다는 신호는 아니지만 우리의 주의를 환기시켜서 방심하지 않게 만들고 뜻밖의 상황도 생각해 보게 만든다. 비교적 양질의 메시지를 필요 이상으로 위험하게 해석하여 자기 충족적 예언(self-fulfilling prophecy)을 만들어 내지 않는다는 가정하에, 나타날지도 모를 문제를 정확하게 예측하는 것은 효과적인 반응을 준비하는 데 도움이 된다.

애쉴리라는 한 내담자는 이전 치료사들과의 사이에서 일어났던 문제를 이야기한다. "어떤 사람들은 얼마나 융통성이 없는지 상상할 수 있겠어요? 내가 항상 **그렇게 많이** 늦었던 것은 아니에요. 하지만 그 의사 한 사람만은 정해진 시간 이상은 나를 보지 않을 것이고 내 뒤에 바로 기다리는 사람이 없어도 그럴 거라고 무조건 우겼어요. 그게 내가 당신을 많이 좋아하는 이유예요. 오늘 차가 그렇게 막혔던 것은 내 잘못이 아니었어요. 그리고 나를 이렇게 더 오래 있도록 해 준 것에 정말 감사해요."

경종이 미친 듯 울린다. 그녀는 사실상 자신이 빠져나갈 수 있는 한계를 시험해 볼 심산임을 보여 주고 있다. 치료사는 이미 덫에 발을 들여놓았지만 그렇게 깊지는 않다. 그에게는 규칙을 바꾸어 확고하게 만들 기회가 아직 있다. 이런 조치는 통제적인 내담자를 돕는 (행동이 걷잡을 수 없어지기 **전에** 개입할) 가장 중요한 비결이다.

내담자가 매우 위협적일 수 있는 상황을 어느 정도 통제한다고 느끼는 것은 중요하다. 극도로 상처받기 쉬운 사람들은 필요하거나 도움이 되는 정도 이상으로 통제력을 행사하려고 한다. 그들이 품위를 잃지 않고 이 통제력을 서서히 버리도록 돕는 것이 우리의 일이다. 이 치료적 과업을 달성하려면, 한편에는 개인차에 대한 관용과 다른 한편에는 상황이 혼란스러워질 때를 대비한 견고한 한계 설정이 세심하게 조합되어야 한다. 통제적인 내담자는 마침내 우리가 매우 신성시하는 전제들 중의 하나를 배우게 된다. 통제라는 것은 외부적인 상태라기보다는 훨씬 더 내부적인 상태라는 것을 말이다. 그것은 힘든 상황에서 제대로 기능할 수 있다는 자신감의 정도를 나타내며 그 안정감이 지속될 수 있음을 아는 것이다. 물론 이 자명한 이치는 내담자뿐만 아니라 완전한 통제가 필요하다고 느끼는 치료사에게도 해당된다.

10장

당신은 내가 말하게 할 수 없다

해럴드는 8년의 결혼생활에 불화가 생기면서 극도로 우울해하고 있다. 그의 아내는 그가 같이 살 수 없는 사람이라고 말한다. 그녀는 그가 무관심하고 입버릇이 사납고 둔감하고 적대적이라고, 전혀 좋은 사람이 아니라고 주장한다. 그러나 해럴드의 생각은 좀 다르다. "그 암캐는 정말 고마운 줄이라곤 모르는군. 내가 그녀를 위해 모든 것을 다했는데 말이야. 그녀는 나를 만나기 전에는 아무것도 아니었어. 내가 그녀의 손이 닿을 수 없는 세상으로 그녀를 데리고 왔지. 그런데 이것이 그 보답이란 말이지. 나를 떠나는 것이. 제기랄."

나는 이 얼간이를 떠나 버릴 용기를 가진 그의 아내를 벌써 좋아하게 된 나 자신을 발견한다. 곧이어 죄책감이 스며나오고 해럴드가 상처받았다는 것을 스스로에게 상기시킨다. 그는 아마 항상 이렇게 불쾌한 사람은 아닐 것이다. 적어도 그가 나를 공격하기 전에는 그렇게 생각했다.

해럴드는 즉각 치료에 대해서 의혹을 갖고 냉소적인 태도를 취하였다. 그는 마지못해 여기 왔으며, 곧 이혼할 아내에게 적어도 자신이 변화하려고 노력하고 있다는 것을 납득시키고 싶을 뿐이라는 것을 내가 알기 바랐다. 그는 이런 직업이 전부 엉터리이고 일종의 타락에 지나지 않는다고 생각했다. 게다가 나를 조금도 아랑곳하지 않는다는 것을 내게 알려 주었다.

나는 그의 솔직함에 감사하고 그의 공격을 개인적으로 받아들이지 않는다는 반응을 서둘러 내보였다.

"당신은 그걸 개인적으로 받아들이는 게 좋을 거야, 친구. 돈을 받고 싶다면 말이지."

나는 못 들은 척하고 초점을 그의 비참한 삶으로 되돌렸다. 그는 평생 동안 사람들과 소원하게 살았고 친구라고 부를 수 있는 사람이 아무도 없다고 주장했다. 그는 철저히 혼자라고 느꼈다. 나는 내가 갖고 있던 냉소주의와 방어뿐만 아니라 내가 비웃음으로 그의 공격을 날려 버리려 했던 것에 대해서도 후회했다. 분명히 그 남자는 실제로 곤경에 처해 있었고 자신만의 독특한 방식으로 내 도움을 구하고 있었다.

우리가 함께 이야기한 6시간은 거의 쉼 없는 싸움이었다. 해럴드는 1분은 예의바르고 협조적이었지만 그다음에는 믿을 수 없으리만치 적대적으로 변했다. 그는 화가 들끓었고, 나는 그 욕설의 표적이었다. 그는 결코 사과하지 않았다. 나는 본래 그가 주는 어떤 모욕도 참아 내는 것으로 돈을 받는다는 것이 그의 생각이었다.

나는 그와 함께 있는 것이 얼마나 힘든지, 그의 삶 속에 있는 다른 사람들도 틀림없이 나처럼 느낄 것이라고 힘써 말했다. 사람들은 그의 관계 방식 때문에 그를 거부하고 있는 것이라고 설명했다. 그러자 그는 나를 사기꾼이라고 부르고는 다음 약속을 잡지도 않고 치료실을 뛰쳐나갔다. 그의 마지막 말은 내 마지막 청구서를 '똥구멍에나' 꽂아 놓으라는 것이었다. 나는 힘들게 치료했던 그로부터 벗어난 것이 정말 기뻤다.

해럴드와 비슷한 내담자들, 즉 적대적이고 난폭한 사람, 공격적인 청소년, 서로에게 분노를 터뜨리면서 금방이라도 싸울 듯한 커플은 우리 일에서 가장 어려운 난제다. 이 모든 사례에서 우리는 매우 강력하고 극단적인 방식으로 나타나는 정서의 대격변(지나가다 걸리는 아무에게나 향하는 파괴적인 에너지의 회오리바람) 앞에 노출된다.

불쾌한 내담자

당연한 일이지만 다른 사람에게 마구 화를 내는 난폭하고 공격적이고 적대적인 내담자들은 충동 조절의 문제를 가지고 있다. 그들은 일생 동안 거부당해 왔다고 믿는 만큼 자신들이 특별한 치료를 받을 자격이 있다고 여긴다. 그들은 치료사가 즉각적으로 증상을 완화시켜서 이러한 박탈감을 보상해 주기를 바란다. 그러므로 한 번 더 실망하게 되면 더욱 좌절하고 분노하게 된다(Madden, 1977).

불쾌감을 주는 사람이었던 알리샤는 가장 적대적이고 종잡을 수 없는 내담자도 다룰 수 있는 특별한 경험과 기술이 있다고 자신했던 한 침착한 치료사를 뒤흔들었다.

> 나는 정말로 그녀를 잊고 싶다. 그냥 잊고만 싶다. 그것은 4년 전이었다. 그러나 나는 그녀가 사라졌다고 생각지 않는다. 나는 녹색 소형차만 보면 그녀가 자신의 차를 없애 버려야 한다고 말했던 것이 생각나서 두 번씩 확인하게 된다. 나는 앞으로 언젠가는 그녀의 연락을 받을 것이라고 생각한다. 나는 자살 충동을 느끼는 환자들에게 수많은 시간과 노력을 들였고 그들이 살기를, 온전하기를, 삶의 가능성을 보기를 원했다. 하지만 고백하건대 나는 알리샤가 죽었다는 소식을 읽거나 들어야만 마음이 놓일 것이다.
>
> 이것은 내가 유별나서가 아니다. 짜증스럽고 거슬리는 행동을 참아 내는 정도로 치면 내가 아는 치료사들 중 내가 최고라고 생각한다. 나는 치료실에서 일어나는 환각 증세에도 잘 대처할 수 있다. 환자로부터 공격받은 적도 전혀 없다. 그것은 내가 분노를 평가하는 방법을 잘 알기 때문이라고 생각한다. 나는 어지간히 불쾌한 행동도 환자의 깊은 고통을 나타내는 뚜렷한 메시지로 보며 치료적으로 반응할 수 있다.
>
> 그러나 알리샤는 다른 어떤 환자와도 달랐다(Brothers, 1984, p. 45).

알리샤가 브라더스에게 그렇게도 '달랐던' 것은 도저히 예측할 수 없는 행동과 언어적인 위협 성향이 합쳐져서 그 정도가 너무 절망적이고 극단적이었기 때문이다. 심지어 자동응답 서비스 직원들조차도 그녀가 욕을 너무 많이 하기 때문에 그녀의 메시지를 더 이상 받을 수 없다고 불평했다. 브라더스는 다른 6명의 전문가들도 알리샤와 만나고 나서 자신들의 머리카락을 쥐어뜯었다는 것을 알고 다소 위안을 받았다. 그러나 그녀는 자신이 끝내 실패했다는 결론을 내려야만 했다. "나는 한편으로는 마지못해서, 다른 한편으로는 매우 안도하면서 알리샤와 끝냈다. 그런데도 나는 찾지는 못했으나 그녀의 중심으로 인도하여 마침내 낫게 해 줄 방법이 어딘가에 있을지도 모른다는 생각을 여전히 하고 있다."(Brothers, 1984, p. 53)

이런 종류의 사례에서 비참하게 실패하는 일은 아주 흔하다. 지오바치니(Giovacchini, 1989)는 공격적으로 밀고 들어오는 한 여성 내담자를 치료하는 동안 경험했던 불편감을 설명했다. 그녀는 자신의 인생에서 일어났던 불행을 그가 예견하지 못했기 때문에 그가 무능하다는 비난으로 먼저 시작했다. 결국 그녀의 분노는 점점 상승하여 자신이 겪었던 모든 고통에 대한 책임을 그에게 뒤집어씌우는 지경까지 이르렀다. 시간이 지남에 따라 그녀는 점점 더 분노하였고 더 비난조가 되어 갔다.

지오바치니는 그 분노의 근원을 이해하고 전문가적인 초연함을 유지하려고 노력했지만 끝내 화가 나서 그녀에게 아주 짓밟히는 기분이라고 말했다. 그러고 나서 그녀는 치료를 그만두고 달아났다.

이런 사례에서 치료사는 치료 계약의 일부인 인간관계의 일상적인 규칙도 존중하지 않는 사람과 마주한다. 이런 사람들은 불쾌하고, 그들의 만연한 불신과 적개심 때문에 우리(그리고 다른 사람들)를 화나게 한다. 이런 불쾌함은 불행하게도 자의가 아니라 타의에 의해 치료실에 오게 된 적대적인 남성 내담자들에게서 제일 분명하게 드러난다.

태플(Taffel, 1990)은 우리가 잘 알고 있는 남성들에 관해 연구했는데, 그런 남성의 전형은 〈신혼여행자(The Honeymooners)〉란 영화에서 재키 글리슨이 연기한 인물이다. 즉, 짜증을 잘 내고 기분 변화가 심하고 비판적이고 요구가 많고 적대적이며, 철창에 갇힌 동물처럼 끈질기게 서성거리고 발을 구르며 으르렁거리고 남을 비난하는 남성이다. 그는 분명히 치료 대상으로 적격자는 아니다. 그러나 가끔은 그런 남성도 도움받을 길을 찾아서 오고, 더 흔하게는 치료받지 않으면 떠나겠다는 아내의 협박을 받고 억지로 온다.

태플(1990, p. 51)에 의하면, 이렇게 매우 거칠고 적대적으로 보이는 남성은 실제로 만성 우울증을 감추고 있다. "그런 남성들이 수동적인 태도로 문 안으로 사라지건, 자신들의 불안으로 집의 주춧돌을 흔들건 간에 그들은 한 가지 특징을 공유한다. 즉, 그들은 자신의 기분이나 정서 상태를 스스로 조절할 수 없고, 그렇게 하기 위해서는 파트너와 아이들에게 의존한다."

이런 관점에서 보면 적대적인 남성들은 자신을 괴롭히는 것을 명확하게 표현하지 못하고 자신의 감정을 완전히 알지 못한다. 자신의 분노와 무력감을 너무나 잘 알기 때문에 화가 나 있는 것이 분명하고 그 화를 깊고 공공연하게 드러내고 있는 적대적인 여성 내담자들(그리고 다른 남성들)과 그들의 행동은 선명하게 대조된다. 태플은 적대적인 사람들의 힘과 자존감 문제뿐만 아니라 근본적인 정서상태에도 많은 관심을 기울인다면 그들을 산채로 잡아먹고 있는 그런 감정들을 다루는 데 정말로 도움이 될 것이라고 믿는다.

이 가정은 비록 절반만 유효하기는 해도 내가 특히 어렵다고 여기는 내담자들을 치료하는 데 도움이 되었다. 적대적인 사람들은 나를 겁먹게 만든다. 마치 그들이 그렇게 해야만 하는 것처럼. 일단 고함소리를 들으면, 나는 겉으로는 드러내지 않지만 바로 상처를 입고 고통스러워한다. 그런 소란을 피우는 것을 보면 그 사람도 어떤 식으로든 깊은 상처를 입었음에 틀림이 없다.

나는 적대적인 내담자가 조종하고 통제하기 위해 일부러 그런 것이라고는 보지 않으려고 한다. 만약 그렇게 보면 내가 화가 나기 때문이다. 그런 내 의지와는 반대로, 이 크고 나쁜 괴물에 대항해서 연약하고 무고한 것을 보호하기 위해 싸우고 싶은 마음이 올라온다. 그러는 대신에 나는 적대적인 내담자의 근본적인 고통, 도달할 수 없는 이상적인 이미지에 부응하려는 필사적인 노력을 들여다보려고 애쓴다. 적개심으로 가장한 우울이라는 가정이 타당하지 않다고 하더라도 그 사고체계는 내가 위협을 느끼기보다는 온정을 갖도록, 방어적인 태도를 취하기보다는 공감하도록 도와주었다. 이런 사고체계는 아주 유별나고 이해하기 어렵고 도전적인 내담자—공격적인 청소년—가 반항적으로 울부짖으면서 문을 들이받을 때 가장 도움이 된다.

공격적인 청소년

"당신은 멍청해 보이네요. 엄마 때문에 여기 앉아 있긴 하지만 당신은 나를 말하게 할 수 없어요."

"네가 하고 싶지 않은 것을 억지로 하게 되었으니 화가 난 것도 무리는 아니야."

그는 팔짱을 끼고는 몸을 더 깊이 구부린다. 쏘아보던 표정이 능글맞은 웃음으로 변한다.

"이봐, 나도 이런 게 전혀 재미있지는 않단다. 우리는 얼마 동안은 함께 있어야 될 것 같구나. 이런 상황에는 잘 대처하는 것이 제일 낫지. 네 어머니가 네가 여기 와야만 한다고 생각하는 이유를 좀 말해 주겠니?"

"꺼져요."

"네 성적이 몇 주 안에 극적으로 좋아지지 않으면 네가 고등학교를 졸업할 수 없을 거라고 네 어머니가 내게 전화로 말씀하시더구나."

그는 잠시 동안 반항적으로 쳐다보다가 어깨를 으쓱한다. 나는 그의 동작을 흉내 내어 어깨를 뒤로 으쓱한다. 최소한 우리는 어느 정도 의사소통을 하고 있다.

"어머니의 말로는 네 친구들도 너에 대해서 걱정하고 있대. 가장 친한 친구의 이름이 뭐지? 래니, 맞니? (나는 일부러 그 이름을 틀리게 발음한다.) 어쨌든 래니가 네 어머니에게 전화해서는 최근에 네가 너무 침울해서 정말 걱정이 된다고 말했다는구나."

"로니."

"뭐라고?"

"로니. 그 애 이름은 로니예요. 그것도 제대로 몰라요?"

"고맙다. 로니구나. 그래서 이야기가 어떻게 되는 거지?"

그가 소파 속으로 너무 깊이 파묻혀서 나는 그것이 그를 삼켜 버릴지도 모른다는 생각을 한다. 이제 그는 손톱을 물어뜯는다. 그는 이빨로 손톱의 굽은 조각을 벗겨내서는 소파 끝에 아무렇지도 않은 듯이 떨어뜨린다. 그는 내가 관심을 기울이고 있는지 살피려고 나를 흘긋 본다.

"나는 너를 돕고 싶다. 나는 네 어머니를 위해서 일하는 것이 아니라 너를 위해서 일하기 때문이지. 그녀나 다른 누구도 우리가 이야기한 것을 알 필요는 없어. 그건 우리끼리의 일이지. 네가 나를 믿을 거라고 기대하지는 않는다. 너는 나를 아직 모르니까 말이야. 하지만 우리는 서로에 대해서 알게 될 시간이 많아. 나도 네 도움이 필요한 문제가 있지."

그는 미끼를 물지도 않고 관심조차 보이지 않는다. 하지만 나는 어쨌든 계속한다.

"이 회기가 끝나면 네 어머니가 어떻게 되었는지, 우리가 무슨 이야기를 나눴는지 내게 물을 거야. 내가 그녀에게 뭐라고 말해야 하지?"

그는 또 한 번 어깨를 으쓱하면서 상관없다고 말한다.

"내가 그녀에게 말하려고 하는 것은 아무것도 없어. 여기서 일어난 일은 그저 너와 나 사이의 일이니까. 그건 그걸로 됐어, 어떠니?"

"이보세요, 아저씨, 나는 여기 오고 싶지 않고 당신의 도움을 원치 않는다고 진작 말했어요. 당신은 나를 여기에 오고 학교에 가게 만들 수는 있겠지요. 적어도 다음 달에 내가 열여덟 살이 될 때까지는 말이에요. 하지만 당신은 나를 말하게 할 수는 없어요."

도움을 구할 수 없으리만치 많은 상처를 입은 무례한 청소년과 선의를 가진 치료사 간의 싸움은 그렇게 흘러간다. 주리치(Jurich, 1990)는 이런 아이들이 치료사에게는 끔찍한 악몽과 같다고 말한다. 당신을 산 채로 잡아먹으려고 대담하게 다가오는 반항적이고 불쾌하고 고집 센 멍청이. "그들이 치료실에서 우리를 불쾌하게 만들지 않을 때는 치료로 하는 모든 것을 거부하여 우리의 기분을 더 엉망으로 만든다."(Shay, 1987, p. 712)

물론 이런 아이들이 우리를 고문하려고 보내진 악마의 대리인일 리는 없다. 그들은 내면의 진실한 느낌을 매우 정직하게 행동화하고 있는 것뿐이다. 브레너(Brenner, 1988, p. 188)는 이보다 어린 '밉살스러운 아이'에 대한 이야기에서 아이의 강한 부정적 에너지를 다음과 같이 설명한다. "때로는 그들을 집어넣을 수 있는 방이 없다. 그들에게 벽은 기어오르는 데, 창문은 뛰어내리는 데, 벽장은 숨는 데 필요한 것이다. 그들의 주의 지속 시간은 짧고 제트기 같은 속도로 서랍과 벽장 안을 빠르게 들락날락한다. 그들은 확신과 사랑을 지속적으로 바라는 반면 완전한 분노와 증오를 행동으로 나타낸다. 그들은 굶주려 있다. 그래서 쓰레기 더미를 뒤지는 동물처럼 주변에서 늘 음식을 찾으면서 끊임없이 움직인다. 그들은 순수한 원초아적 충동의 예시처럼 보인다."

반항적인 아이들은 분노와 증오를 너무나 많이 느끼므로 우리 속에서도 비슷한 감정을 불러일으킨다. 흔히 한쪽 또는 양쪽 부모에 의해 버려지거나 방임된 아이들은 그들이 받았다고 지각한(혹은 실제의) 학대를 누군가에게 대신 보상하게 하려고 혈안이 된다. 그들의 행동화가 아무리 원초적이고 무례하다고 하더라도, 그것은 그들이 가장 편안하게 느끼는 형태의 의사소통이다.

난잡한 성생활, 록음악, 마약이 10대 문화를 상징하던 세대는 이미 지났다. 이제 우리는 핵무기처럼 되어 버린 청소년의 공격성과 씨름해야 한다. 성적인 행동화는 더 이상 안전하지 않기 때문에 억압된 채 쌓인 에너지가 폭력 행동으로 발산된다. 도심 지역의 초등학교에 경호원들과 총기 탐지기가 배치되고, 4학년과 5학년 학생이 특정한 곳에서 마약 거래를 관장하며, 아이들이 나이키 에어 조던 신발이나 가죽 재킷 때문에 살해되리라는 것을 그 누가 상상이나 할 수 있었는가?

부유층의 일부 공격적인 10대들은 우리 세대와는 달리 마약이나 사회적 불만이 아니라 인종차별주의나 반유대주의적인 태도로 부모를 미치게 만든다. 격변하는 1960년대에 성장한 부모와 치료사의 세대에서 어느 정도의 반항은 유행이었지만, 이제 우리는 극단적인 행동 앞에서 망연자실하고 있다. 아이들은 자동 무기를 가지고 행동화하고, 그 후에는 마약과 알코올을 모두 끊겠다고 맹세하고서 신나치주의자나 물질만능주의의 책략가가 되어서 부모에게 반항한다.

적대적인 내담자 쫓아 버리기

공격적인 청소년들을 치료하는 문제에 대한 확실한 해결책 하나는 그들을 모두 쫓아 버리고 대신에 그 부모들을 치료하는 것이다. 그들의 행동은 무엇보다 역기능적인 가족 구조의 결과인 경우가 매우 흔하다. 따라서 가장 큰 어려움을 경험하고 있기에 변화를 시작할 의욕도 가장 많이 가지고 있는 사람들을 만나는 것이 이치에 맞다.

청소년들이(또는 그런 문제를 가진 다른 사람들도) 단호하게 거부하는 일을 하게 할 수는 없다. 방어적인 태도가 이미 견고해진 10대들은 적개심이 들끓는 지점에 도달했기에 정면으로 직면시킨다고 해도 쉽게 태도를 바꾸지 않는다. 어떤 치료사들은 그런 사례의 치료는 아이들을 표적으로 하기보다 더 협조적이고 의욕도 많은 다른 가족 구성원들에게 집중하여야 한다고 제안한다. 때로 공격적인 청소년들을 치료하지 않고 쫓아 버리는 것은 청소년들의 관심을 불러일으키는 역설적인 효과도 있다. 앤더슨과 스튜어트(Anderson & Stewart, 1983a)가 기술한 몇몇 사례에서는 문제아들이 치료에 참여하지 말라는 요청을 구체적으로 받은 후 오히려 이해받고 싶은 마음에 훨씬 더 협조적으로 변하였다.

그 이유는 분명하다. 어떤 사람이 반대와 저항에서 세계 최고의 전문가라는 사실을 받아들인 후에 그가 가장 잘하는 것(반대와 저항)을 하도록 놔두는 것이다. 비록 이것이 골난 10대의 협조를 이끌어내는 데 당장은 효과적이지 않아도 최소한 당신은 치료과정의 주된 장애물을 제거하게 된다. 이제 내담자는 자신의 공격성의 결과와 마주하게 된다. 즉, 그는 문제의 해결책을 찾는 일에 한 사람의 성인으로 참여하도록 허락받지 못한다. 그가 계속 앵돌아져 있기로 결심한다 해도 최소한 그는 전처럼 가족을 휘젓던 방식으로는 치료를 방해하지 못한다. 그러는 사이에 부모가 아이를 이해하고 갈등을 효과적으로 다루도록 돕는 많은 작업들이 진행될 수 있다.

아이가 부모로부터 분명한 메시지를 받게 하는 것도 아주 도움이 된다. "우리는 너를 돕고 싶어. 우리는 힘 닿는 데까지 뭐든 할 거야. 그래도 네가 도움을 원치 않는다면 우린 도리 없이 네 선택을 존중할 거야. 하지만 우리는 우리 자신을 위해 도움을 받기로 마음먹었다. 그리고 뭔가 다르게 해 보기로 확실히 결정했어. 전문가인 치료사가 도와줄 테니 잘될 거라는 생각이 들어."

공격적인 10대는 치료에 끌려올 때마다 부모와의 관계에서 나타난 문제를 행동화한다. 위와 같은 메시지를 들으면 아이는 부모가 자신들을 위해서 도움을 받을 것임을 알게 된다. 그것은 아이가 더 이상 희생양이나 방해자로 행동할 필요가 없다는 것이다.

부모들은 대개 필요한 배경 정보를 제공해 달라는 명목으로 아이를 대신하여 첫 회기에 오라고 권유받는다. 첫 회기의 중간쯤에서 가족력과 부부관계의 역동에 들어가기만 하면 결국 거기서 첫 출발이 시작된다. 어쨌든 부모가 아이를 효과적으로 도우려고 하면 당연한 일이지만 우선 서로 협조해야 한다. 놀랍게도 부부관계에 대한 치료가 시작되면 적대적인 아이의 행동이 기적적으로 개선된다.

로버츠(Roberts, 1982)가 고안한 방법은 행동화하는 청소년의 부모가 아이와의 관계를 보다 성숙하고 만족스럽게 하도록 돕는다. 준비 단계를 시작으로 순차적인 과정에 따라 변화가 이루어진다. 치료관계에서 이 단계의 목표는 긍정적인 기대를 서서히 불어넣고 의욕을 북돋우며 지지를 강화하는 것이다. 청소년의 행동과 그것이 다른 사람에게 미치는 영향에 관한 구체적인 정보도 수집한다.

재고 단계에서는 부부관계를 탐색하지 않는다. 그보다 화난 청소년과 부모의 관계에만 초점이 맞춰진다. 로버츠(1982, pp. 20-21)는 "소수의 가족들은 의미 있게 시작하고 치료의 맥락을 빠르게 확장시켜 그들의 사생활까지 다룰 수 있는 반면, 대부분의 가족들은 그렇게 하지 못한다. 그러므로 치료사가 그런 부분까지 너무 빨리 밀어붙이는 우를 범하면 조기 종결이 일어날 가능성이 크다."라고 말했다.

따라서 주된 목표는 부모가 아이의 행동에 대해 좀 더 깊이 생각하고, 아이가 어떤 과정을 거치고 있으며 행동화를 통해 무엇을 전하고 있는지 이해하도록 돕는 것이다. 마다네스(Madanes, 1990a)는 유별나게 다루기 힘든 어린 소녀의 부모에게 그런 인식이 큰 도움이 되었다고 말했다. 부모는 소녀가 하루 종일 좋은 기분으로 있을지 또는 나쁜 기분으로 있을지를 바로 알 수 있다고 주장했다.

"그날이 기분 나쁜 하루가 될 거라는 생각이 들면 딸에게 어떻게 대하나요?" 마다네스가 물었다.

"글쎄요, 평소처럼 우리는 그 애 방으로 가서 학교 갈 준비를 하라고 하죠. 그건 정말 귀찮은 일이에요. 우리는 곧 싸우게 될 거라는 걸 알지요."

"그 애가 좋은 기분이 될 거라고 예상하면 어떤가요?"

"오, 그때 나는 딸에게 노래를 불러 주고 게임을 하곤 했어요."

부모는 어떤 하루가 될 것인지를 아이가 좌우한다고 여겼다. 그러나 실상은 딸의 행동을 읽은 것(또는 잘못 읽은 것)을 근거로 그들의 기분에 따라 아이에게 무의식적인 신호를 주고 있었다.

의사소통 양식과 관계 구조에 대한 이해는 가족치료사의 기본이다. 이런 특수한 형태의 치료에서는 적대적인 아이보다 부모 두 사람의 관계에 더 많은 관심을 기울인다. 공동의 문제 해결을 통해 부모 간의 유대를 강화시키는 노력이 이뤄진다. 치료사는 부부에게 그들 자신을 보호하고 돌보기 위해 필요한 일을 하도록 허용한다. 마침내 책임감을 규정하는 부분에서 재고가 시작된다. 누가 무엇에 책임이 있는지, 그들의 영향력 안에 현실적으로 무엇이 있는지 등등. 전반적으로 역점을 두는 것은 부모가 더 객관적인 태도를 취하고 무책임한 아이의 변덕스러운 기분에 정서적으로 상처를 덜 받도록 훈련시키는 것이다.

이러한 전략은 치료에 끌려왔지만 참여하기를 거부한 클렘이라는 젊은이의 부모에게 특히 도움이 되었다. 그 부모는 진퇴양난에 빠져 있었다. 그들은 치료 회기에 오자마자 아들에게 분명한 메시지를 전했다. "우리는 너를 멈출 수도 없고 네가 더 교양 있게 행동하도록 할 수도 없다. 하지만 네가 우리 생활을 좌지우지하는 것을 더 이상은 용납하지 않겠다."

클렘이 그렇게 다루기 힘들었던 이유를 이해하는 것이 부모에게 흥미로운 활동이기는 했지만 그들 자신을 잘 돌보겠다는 결심보다 더 유익하지는 않았다. 그런 사례에서 흔히 그렇듯이, 부모가 과잉 반응을 멈추자 클렘의 행동화는 상당히 감소하였다. 게다가 부모가 더욱 냉정해지자 그는 화를 덜 내는 것 같았다.

지시에 따른 행동 단계에서는 실질적인 치료가 이루어진다. 통찰과 이해는 행동으로 옮겨지지 않으면 아무 소용이 없다. 이 단계로의 이동은 치료사가 선호하는 이론에 따라 수많은 전략적, 구조적, 행동적 개입이 이뤄질 때 일어난다. 그러나 공격적인 청소년에 대한 부모의 반응을 변화시키기 위해서 어떤 행동이 필요한 것은 의심할 여지가 없다. 행동 계획의 범위는 더 많은 지지를 주는 것부터 성인이 된 자녀를 집 밖으로 걷어차 버리는 것까지 걸쳐 있다. 어떤 경우라도 부모는 새로 발견한 동맹관계와 객관적인 문제 해결 자세가 없는 채로, 전에는 그들을 꼼짝 못하게 했던 아이와의 유대로부터 분리되지 않은 채로 했던 노력보다 성공할 가능성이 훨씬 더 크다.

적대감을 무력화하기

보울비(Bowlby)의 '애착 이론(attachmeat theory)'(1973)에 따르

면, 적대적인 내담자는 계속 반응하지 않는 권위자를 향해 좌절감을 표현하는 것이다. 적대적인 행동이 신뢰의 결핍에 근거하고 있기 때문에 치료의 목표는 반항적인 사람과 애정 어린 애착을 확립하는 것이다.

보울비의 이론을 특이하게 적용한 넬슨(Nelson, 1984)에 따르면, 적대적이고 방해꾼인 청소년을 치료하는 가장 좋은 방법은 돌연한 정서 전환을 통해 유대감과 신뢰감을 만들어 내는 것이다. 잠시 동안 역기능적이거나 부적절한 행동이 직면되고 그 후에는 지지와 보살핌이 병치된다. 처음에는 '꾸지람'이 불안을 자아내지만 안심시키는 말과 행동이 이어지면 안도감과 궁극적으로는 신뢰감이 만들어진다.

하트먼과 레이널즈(Hartman & Reynolds, 1987)는 내담자가 권위자에 대해 무례하게 굴거나 고집을 부리는 상황에서 직면되어야 할 저항적인 행동들을 일부 제시하고 있다. 저자들에 따르면, 이러한 행동들과 그와 유사한 수많은 행동들은 단호하게 직면되어야 하고 그 후에 바로 안심시키는 말과 행동이 뒤따라야 한다. 이 방법은 과정과 내용 양쪽의 작업을 통해서 저항을 저지한다. 그것은 서로에 대한 신뢰감을 깨뜨리지 않는 안전한 분위기에서 아이에게 자신의 행동이 용인되지 않음을 알려 주는 것이다.

나는 이런 모델들에 대한 글을 읽으면 보통 머리를 가로젓는다. 천천히. 나는 혼자 생각한다. 그건 모두 좋아. 저자들이 말하는 것은 처음에는 분명 좋은 것 같아. 하지만 어떤 아이가 내 머리를 날려 버리려고 할 때는 어떻게 하지? 나는 내가 아는 공격적인 청소년들 중에서 '직면과 보살핌을 병치하는' 동안 가만히 앉아 있을 아이들이 몇이나 되는지 상상하면서 웃는다. 내가 치료한 대부분의 비협조적인 내담자들은 그들을 통제하거나 그들의 행동을 수정하려는 시도를 간파하기 때문에 정말 힘들다. 그렇다, 그들은 견고한 한계가 필요하지만 내가 꾸지람과 어리석은 미소를 번갈아 내보이는 이른바 '착한 경찰, 나쁜 경찰' 게임의 맥락 안에서는 아니다.

지그문트 프로이트(Sigmund Freud), 에릭 에릭슨(Erick Erickson), 장 피아제(Jean Piget), 로렌스 콜버그(Lawrence Kohlberg) 그리고 그 밖의 발달 이론가들로부터 얻은 주요 핵심들 중 하나는 청소년기는 한계를 시험하는 시기라는 것이다. 그것은 반은 어른이고 반은 아이인 존재가 확고한 권위에 대항하는 싸움에서 자율성을 연습하고 자신을 시험하려고 애쓰는 시기다. 사실 저항과 반항은 10대가 해야 할 일의 일부이고 10대가 부모 및 다른 권위자와 맺는 많은 관계의 구성 요소다. 소설가 렌 다이튼(Len Deighton)은 이를 풍자하여, 청소년과 그 가족 간의 보편적인 갈등이 지구의 생존 자체를 위해 필요하다고 말한 바 있다. 아이는 부모와 싸우지 않는다면 결코 집을 떠나지 않을 것이다. 그러면 세상은 파멸할 것이다.

청소년들이 정말로 부루퉁하고 비밀스럽고 자기에게만 몰두하고 때로는 무례할지도 모르지만, 대부분은 반항을 하나의 예술 행위로 발전시키지 않는다. 많은 연구들이 청소년의 공격성이 과장되어 있고 대부분의 주장이 비교적 사소한 문제—쓰레기를 아무데나 버리는지, 머리카락을 어떻게 자르는지—에 관한 것이라고 지적했다 (Gelman, 1990).

맥홀랜드(McHolland, 1985)는 청소년의 저항은 그것이 영향을 미치고 있는 체계의 관점에서 살펴봐야 한다고 충고한다. 행동화가 가족 내에서 보호적인 기능을 하는 일이 매우 흔하기 때문이다. 그는 또한 많은 사례에서 치료사가 자신의 태도, 기대, 꼬리표 붙이기에 따라 거의 또는 전혀 존재하지 않는 저항을 만들어 낼 수 있다고 한다. 그래서 맥홀랜드는 초기 회기에서 청소년의 적대감을 만들거나 자극하지 않기 위한 지침 몇 가지를 제시하고 있다.

1. 현재의 문제로 들어가기 전에 전반적인 라포(rapport)를 수립하라. 음악, 스포츠, 학교, 그 밖의 활동들에 대한 기본적인 관심으로 시작하라.
2. 변화를 계속 진행해라. 침묵이 너무 오래 지속되도록 하지 말라. 상호작용으로 내담자를 끌어들이라.
3. 내담자가 말하는 동안 방해하지 말라. 충고나 판단을 하지 말라.
4. 신뢰감을 쌓기 위해 자기 노출(self-disclosure)을 사용하라. 적절한 경계선 안에 머무르면서 자신의 감정과 경험을 나누라.
5. 내담자가 할 수 없는 것을 하도록 기대하거나 요구하지 말라. 현재의 기능 수준—인지적, 정서적, 대인관계적, 언어적, 발달적—을 알고 그 안에 머물라.
6. 긴장감을 줄이기 위해 가능할 때마다 유머를 사용하라. 예컨대, 대부분의 청소년들이 저항할 수 없는 특별히 강력한 기술 하나는 그들에게 다음과 같이 묻는 것이다. "내가 네 모습을 흉내 내는 것을 한번 볼래? 내가 네게 보여 준 걸 이제 너는 어떻게 흉내 내고 싶니?"
7. 청소년이나 부모의 편을 드는 것을 피하라.

나는 이 마지막 지침이 가장 어렵다는 것을 안다. 만약 청소년이 우리가 그의 부모에게 충성한다고 여기면 그가 치료관계를 믿게 만들 방법이 더는 없다. 그리고 부모는 우리가 아이에게 지나치게 동조한 나머지 그들을 반대한다는 생각이 들면 아이의 치료를 중단할 것이다. 나는 이 문제에 대해서 아이의 도움을 구하는 것이 유용함을 알게 되었다.

"이봐, 나는 어떤 문제에 대해서 네 도움이 필요해. 네 부모님은 우리가 이번 회기에 무슨 이야기를 나눴는지 알고 싶어 할 거야. 만약 내가 네 부모님에게 말하지 않는다면 그분들은 아마 너를 돌려보내지 않을 거야. 그러니까 그분들이 네가 나만큼도 좋아하고 싶지 않은 다른 사람을 찾을 거라는 말이지. 그래서 내가 네 부모님에게 말해도 괜찮은 것과 말하지 않았으면 하는 것이 무엇인지 합의를 봐야 해."

가장 고집스러운 청소년들도 한 번만 들으면 그것이 좋은 거래라는 것을 알 수 있다. 우리는 이제 같은 계획의 공모자가 된다. 그가 다른 가족 구성원들과 멀어지는 일 없이, 자율성을 얻고 품위를 유지할 수 있도록 돕는 계획 말이다.

적대적인 내담자를 직면시키기

적대적인 내담자를 치료하는 일에서 가장 힘든 부분 중의 하나는 흔히 그들의 분노가 우리 속의 분노도 이끌어 낸다는 것이다. 우리는 모욕감과 공격받는 느낌을 갖는다. 우리가 그 적대감이야말로 내담자의 병적 측면의 일부라고 자신을 아무리 안심시키려고 해도, 특히 우리를 일부러 화나게 하려고 하는 내담자들의 경우에는 그 공격을 개인적으로 받아들이지 않기가 어렵다. 보통 이런 사람들은 약점에 아주 민감하다. 우리의 능력을 공격해도 우리가 조금도 분노하지 않으면 그들은 소란을 피우고 다른 사람에게 우리를 험담하고, 심지어는 물리적인 폭력으로 위협하는 등 어떤 반응을 이끌어 내기 위한 수많은 술책을 쓸 것이다. 그러면 우리는 직면을 가장해서 보복하려고 한다(Youngren, 1991).

프리먼트와 앤더슨(Fremont & Anderson, 1986)은 분노를 일으키는 내담자의 행동을 분석하고, 그것을 다루기 위한 첫 단계는 우리가 느끼는 분노나 좌절이 정말 적절한지 아닌지, 또는 그것이 우리가 가진 개인적 문제의 작용인지 아닌지를 밝히는 것이라고 말했다. 저자들은 그 후에 우리가 할 일은 적대적인 사건을 검토하여 그것이 내담자에게 먼저 도움을 주어야 할 문제를 나타내는지, 또는 우리의 대인관계적 역동을 나타내는지를 알아보는 것이라고 충고한다. 그 다음에, 꼭 그렇게 한 다음에야 치료사는 자신이 경험하고 있는 느낌에 대해 이야기해야 한다. 무려 90%의 치료사들이 이런 반응을 소리 내어 말하는 것에 대해 얼마간의 의구심을 갖고 있지만은 말이다(Fremont & Anderson, 1986). 이런 반응을 말로 표현하는 것이 적절한지를 알아보는 주요 기준은 자기 노출을 하기 전에 자문해 보아야 하는 것과 같다. 내가 지금 개방하려고 하는 것을 듣는 것이 내담자에게 도움이 되겠는가, 아니면 나는 단지 나 자신의 욕구를 충족시키기 위해 이것을 하려고 하는가?

우리는 울분을 발산하기 위해, 우쭐거리기 위해, 혹은 내담자를 깔아뭉개거나 되받아치기 위해 우리의 느낌을 개방하는 것이 아님을 확신해야 한다. 그러나 우리가 정말로 내담자에게 도움이 될 수 있는 피드백을 주고 싶다면 그러한 개입은 치료에서 엄청난 전환점이 될 수 있다.

내담자가 모욕적인 의사소통 방법을 쓰는 이유 중의 하나는 그들이 그렇게 하고도 그냥 넘어가도록 용납되었기 때문이다. 다른 사람들은 적대적인 내담자가 너무 두려워서 그에게 이의를 제기하지도 않고 적대적인 행동이 그들에게 어떤 영향을 미치는지를 말할 위험도 무릅쓰지 않는다. 그러나 치료사는 적대적인 내담자가 자신이 다른 사람들에게 미치는 부정적인 영향에 대한 책임을 받아들이도록 만들기에 가장 좋은 위치에 있다.

"내가 여기에 앉아서 혼자 생각하고 있는 것은 만약 내가 당신의 말을 들어 주기 위해 치료비를 받지 않았다면 나는 당신의 터무니없는 행동을 결코 참을 수 없었을 거라는 겁니다. 사실 내가 충분한 치료비를 받았는지도 모르겠어요. 당신의 아내가 떠난 것도, 아이들이 당신을 무서워하는 것도, 당신에게 친구가 없는 것도 당연합니다. 왜 모두가 당신의 유치한 감정 폭발을 당하고만 있었을까요? 이제 원한다면 당신은 여기서 뛰쳐나갈 수도 있어요. 그것이야말로 누가 당신을 도우려고 할 때마다 당신이 해 온 것이지요. 하지만 당신이 떠난다면 당신은 계속 아주 불행한 존재로 남을 거예요. 나는 당신을 돕고 싶지만 당신은 내가 당신을 좋아하는 것도, 당신과 함께 있는 것도 아주 어렵게 만들고 있어요."

아주 멋진 연설이었다고 나는 생각했다. 하지만 그는 정말로 떠났다. 그리고 돌아오지 않았다. 나는 그가 남아 있었다고 하더라도 내가 그를 많이 도울 수는 없었을 것이라고 스스로를 다독였다. 나는 그에게 내 느낌을 말하기 전에 그를 돕기 위해서는 그렇게 하는 것이 맞다고 확신했다(비록 약간의 만족감도 분명히 느끼기는 했지만 말이다). 만약 내가 더 온정적이거나 더 부드러웠다면 그가 좀 더 편안하게 내 말을 들을 수 있었을까? 그렇지 않았을 것이다. 단지 치료사인 내가 좋아하지 않는다는 이유만으로 그가 위협이라는 평생의 전략을 포기할 수는 없었을 것이다.

치료사가 가진 느낌으로 적대적인 내담자들을 직면시키는 데는 다른 이점도 있다. 하나는 그들이 분노와 적대감을 구별하고 다른 사람에게 해를 입히지 않고 감정을 표현하는 것이 이롭다는 것을 배우도록 돕는 것이다(Cahill, 1981). 또한 대인관계적 갈등을 건강한 방식으로 탐색할 길을 터놓고, 내담자가 강한 감정을 가질 수 있다는 것과 듣는 사람을 배려하면서 그것을 표현할 수 있다는 것을 배우도록 돕는 것이다(Welpton, 1973).

치료사가 선호하는 개입에 상관없이, 적대적인 내담자는 고통과 분노를 느끼는 것이 참으로 정당하며 그러한 감정을 표현하는 적절한 방법이 있다는 것을 배워야 한다. 이렇듯 보다 효과적인 의사소통 방법을 연습해 볼 가장 좋은 장소는 온정적이고 섬세한 방식으로 자기주장적인 반응의 본을 보여 주는 치료사가 있는 치료실 자체다.

11장

나는 문제가 없다: 그/그녀가 문제다

내가 리들리 부부에게 처음으로 관심을 가지게 된 것은 대기실의 소란을 들었을 때였다. 한 회기를 막 끝냈을 때, 나는 쿵 하는 큰 소리를 들었다. 이어서 작고 흐릿한 소음이 거듭되었으며, 그러고 나서는 등골이 오싹하는 비명이 들렸다. 내담자와 나는 마주 보았고 무슨 일이 일어났는지 보라고 서로를 부추겼다. 그것은 내 치료실이었기 때문에 내가 먼저 엿보는 것이 맞는 것 같았다. 내가 조심스럽게 문을 조금 열었고 내담자는 내 어깨 너머로 살펴보았는데, 놀랍게도 한 노부부가 주먹다짐을 하고 있었다.

리들리 씨는 작고 여위고 노쇠해 보이는 78세의 남자였는데, 뚱뚱하고 원기왕성한 74세의 아내는 마치 그들이 같은 체급인 것처럼 그와 주먹질을 하고 있었다. 그들은 입술이 뒤로 말린 채 완벽한 흰색 틀니를 드러내 보이며 으르렁거렸다. 두 사람 다 화가 나서 상대에게 고함을 쳤으며 센 주먹을 날리려고 애썼다. 리들리 씨가 우리를 먼저 봤다. 그는 평정을 되찾으려고 했지만 우리를 등진 채로 그의 얼굴에 손가락질을 하고 그의 코를 잡아당기고 그를 겁쟁이라고 부르는 아내 때문에 힘들었다. 그러고 나서 그들은 다시 서로를 두들겨 팼다. 아주 시끄러웠지만 상처는 거의 입지 않았다.

몇 분 뒤에 내가 그들을 방의 맞은편으로 떼어 놓았다. 그들은 서로를 강하게 노려보면서 여전히 상대의 눈에 주먹질을 하고 있었다. 그들은 50년이 넘는 결혼생활, 반세기의 싸움에 대해 이야기했다. 그들이 둘 사이에 존재하는 어느 정도의 갈등에 차츰 익숙해졌음에도 불구하고 최근에 전쟁이 악화되었다. 리들리 부인은 남편이 다른 여자에게 추파를 던질 때마다 격분하게 된다고 말했다. 리들리 씨는 나에게 눈을 찡긋하면서 자신이 추파를 던졌다는 것을 천연덕스레 부인하였다. 부부는 그들의 싸움에 대한 이웃의 불평 때문에 지난 몇 년간 잦은 이사를 해야만 했다. 그들은 그들을 진료하는 내과의사 앞에서 주먹다짐을 한 후 결국 내게로 의뢰되었다.

그들의 문제는 심각해 보였다. 하지만 나는 그들을 볼 때마다 웃음이 나왔다. 그들은 너무 귀여웠다. 그리고 겉으로는 다투고 있지만 마음속에는 서로를 향한 큰 관심과 사랑이 있는 것 같았다. 내가 이에 대해 말하자 그들은 조금 툴툴거리고 나서 그것이 사실임을 마지못해 인정했다. 그 후 매우 놀랍게도 그들은 짧은 기간 안에 확실한 발전을 이루었다. 그들은 더 공정하게 싸우고 더 적절하게 대화하고 심지어는 서로를 향한 사랑을 공유하는 것까지 배웠다. 그것이 그들에게는 실로 행복한 결말이었지만 이 만남은 나의 거대한 방어를 불러일으켰다.

나는 사람들이 서로에게 심술궂게 구는 것이 보기 싫다. 말다툼하며 소리 지르고, 약점을 캐서 이용하고, 서로를 깔아뭉개거나 심지어 파괴하기 위해 무엇이든지 하는 두 사람과 함께 방 안에 갇혀 있을 때는 더더욱 싫다. 아마도 나는 서로를 모욕하는 부부에게는 치료사로서의 내게 요구되는 것보다 훨씬 더 너그럽지 못할 것이다. 내 부모는 내가 어릴 때 이혼했다. 내가 자란 가정에서 부모는 서로를 욕하고 소리 지르고 문을 꽝 닫는 것이 두 사람 사이의 정상적인 의사소통 방식이었다. 나는 결혼한 부부가 참여한 헤비급 시합의 충격을 완화시키기 위해 내가 그렇게도 자주 중재자 역할을 하는 것은 우연의 일치 이상일 것이라고 확신한다.

부부가 힘든 이유

비협조적인 부부는 한 사람의 저항적인 내담자보다 훨씬 더 어렵다. 또한 그들은 상황이 생각대로 되지 않으면 치료를 더 빨리 그만둔다(Allgood & Crane, 1991).

부부는 많은 이유로 치료하기가 힘들어진다. 금방이라도 싸울 듯한 태도는 우리가 치료 활동에서 직면해야 할 가장 어려운 시나리오다. 루더와 로에브(Luther & Loev, 1981)는 부부치료에서 좀 다르게 나타나는 저항들을 찾았는데 다음과 같다.

- **운명론적인 태도:** "우리가 기억하는 한 우리는 항상 이랬어요. 우리 부모도 우리와 같은 방식으로 서로를 대했어요. 당신이 우

리를 어떻게 도울 수 있을지 모르겠군요. 아무것도 효과가 없었어요."

- **상대를 탓하기:** "이봐요, 아내가 나를 끌고 들어왔기 때문에 내가 여기 있는 거요. 문제가 있는 건 아내요. 늘 하는 불평만 멈춘다면 그녀는 곧 괜찮아질 거요."
- **치료사와 같은 태도를 취하기:** "이보세요, 나는 남편과 함께 당신을 돕기 위해 할 수 있는 것은 무엇이든지 하고 싶어요. 그는 잠시 잘 지내지 못했을 뿐이에요. 아마 우리 두 사람은 어떤 해결책을 같이 찾을 수 있을 거예요. 나는 혼자서 생각할 수 있는 것은 모두 해 봤어요."
- **한 사람은 그만두고 싶어 하고 다른 한 사람은 그렇지 않은 것:** "내 남편은 나를 배신했어요. 나는 그를 믿지 않고 앞으로도 다시는 믿지 않을 거예요. 그는 이 결혼을 유지하기 위해서 무엇이든지 할 거라고 말하죠. 나는 너무 늦었다고 말해요. 나는 영원히 떠나기 전에 내가 모든 것을 했다는 말을 하려고 여기에 왔어요."
- **발전한 것을 부인하기:** "그녀는 성행위를 더 자주 하게 되었다고 말하지만 나는 그렇게 보지 않아요."
- **서로 짜고 주의를 딴 데로 돌리기:** "우리 아이가 학교에서 다시 문제를 일으키고 있어요. 당신이 괜찮다면 그 문제를 먼저 다뤘으면 해요."

이러한 형태의 부부 저항은 마주하기가 겁나지만 자기의 감정을 큰 소리로 다투면서 표현하는 부부의 공격 수단에 비하면 희미해 보인다. 이상적인 결혼이란 없다. 톰 로빈스(Tom Robbins)의 소설에 나오는 인물의 말을 빌리자면, "내 결혼생활은 쓰레기였다. 그 작고 고무같이 질긴 돼지고기 토막은 개한테나 줄 일이다" (Robbins, 1990, p. 6).

곧잘 싸우려 드는 부부를 치료할 때는 비협조적인 한 사람이 아니라 높은 경직성과 혼란을 드러내면서 너무나도 불쾌한 상호작용을 만들어 내는 두 사람을 데리고 가야 한다. 부부치료를 찾는 내담자들을 그렇게 독특하게 만드는 또 다른 특징들로는 격렬한 갈등, 논쟁적인 행동을 유지함으로써 두 사람 모두가 갖는 기존의 이득, 의례적인 싸움으로부터 얻는 비뚤어진 즐거움, 역기능적인 방식을 변화시키려고 할 때 보이는 강한 저항 등이 있다. 사람들은 미지의 것에 대한 두려움 때문에 대개 변화에 저항하기 마련이다. 이런 상황은 개인의 정서적 안정성이 위태로울 때 더 악화된다. "그 원인이 무엇이든 간에 가족 내의 안정감에 대한 욕구는 매우 강해서, 대개 가족을 치료실로 이끈 변화를 원하게 하는 것이 아니라 변화에 적응하는 데 실패하게 만든다. 대부분의 가족들은 그들이 좋아하지 않거나 익숙지 않은 변화에 대한 반응으로 치료실에 온다." (Anderson & Stewert, 1983a, p. 29)

갈등을 겪고 있는 부부 각자는 달성하기 어려운 목표가 상황을 악화시킨다는 것을 알게 되어도 그 목표에 익숙하기 때문에 포기하지 않으려 한다. 두 파트너는 자존감에 대한 더 이상의 위기나 위협을 최소화하려는 노력으로 서로에게 파괴적인 방식으로 매달린다. 변화의 가능성은 영원한 싸움에 갇혀 있는 것보다 훨씬 더 무서운 것이 된다.

"나는 이런 모든 말다툼이 싫소." 한 배우자가 말한다. "하지만 일단 익숙해지면 그렇게 나쁜 것만도 아니오." 이번에는 그의 아내가 동의한다. "나도 이렇게 계속 싸우는 것이 싫지만 그게 우리가 아는 전부예요."

물론 그들이 완전한 진실을 말하고 있는 것은 아니다. 어떤 면에서 그들은 서로 싸우는 것을 **정말로** 즐긴다. 그것은 그들이 자신의 감정을 표현하고 욕구를 전하기 위해 배운 방법, 아마도 유일한 방법일 것이다. 그것은 각자가 멀리하는 핵심 문제를 더 깊이 탐색할 시간이나 기회를 갖지 못하도록 주의를 딴 데로 돌려 주는 방법으로도 훌륭하다.

프랜과 스탠은 자신들의 일상생활을 눈 깜짝할 사이에 바닥으로 끄집어 내린다. 그들은 우리가 중요한 것에 가까이 다가가는 순간을 감지하는 묘한 능력 면에서 예술가, 아니 거장이다. 그렇게 되면 우리를 중요한 것으로부터 떼어 놓기 위해 둘 중 한 사람이 재빨리 싸움을 시작한다. 프랜이 그 규칙들을 잠시 잊고 남편을 향한 약간의 애정을 표현하기 시작하면 스탠은 그녀가 약해 빠졌다고 경멸하거나 비웃는다. 그가 아주 드물게 정신을 차리고(혹은 정신을 놓고) 프랜이 그가 고마워하는 어떤 일을 했다고 칭찬하면 그녀는 그것을 시작점으로 삼아서 그가 스스로 그 일을 하지 않은 것에 대해서 질책한다.

프랜: 당신 뭐예요, 어디 아파요? 당신이 아침에 그 빌어먹을 점심 도시락을 직접 만들 순 없나요?

스탠: 나는 그저 고맙다고 말하려고 했는데…….

프랜: 허튼소리 작작해요! 내가 바보인 줄 알아요? 당신은 그냥 내가 그걸 매일 했으면 싶죠.

이제 우리는 잠시 중단했다가 계속해 나간다. 나는 그들의 관심을 끌 방법을 찾아서 우리가 새롭게 시작할 수 있게 한다. 하지만 내가 모르게 이미 그들은 새로운 놀이를 하려는 신호를 주고받았다.

프랜: 그래요, 점심 도시락이 맛있었다니 기쁘네요. 그건 뭐 대단한 것도 아니었어요. 어쨌든 나는 내 걸 만들어야 했으니까요.

스탠: 그건 좋았어. 당신도 알 테지만 내가 좋아하지 않는 것은…….

나 : 잠깐만요. 당신들 모두가 상대의 의도를 믿지 않는 것에 대해 이야기했던 것 같은데요. 당신들이 부모에게 어떤 배신감을 느꼈고, 그래서 어떤 이성과도 가까워지는 것이 어렵다는 것을 알게 되었다고 말했지요.

스탠: 글쎄, 여보, 당신은 분명히 당신과 같이 일하는 남자들과 가까워지는 것이 어렵다고 했던 것 같지는 않은데.

프랜: 내가요? 당신은 어떻고요? 바람을 피웠던 건 당신이죠!

스탠: 내가 당신한테 얼마나 많이 말해야 하지? 그건 바람 피운 게 아니었어. 그녀는 그냥 친구일 뿐이었다고. 우리는 가끔 이야기를 했지. 게다가 그것도 6년 전이었어!

나 : 잠깐만 기다려요. 우리는 당신들 사이의 신뢰 문제에 대해서 이야기하고 있었는데 지금 당신들은 다시 싸우고 있군요. 무슨 일이죠?

프랜: 그가 시작했어요.

스탠: 맞아, 항상 내가 시작하지, 안 그래? 전부 내 잘못이야. 그냥 관두자.

싸우려 드는 부부에게 개입하기

싸우려 드는 부부 사이에 존재하는 갈등의 매듭을 풀기 위한 한 방법은 상대를 모욕하지 않고 서로에 대한 감정을 표현하도록 돕는 것이다. 부부관계는 대부분의 성인들에게 가장 중요한 친밀관계이기 때문에 결혼생활에서 서로에 대한 강한 정서적 반응은 불가피하다.

그린버그와 존슨(Greenberg & Johnson, 1988)은 부부를 위한 정서중심 치료를 개발했는데, 파트너가 가진 주된 정서적 경험에 접근한 뒤 각자가 이러한 감정을 상대가 듣고 반응할 수 있는 방법으로 전하도록 돕는 것이다. 이것은 여러 가지 형태의 부부치료에서 하나의 표준으로 따르는 절차다. 각 파트너는 적대감 아래에 놓인 감정, 그것이 버림받음, 빠져듦, 친밀함에 대한 두려움이든 그 무엇이든 간에 그것을 표현하도록 도움을 받는다. 예를 들면, 앞서 제시한 사례에서 프랜은 분노를 통해 표현하고 있는 근본적인 감정인 불신과 상처를 남편과 공유하도록 격려받는다. 동시에 스탠은 아내를 잃는 것에 대한 두려움과 그가 그녀의 마음의 평정을 깨뜨림으로써 자신의 상처받기 쉬운 마음을 어떻게 가리고 있는지를 표현하도록 도움을 받는다.

좀 더 구체적으로 말하면 그린버그와 존슨은 부부 갈등을 해소하기 위한 여러 단계의 프로그램을 제시하고 있는데, 그것은 핵심적인 문제를 설명하는 것으로 시작한다. 치료사는 파트너 각자가 상대와의 관계에서 차지하고 있는 위치를 알아보고 이름을 붙인다. 그러고 나서 문제는 정서적 고통이라는 측면에서 재정의된다. "당신의 욕구는 파트너에 의해 어떤 식으로 충족되지 않고 있나요? 당신은 어떤 고통을 경험하고 있나요? 당신은 어떤 식으로 상처받나요? 당신은 무엇을 두려워하나요? 화가 날 때 당신 안에서 느껴지는 감정에는 또 무엇이 있나요?"

다음으로 치료사는 상호작용의 주기(cycle)를 가려내려고 한다. 의사소통 방식과 연속적인 상호작용에 관해서 체계적으로 검토해 볼 때, 어떤 공격적인 주기가 자리 잡고 있는가? 한 파트너가 상대를 어떻게 화나게 하며, 결과적으로 서로를 어떻게 처벌하는가?

"나는 당신들 두 사람 사이에 다음의 시나리오가 펼쳐져 있는 것을 알았습니다. 먼저 캐럴, 당신은 남편에게 좀 더 솔직해지라고 요구하는군요. 그리고 버트, 당신은 그에 따르려고 애를 씁니다. 당신은 상황이 어떤지 그녀에게 말하기 시작합니다. 당신의 목소리는 진실하게 들리지만 얼굴에 떠오른 억지웃음은 '나는 그렇게 하겠지만 이걸 좋아하지는 않아.'라고 말하는 것 같군요. 이러한 태도는 캐럴 당신이 버트가 너무 자세하게 설명하기 때문에 좌절하기 시작하는 것과 거의 동시에 생겨납니다. 그러면 당신은 버트의 말을 중간에 끊어 버리는데, 그 이유는 그가 대답하고 있다는 생각이 들지 않기 때문이지요. 그러면 버트는 물러나면서 상처를 받습니다. 그는 당신의 말을 자르기 시작합니다. 당신은 날카롭게 되받지요. 그다음은 당신들이 알다시피 3차 대전입니다. 나는 바로 이 치료실 안에서 그런 일이 여러 번 일어나는 것을 봤습니다."

이 시점에서 치료사는 부부와 치료과정의 다음 단계로 접어든다. 그린버그와 존슨뿐만 아니라 다른 경험 많은 치료사들도 부부 각자의 입장을 더 많이 수용하는 것과 동시에 그들이 자신들의 감정을 좀 더 민감하고 분명하게 인정하고 표현하도록 돕는다. 파트너가 무시당하거나 거부당하거나 조사받는다고 느끼게 만드는 분노와 싸움에 의지하는 대신, 각자는 상대를 세심하게 배려하는 방식으로 욕구와 바람을 표현할 수 있다.

여러 저자들(Watzlawick, Weakland, & Fisch, 1974; Stuart, 1980; Madanes, 1981)은 싸우려 드는 부부에게 보다 직접적이고 개방적인 의사소통이 가능하다거나 심지어 바람직하다는 것에 동의하지 않는다. 행동 지향적인 부부치료사들은 그러한 행동을 훨씬 더 직접적으로 실행하곤 했는데 그것이 역효과를 낳자 대신 더 배려적인 반응을 하려고 노력한다. 구조적인 치료사들은 부부 내의 힘의 균형을 조정하려고 하는 데 반해, 전략적인 치료사들은 역기능적인 의사소통 방식을 중단시키는 데 더 많은 관심을 가진다. 니콜스(Nichols, 1989) 같은 사람들은 대립하는 부부에게 훨씬 더 실용적으로 접근하기를 좋아하는데, 두 사람이 서로에게 다시 헌신하도록 돕고 서로 간의 오해에 가교 역할을 하고 무너진 신뢰를 회복시키는 데 전념한다.

그러나 중요한 점은 효과적인 한 다스의 치료 전략이 아니라 폭력적이고 모욕적인 부부에게는 그들의 파괴적인 방식을 중단시키기 위해 가능한 모든 것을 하는 것이 필요하다는 것이다. 여기에는 그들의 표현되지 않은 감정과 비논리적인 인지 구조와 가족에서 비롯된 미해결 과제와 개인의 정신내적 문제와 권력투쟁과 그 밖의 모든 것이 복합된 외부적, 상황적 요인을 치료하는 것이 포함된다.

셰이(Shay, 1990)는 이 모든 개입을 핵심적으로 축약해서 싸움을 많이 하는, 사이가 나쁜 부부를 치료할 때의 가장 기본적인 치료 원리—**모든 사람은 살아 나간다**—를 우리에게 상기시킨다. 앞서 언급했듯이, 우리 직업을 가진 많은 사람들처럼 나도 갈등이 많은 가족에서 나왔다. 내 부모는 끊임없이 싸웠다. 나는 많은 밤을 거칠게 닫는 문소리나 날카롭게 외치는 소리를 들으면서 잠이 들었다. 나는 부모가 이혼하지 못하게 하는 데 실패했지만, 10세에 나는 서로를 고통스럽게 하는 사람들 가까이에 있지 않겠으며 사람들이 서로에게 상처 주는 것을 멈추게 하기 위해 내 미력한 힘이나마 할 수 있는 모든 것을 하겠다고 결심했다.

부부치료사로서 내가 잘하는 한 가지가 있다면(그리고 때로 그것은 내가 할 수 있는 유일한 일이 되기도 한다.) 내 치료실에서는 부부가 서로에게 모욕적으로 대하도록 허용하지 않는다는 것이다. 그들은 싸울 수 있지만 그 싸움이 타당해야 한다. 그들은 언쟁할 수 있지만 존중하면서 해야 한다. 그들은 상대의 신체적 혹은 심리적 안전을 위태롭게 하지 않는 한 자신들이 원하는 만큼 온정적, 정서적, 표현적으로 의사소통할 수 있다.

대부분의 부부는 보고 있는 사람이 있을 때, 특히 그들이 인정을 받고 싶은 사람이 보고 있을 때 더 정중하고 교양 있게 행동하는 경향이 있다. 그러나 이따금 부부 중 한 사람 또는 두 사람 모두가 스스로를 통제할 수 없거나 통제하려고 하지 않을 때는 누가 있든 상관하지 않는다. 그들은 사람 많은 식당이나 당신의 치료실에서도 꼭 자신들의 거실에 있는 것처럼 서로를 맹공격한다.

우리가 부부를 예의 바르게 행동하도록 할 수 없거나 그들의 심각한 갈등에 개입할 수 없다면, 우리가 도울 수 있는 것은 거의 없다. 그러고 나서 모든 사람이 꼭 살아서 방을 나가게 하기 위해서는 상호작용 수준을 싸움이 아닌 다른 것으로 바꾸는 것이 목표가 된다. 셰이는 평정을 되찾는 한 방법으로 방향을 과거로 돌리라고 권유한다. 어떤 부부는 쉽게 이길 수 있는 가장 좋아하는 문제에 대해서 다시 싸우려고 이러한 개입을 이용하기도 하지만 말이다. 나는 이 장의 처음에 나왔던 노부부에게 바로 이 기법을 시도했다.

나 : 그래서 두 분이 어떻게 만났는지 이야기해 주세요.

그 : (내심 미소 지으며) 그녀가 술집에서 나를 유혹했지.

그녀: 사실이 아니잖아요? 왜 그런 거짓말을 하죠?

그 : 내가 농담하고 있는 것도 몰라? 사실 나는 그녀의 여동생에게 관심이 있었지만 만날 수가 없었소. 그래서 대신 그녀와 데이트를 했지요.

나 : (말다툼이 시작되는 것을 막기 위해서) 두 분 모두 아주 젊었을 때 서로를 만났군요.

그녀: (내 말을 무시하면서) 나는 내가 원했던 다른 젊은이와 결혼할 수 있었는데. 나를 배신한 이런 남자를 내가 왜 골랐는지 누가 알겠어.

그 : 나는 당신을 배신한 적이 없어.

그녀: 당신은 그랬어요. 거짓말 말아요.

그 : 안 그랬다니까.

그녀: 비서와 바람 피운 건 뭐예요?

그 : 맙소사! 30년도 더 지난 일을! 그리고 우리는 사귀지도 않았

어. 당신이 지나친 상상을 하고 있을 뿐이야.

그러고 나서 그들은 서로를 다시 두들겨 팼다.

과거를 돌아보는 것이 도움이 안 될 때, 그다음에 할 수 있는 것으로 셰이가 제시한 것은 문제를 해결하려고 노력하는 것이다. 참여자들이 공동의 목표를 향해 함께 작업할 때 이것은 상호작용의 정서적 질을 변화시킨다. 위의 부부와 함께 우리는 그들의 시끄러운 대결의 소리를 낮추는 방법을 브레인스토밍했다. 그들은 싸울 때 수술용 마스크를 끼기로 결정했는데 그것을 끼면 소리 지르는 것이 더 힘들기 때문이었다(게다가 그것을 끼면 아주 바보스러워 보인다). 그들은 마스크를 샀지만 끼는 것은 거부했다.

어떤 기발한 방법이 마침내 발견된다고 하더라도 일촉즉발의 부부는 상호작용의 변화하긴커녕 서로 이야기하거나 들을 기회라도 가지려면 그전에 중립화되어야 한다. 일단 그들이 인간적인 배려의 기본 규칙인 나직한 어조로 말하기, 상대의 말을 가로막지 않기, 욕설과 비난, 즉 언어 폭력을 그만두는 것에 동의하기만 하면, 서로 좀 더 건강하게 의사소통하는 법을 배울 수 있다. 그들은 쌓인 분노를 비폭력적으로 표현하는 방법을 찾는 것이 필요하며 그들에게 일어난 일에 대해서 파트너를 탓하는 대신 좀 더 책임지는 법을 배워야 한다.

버그먼(Bergman, 1985)은 서로를 잡아먹으려고 하는 부부에게 집에서 할 과제를 내주는 것이 특히 도움이 된다고 생각한다. 부부는 매일 저녁 5분간 각자가 상대에게 상처를 입었던 상황을 말하라는 지시를 받는다. 그들은 과제를 하는 내내 '나'라는 대명사만 사용해야 하며 상대를 탓하거나 공격하거나 화를 내서는 안 된다. 한 파트너가 말하는 동안 다른 파트너는 조용히 경청하고, 마지막에는 자신도 모르게 상처를 입힌 것을 사과하고 용서를 빈다. 이러한 과제는 충분한 감독 없이는 문제가 되거나 위험할 수도 있지만, 부부가 집에서 해 보기 전에 회기에서 먼저 연습하게 하면 대부분의 어려움을 피할 수 있다. 아마도 이 전략은 과제를 하는 절반 정도의 부부에게만 효과가 있을 것이나 나머지 절반도 분명히 강한 인상을 받는다. 과제를 하지 않는 그 절반의 부부에게는 더 자주 논쟁하라는 역설적인 과제를 언제든지 내줄 수 있다.

금방이라도 싸울 것 같은 부부와 그 밖의 폭력적, 모욕적, 공격적인 내담자들을 치료하는 것에 좌절감을 느끼는 것 못지않게, 우리는 그들이 스스로를 표현하는 열정에 종종 감탄하게 된다. 그들은 자신들의 신념에 강하게 헌신하는 사람들이며, 매우 경직되고 방해가 되기는 하지만 그들 대부분은 자신들의 투쟁에 우리를 철저하고 확실하게 끌어들인다. 그들은 다음 장에서 논의할 열정과 에너지가 매우 부족한 또 다른 종류의 비협조적인 내담자들과는 거의 정반대의 스타일인 것 같다.

12장

이거 전에도 말했죠?

샘에게 받는 첫인상은 그가 남의 마음에 들기를 간절히 바란다는 것이다. 그는 창백한 표정으로 초조한 미소를 짓는다. 마치 내가 의사가 되어서 그가 말기 암에 걸렸다는 사실을 막 알려 주려고 하는 것처럼. 그의 비관주의에는 이유가 있다. 겨우 25세임에도 불구하고 샘은 인생의 대부분을 치료받으면서 보냈다. 최근에 그는 이전의 치료사로부터 돕기 위해 할 수 있는 것이 아무것도 없다는 말을 듣고 '쫓겨났다'.

내가 샘이 얼마나 절망적이기에 치료사가 포기할 정도냐고 묻자, 그는 힘없이 어깨를 으쓱하고는 그렇게 특별할 것도 없는 반응이라며 모든 사람이 얼마 지나지 않아 그에게 싫증을 낸다고 말했다. 나는 이 문제에 강한 호기심이 생긴 것은 물론이거니와 이 온순한 젊은이의 무엇이 사람들을 떠나고 싶게 만드는지 정말 알아내고 싶었다.

샘은 이전의 치료사에게 치료의 규칙과 에티켓에 대한 훈련을 확실히 잘 받은 상태였다. 그는 회기에 어김없이 참석했고, 누가 그를 거부했으며 그가 그것에 대해 어떻게 느꼈는지에 대한 호소를 계속하면서 시간을 채우는 데도 어려움이 없었다. 그는 매우 협조적이었고 상황을 호전시키기 위해 필요한 것이라면 뭐든 열심히 했다. 어떤 전문가가 너무나 불행한 삶을 살면서 변하려고 그렇게도 단단히 결심한 사람을 치료하는 일이 어렵다고 느낄 수 있겠는가?

물론 사무실 내의 역학관계에 대한 그의 독백은 다소 지루했고 같은 말을 반복하는 경향이 있기는 했다. 잠시 후에 나는 그의 억양 없는 목소리가 어떻게 신경을 건드리기 시작하는지도 이해할 수 있었다. 하지만 나뿐만 아니라 다른 사람도 변하려고 그렇게도 열심히 노력하는 사람을 저버릴 수는 없었을 것이다.

5년이 흐르고 나서야 나는 그가 처음 만났던 때와 기본적으로 달라진 것이 아무것도 없다는 것을 깨달았다. 그는 여전히 똑같은 것에 대해 불평하고 있었고, 단 한 명의 친구를 만들기 위해 여전히 몸부림치고 있었다. 그는 여전히 부모와 같이 살고 있었고 장래성이라고는 없는 일을 하고 있었다. 그래서 나는 회기에서 그의 말을 듣는 것을 그만두었다. 그 지루함과 그의 수동성을 참아 내는 것은 고문 같은 일이 되어 버렸다. 우리가 함께하는 시간을 생동감 있게 만들기 위해 내가 시도했던 모든 창의적인 방법에 대해서 샘은 단조롭게 불평하는 자신의 방식을 따르겠다는 결정을 고수하며 내게 맞섰다. 내가 그를 직면시키거나 그가 내게 어떻게 보이는지를 행동화하거나 심지어는 밖으로 산책을 나가도 결과는 근본적으로 똑같았다.

우리 둘 다 살아 있는 한, 샘은 내 치료실에 계속 올 것이 분명했다. 우리가 가진 회기들로부터 그가 무엇을 얻었는지를 묻자(나 스스로 안심하고 확인하고 싶은 욕구를 느끼면서), 샘은 정확히는 모르겠지만 치료는 항상 그의 삶의 일부였다고 대답했다. 그제야 나는 그의 이전의 치료사들이 무엇을 느꼈을지를 이해했다.

지금의 따분한 방식으로는 치료를 계속하고 싶지 않았고 완전히 포기하기도 싫었기 때문에 나는 내가 공동으로 이끌고 있는 진행 중인 치료 집단에 샘을 합류시키기로 결정했다. 나는 그가 다른 집단 구성원들로부터 얻는 피드백을 통해 습관적인 방식으로부터 약간이라도 벗어날 수 있게 되기를 바랐다. 또한 나는 샘의 행동이 더 활기찬 다른 사람들의 행동과 섞이면 내가 그를 참아 내기가 더 쉬워질 것이라고 생각했다.

아마도 나는 샘과 단 몇 분이라도 함께 있으면 깊이 잠들고 싶은 참을 수 없는 충동을 느끼는 사람이 나만이 아니라는 것을 알고 안도감을 느끼고 싶었는지도 모르겠다. 내가 원했던 것이 확인이라면, 나는 그 집단에서 모두의 일치된 의견이 이구동성으로 울려 퍼지는 가운데 그것을 얻었다. 한 사람씩 차례로, 결국에는 모든 집단 구성원들이 샘과 이야기를 주고받았다. 그리고 그는 그들에게도 정확히 똑같은 영향을 끼쳤다. 그가 자신의 방식을 바꿀 수 없거나 혹은 그러고 싶지 않다는 것이 명백해지자 그런 존재 방식이 집단에 스며들어서 전체 분위기를 숨막히게 만드는 것 같았고, 몇 명의 구성원들은 떨어져 나갔다. 집단은 곧 종결되었다.

이때쯤 샘은 다른 치료사가 제안한 워크숍에 참석했는데, 그녀가 자신과 치료를 계속하자고 그를 초대한 터였고 나는 그에게 성공을 빌어 줄 수 있어서 아주 후련하였다. 우리는 여성 치료사라면 아마도 그가 가진 여성과의 친밀감 문제를 훈습하도록 도와줄 것이라고 낙관하면서 종결했다. 몇 달 뒤에 나는 이 치료사와 우연히 만나서 샘이 어떻게 하고 있는지를 물었는데, 그녀는 눈을 굴려 하늘을 보고는 내 팔을 주먹으로 세게 쳤다.

지루한 내담자와 지루해진 치료사

치료사들이 자기가 좋아하지 않고 이해할 수 없는 어떤 것과 마주칠 때 하는 첫 번째 일은 그것에 이름을 붙이는 것이다. **감정표현 불능증**(alexithymia)은 시프니오스(Sifneos, 1973a)가 만든 용어로, 자신의 내부적 상태를 설명하지 못하는 사람들의 증상을 가리킨다. 그런 사람들은 극히 단조롭고 아무런 열정이 없어 보이는데, 경험을 처리하고 감정상태를 구별하고 통찰을 생활 속으로 발전시키는 것을 어렵게 만드는 뇌의 결함이 있는 것 같다. 그들은 뇌량이 끊어져서 감정을 전달할 수 없는 수술 환자와 비슷하다. 그들의 상상과 꿈은 풍부하지 못하다. 그들은 아주 실제적인 방식으로 생각한다. 그들의 의사소통에는 상상력이 빠져 있다(Miller, 1989).

파이너(Feiner, 1982)에 따르면, 매우 실제적인 내담자('그'라고 함)는 내부적이거나 외부적인 경험을 심리학적 용어로 다루지 못한다. 그는 정보를 1차원적인 순서로 처리하는 부분의 뇌가 지나치게 발달되었으며, 그것을 이용하여 대개 자신과 세상을 실제적이고 글자 그대로의 방식으로 연결시켜 주는 직업(회계, 컴퓨터, 공학기술)을 찾는다.

정서가 작동하기 시작할 때, 대인관계적 어려움을 경험할 때, 그가 선호하는 인지적 방식은 쓸모가 없어진다. 그의 아내, 아이들, 많지 않은 친구들(그와 비슷한 사람을 제외하고)은 그가 화를 내고 있다고 생각한다. "하지만 여보, 당신이 내가 사람들과 함께 있을 때 긴장을 풀어야 한다고 말했잖아. 그래서 난 이 이완 운동을 하겠다고 생각했어."

그는 치료가 어떻게 진행되는지에 대해서 아무런 준비가 되지 않은 채 온다. 그에게 해야 할 것을 말하라. 그러면 그는 당신의 지시를 글자 그대로 따를 것이다. 내 감정에 대해서 당신에게 말하라고? 무슨 감정을?

그는 자신의 세계를 조심스럽게 정리하여 모든 것을 제자리에 둔다. 그런데 감정? 그것들은 성가시고 예측할 수 없는 변수들이다. 그는 어떤 것에 명확한 꼬리표를 붙일 수 있는 한 그것을 둔 자리를 찾을 수 있다. 치료는 그에게 수수께끼 같은 것이다. 우리가 무엇을 이야기해야 한단 말이야? 이야기할 건 당신이 가지고 있잖아?

삶으로부터 분리되어, 인간적인 세계로부터 멀어져서, 그는 자신을 상처 입히거나 재미있게 만들거나 거절할 사람이 아무도 없는 컴퓨터 세계 속에 숨을 수 있다. 컴퓨터가 제대로 반응하지 않으면 그것은 그가 해 놓은 어떤 것, 그가 통제할 수 있는 어떤 것 때문이다.

그는 당신과 함께 있는 것을 참지 못하게 될 것이고 치료의 효과를 의심하게 될 것이다. 그가 당신에게 그런 것만큼이나 당신도 그에게 도저히 이해가 안 되는 존재다. 당신은 다른 나라 말을 하고 있다. "바로 지금 당신은 무엇을 경험하고 있습니까?" "그녀가 그렇게 말한 뒤에 당신은 어떤 느낌이 들었습니까?" 그는 어리둥절하게 당신을 바라보고, 비위를 맞추기 위해서 당신이 듣고 싶어 할 것이라고 생각되는 것을 말한다.

이렇듯 치료적 개입에 적절하게 반응하지 못하는 것에 더하여, 지루한 내담자는 테일러(Taylor, 1984)가 설명한 그 밖의 여러 특징들도 드러낸다. 그들이 말하는 방식은 감정이 없고 은유를 사용하지 않으며, 사고가 외부 세계의 세부사항들에 사로잡혀 있어서 때로는 끝없는 증상들을 호소하기도 한다. 그들은 자신들의 감정을 인식할 수도, 설명할 수도 없다. 그들의 설명에는 색깔, 세밀함, 깊이 그리고 생활이 결여되어 있다. 간단히 말해서, 그들은 자신들의 내부에 무슨 일이 일어나고 있는지를 자세히 설명할 수 없는 것 같다. 정신분석 이론에 따르면, 지루한 내담자는 결함이 있는 부모-자녀 관계와 심리적 외상 때문에 정서적 발달이 막혀 있다. 따라서 그들은 지루한 의사소통 방식이 보호벽을 만들어 주는 퇴행상태에 머물러 있는 것이다(Krystal, 1979).

앨트슐(Altshul, 1977)은 무엇이 내담자를 지루한 사람으로 만드는지의 문제를 검토했는데, 그 해결책은 놀랍게도 우리가 치료사를 지루하게 만드는 것이 무엇인지에 대해서 더 정확하게 질문해 보아야 한다는 것이다. 앨트슐은 함께 작업하려면 다른 사람들보다 더 많은 자극을 주어야 하는 사람들이 정말로 있음을 인정하고는 있지만, 치료에서 지루함을 경험하는 것은 모두 치료사의 아주 위험한 역전이 신경증의 결과라는 의견을 매우 자신 있게 제시하고 있다. 이것은 내담자가 치료사의 사생활에 빠져 있는 자극을 주지 않을 때 재미있는 것을 기대하고 그에 열중하고 싶은 치료사의 욕구로 인해 뺏긴 것 같고 억울한 느낌을 가지게 되는 자기애적인 소모의 형태를 취할 때가 많다.

이 논지에는 분명히 몇 가지 취할 점이 있다. 우리는 우리의 기대를 충족시키지 않는 내담자들로부터 물러나는 경향이 있다. 그리고 치료실 밖에서 무슨 일이 일어나는지(또는 일어나지 않는지)에 따라 우리가 느끼는 지루함이 달라지는 경향이 있다. 그러나 나는 치료사가 아무리 높은 인내심과 자족하는 성격을 가졌다고 해도 대부분의 치료사를 극도로 지루하게 만들 수 있는 내담자들이 있다고 말하고 싶다. 어떤 내담자들은 듣기가 힘들 만큼 단조로운 어조로 말한다. 또 어떤 사람들은 같은 말을 반복한다. 흔히 그들은 이러한 특성을 예술 행위와 같은 것으로 발전시키려고 애쓰는 것 같다.

"……그러니까 내가 어디까지 했죠? 아, 맞다. 내가 몇 주마다 샴푸 제품을 바꾸고 싶어 하는 이유를 당신에게 말하고 있었죠. 그렇게 하면 머리 손질이 더 쉬워지거든요. 내가 샤워할 때 샴푸를 다 써버린 것을 이야기했나요? 했어요? 아, 좋아요, 어쨌든……."

때때로 이런 내담자들은 머리 감는 의식 말고 생활 속의 문제를 다룸으로써 치료 회기를 보다 건설적으로 사용하자는 정중한 또는 강력한 제안에도 영향을 받지 않는 것 같다. 그럼에도 불구하고 앨트슐(1977)은 우리가 지루하다고 여기는 사람들을 비정기적으로 또는 장기적인 사례로 치료할 때의 해결책을 제시하고 있다. 처음에는 내담자에게 중요한 것이 무엇인지 또는 우리를 물러나게 만드는 그의 문제가 무엇인지를 스스로에게 항상 질문하는 것으로 시작해야 한다. 회기의 어느 시점에서 내 주의가 제일 산만해졌는가?

앞서 소개했던 젊은이인 샘을 돌이켜 생각해 보자. 다른 여러 치료사들(그리고 치료사가 아닌 많은 사람들)이 그의 말을 듣는 것이 아주 지루하다고 불평했던 것은 분명 사실이지만, 나는 여러 가지 방법으로 문제를 악화시켰다. 내가 그를 치료했던 첫해에는 우리의 회기를 정말로 손꼽아 기다렸다. 나는 그를 좋아했고 그가 딱했다. 나는 그를 너무나도 돕고 싶었다.

그러나 샘은 나를 실망시켰다. 그는 내가 요구한 만큼 빨리 바뀌지 않았다. 내 사생활 면에서는 진부하고 뻔한 느낌이 들기 시작했다. 나는 기분 전환거리를 더 많이 원했고 또 필요하기조차 했다. 나는 샘과 다른 몇몇 내담자들에게 의지하여 내게는 없는 재미를 얻고 싶었다.

또한 나는 그의 무력감과 수동성 때문에 내가 얼마나 화가 났는지를 알고 있다. 내가 그에 대해 반복적으로 품은 환상은 단 하루만 내가 샘이 되는 것이었다. 내가 그의 몸속에서 사는 동안 나는 그가 하지 못했던 모든 것을 할 것이었다. 새로운 친구들과 사귀고, 몇 명의 여성에게 데이트를 신청하고, 다른 직업을 찾아보고, 나만의 아파트로 이사하는 것 말이다. 나는 24시간 안에 그의 삶을 완전히 바꿔 놓을 수 있다고 생각했다.

그것이 가능하다면 내가 그의 나이였을 때 왜 나는 혼자 힘으로 그렇게 하지 못했나? 그때 나는 샘만큼이나 무력감을 느꼈다. 나는 자신의 어리석음을 회상하는 것, 청소년기의 꼴사나움을 떠올리는 것, 샘이 그렇게도 몸부림치는 것을 지켜보는 것, 그의 삶을 변화시키기 위해 아무것도 할 수 없다고 느끼는 것이 몹시 싫었다. 그래, 나는 그에게 싫증이 났다. 그가 나의 계획을 따르지 않았기 때문에 그에게 흥미를 잃었다. 물러남으로써 그를 벌주었다. 그의 말을 듣지 않음으로써 그의 고통스러운 문제로부터 나 자신을 보호했다. 그는 내게 더 이상 샘이라는 개인이 아니라 '저 지루한 내담자'가 되었다.

만성적으로 지루한 내담자 치료하기

대부분의 문제가 치료사보다 내담자에게 있는 것이 정말이라면(그리고 이런 현상의 상호작용적 본질에 비춰 볼 때 그런 결정이 어렵다고 하더라도), 치료에서 그 문제를 직면시키는 것은 중요한 전환점이 될 수 있다. 샘의 사례에서는 이것이 입증되지 않았지만 다른 사례에서 나타난 바로는 내담자의 책임감을 밝히는 것이 큰 도움이 될 수 있다.

발레리는 남편이 자기를 무시하고 친구들이 자기에게 관심을 가지지 않는 것 같다는 불평으로 매 시간을 보냈다. 그녀의 아이들도 그녀가 말을 걸려고 할 때 짜증을 내게 되었다. 나는 그들이 무엇을 경험하고 있는지를 정확히 알았다. 사실 나는 그녀가 자신을 무시한 다른 사람과의 일을 이야기할 때마다 큰 안도감을 느꼈다.

나는 발레리에게 그녀가 어떻게 하기에 그렇게 많은 사람들이 흥미를 잃게 되는지를 탐색해 보자고 요청했다. 마침내 그녀는 용기를 그러모아서 내가 어떻게 느끼는지, 그리고 내가 다른 사람들이 어떻게 느끼는지를 아는지 물었다. 나는 크게 심호흡을 하고는 나도 똑같이 느끼고 있음을 그녀에게 알려 주려는 차에 마침 기발한 생각이 떠올랐다. 나는 녹음기를 끄집어내고는 회기의 후반부를 녹음하여 그녀가 그것을 들으면 어떤 단서를 찾을 수 있을 것이라고 말했다. 그녀가 아무런 결과를 얻지 못하면 내가 그 점에 대해서 기꺼이 돕겠다고 약속했다.

다행스럽게도, 그녀는 우리가 녹음하는 동안 가장 좋은(혹은 가장 나쁜) 상태에 있었다. 발레리는 바로 다음 회기를 질문으로 시작했다. "내가 정말로 항상 이렇게 지루한가요?"

나는 그녀를 멋쩍게 바라보고 고개를 끄덕였다.

발레리가 테이프를 듣고 나서 마침내 자신에 대해 알아차린 것은 자신이 흔히 지루하다고 평해지는 사람의 특징들, 특히 둔감한 의사소통 방식을 많이 드러냈다는 것이었다. 그녀는 자신의 의사소통 방식이 다른 사람과 친해지는 데 장벽을 만든다는 것을 알 수 있었고, 많은 전문가들이 이러한 행동(방어로 작용하는 그녀의 지루한 방식)의 변화를 매우 중요하게 여긴다는 것을 깨달을 수 있었다(Langs, 1978; Taylor, 1984). 이러한 전략은 정서에 대한 발레리의 인내력이 차츰 높아진 것과 연계되어서, 마침내 그녀는 감정, 공상, 상징적 심상의 세계를 포함한 더 다양한 반응을 보이는 법을 배울 수 있었다(Krystal, 1982).

억제된 의사소통 방식을 나타내는 내담자를 치료할 때 효과 있는 한 가지 방법은 우리 자신의 자극을 만들어 냄으로써 내담자의 부족한 자극을 보상하는 것이다. 보통 우리는 우리 자신이 더 활기차고 극적으로 행동해야 하고 우리가 깨어 있는 것만큼 내담자도 껍질로부터 끄집어내려고 노력해야 한다. 다음의 대화는 지루한 내담자가 자신의 의사소통 방식을 더 역동적이고 활기차게 만드는 방법을 실험하도록 돕는 것이 가능함을 보여 준다.

치료사: 좀 전에 하품해서 미안해요. 이따금 당신의 말에 집중하는 것이 힘듭니다.

내담자: 괜찮아요.

치료사: 괜찮다고요? 당신이 말하는 동안 내가 잠들어도 괜찮아요?

내담자: 아뇨, 내 말은……. 난 그저 그런 일에 익숙하다는 뜻이에요.

치료사: 좀 전에 내가 당신의 말을 듣는 것이 이따금 지루하다는 뜻을 내비쳤을 때 당신은 깜짝 놀란 것 같았어요.

내담자: 저기, 예, 정말 놀랐어요. 당신에게 그런 말을 들을 거라곤 예상하지 못했거든요.

치료사: 계속하세요.

내담자: 아뇨, 그게 전부예요.

치료사: 전부라고요? 당신이 말하고 싶은 것이 좀 더 있을 것 같은데요.

내담자: 사실 그렇지 않아요.

치료사: 저기요, 잠시 동안 나는 당신에게 생기가 도는 걸 봤어요. 당신의 눈이 울컥했어요. 나는 정말 기운이 나기 시작했어요. 난 생각했죠. 아, 에너지가 있구나! 하지만 이제 당신은 다시 가라앉았네요. 너무나도 예의바르고, 너무나도 위축되고. 당신은 그 송장 같은 표정으로 나를 바라보고 있어요. 당신 마음속에 무엇이 일어나고 있나요?

내담자: 모르겠어요. 별거 아니에요. 난 그냥 듣고 있어요.

치료사: 지금 난 그걸 믿지 않아요. 당신은 화난 것 같아요. 나는 당신에게 욕을 했어요. 당신이 지루하다고 말했죠. 그런데도 당신은 괜찮다고 말하고 있는 거예요?

내담자: 어쩌면 당신 때문에 좀 불안해졌는지도 몰라요. 나는 당신이 나를 좋아한다고 생각했어요. 당신은 내가 좋다고 말했어요.

치료사: 당신에게 관심이 많기 때문에 나는 당신에게 완전히 진실해지려고 해요. 하지만 당신이 마음속에 일어나고 있는 것을 이야기하지 않으면 당신과 친해지기가 힘들어요.

내담자: 저기, 나는 상처를 받았어요. 조금이긴 하지만요.

치료사: 그리고 화는?

내담자: 예, 그것도요.

치료사: 그걸 말하세요.

내담자: 나는 화나요.

치료사: 그게 당신이 할 수 있는 최선인가요? 아뇨, 그렇게 안 보여요. 나를 보세요.

내담자: 나는 정말 화나요. 그리고 정말 상처를 입었어요. 그리고 겁나요. 당신이 내가 지루하다고 생각한다면 내가 당신을 믿을 수 있을지 모르겠어요. 그건 정말 절망적인 것 같아요.

치료사: 고마워요. 당신이 무엇을 느끼고 있는지 결국 말해 줘서 고마워요. 어땠어요?

내담자가 이전에 결코 할 수 없었던(또는 하려고 하지 않았던) 방식으로 자신을 표현하려고 몸부림치는 동안에 대화는 느리게, 힘들게, 더듬거리며 끝까지 계속된다. 분명히 이런 종류의 상호작용이 모든 사람에게 맞지는 않다. 그러나 그것은 내담자가 자신의 정서적 차원에 접근하도록 돕는 동안에 그와 그의 역기능적 행동에 결탁하지 않는 것이 중요함을 분명히 보여 준다. 그것은 또한 신뢰관계 안에서는 그의 가장 분명한 문제를 직면시키는 일차적인 가교로 자기 노출을 사용하는 것이 가능할 뿐만 아니라 바람직하다는 것을 알려 준다. 그가 세상과 관계하는 방법을 유쾌하게 만들 수 있다면 낮은 자존감, 우울, 고립감과 연결되어 있는 그의 대부분의 문제들은 엄청나게 좋아질 것이다.

계속 듣기만 하는 것의 어려움

모런트(Morrant, 1984)는 일부 내담자들의 경우에 그들이 우리한테 처음 오게 되는 이유는 그들이 너무 지루한 사람들이어서 그들의 말을 들어 줄 사람을 찾을 수 없기 때문이라고 했다. 치료의 모든 것—방, 규칙적으로 일정이 잡힌 약속들, 자리의 배열, 도입과 종결의 의례적인 절차 등—이 똑같게 유지되도록 의도적으로 구조화되어 있는 것을 고려할 때, 치료 상황 자체가 지루할 수도 있다는 것을 생각해 보면 치료사는 계속 듣고 반응만 하는 것이 끊임없는 과제가 될 수 있다(Esman, 1979).

치료에서 바뀌는 거의 유일한 것은 내담자가 회기에 가져오는 것과 우리가 그것에 대해 어떻게 반응할지를 결정하는 것뿐이다. 어떤 유별난 내담자가 자꾸 되풀이되거나 한정된 자극만 준다면 치료사는 계속 관심을 가지고 공감적으로 반응하기 위해 그에 필요한 정신활동과 집중력을 유지하는 것을 시험받게 된다.

의사소통 방식이 매우 제한되고 어색하고 단조로운 내담자는 우리가 줄 수 있는 최선의 것이 가장 필요한 사람들이다. 그들은 스스로를 기본적으로 싫은 사람들이라고 여기고 지루함을 상처받지 않기 위한 방어로 사용한다. 그것이 바로 그들이 실로 사랑받고 배려

받을 가치가 있는 사람들이라고 가르치는 것이 우리의 제일 중대한 사명이 된 이유다.

스스로를 싫은 사람으로 만들어 버리는 그런 내담자를 정말 사랑하기 위해서, 우리는 자극을 바라는 우리의 자기애적 욕구를 내담자가 내놓으려는 것으로부터 분리시켜야 한다. 그러기 위해서 우리는 모든 명상 수행과 마찬가지로 계속 듣는 것을 자신에 대한 도전으로 삼아 수많은 인지적 조정을 해야 한다. 칙센트미하이(Csikszentmihalyi, 1990)는 지루함을 해소하는 수단으로 자신이 **몰입**(flow)이라고 부른 것을 처방했는데, 그것은 가치 있는 것을 이루려는 자발적인 노력에서 마음이 그 한계점까지 뻗어 나간 최상의 생활 경험이다.

치료 상황에서 치료사는 지금 경험하고 있는 것에 푹 빠지고 변화된 의식상태에서만 볼 수 있는 수많은 뉘앙스에 집중할 때 몰입을 실천하게 된다.

'그가 무슨 말을 하고 있는가……? 내가 어디까지 들었지……? 무엇 때문에 이렇게 깜박했을까……? 집중하자……. 심호흡을 하고……. 집중. 집중……. 내가 뭘 놓치고 있는 거지……? 봐! 얼굴이 붉어졌어……. 내 심장이 왜 이렇게 세게 뛰고 있을까……? 이크, 그의 눈을 미처 못 봤군……. 기다려, 내 마음이 다시 떠나려고 하잖아. 여기 그대로 있고 떠다니지 마……. 나는 지금 그의 마음속에 있어……. 내가 정말로 그걸 느낄 수 있다고 생각해……. 내가 어떻게 지루해질 수 있었을까……? 듣고, 보고, 말하고, 감지하고, 느낄 게 너무 많아…….'

지루함은 환경이 아닌 마음의 상태다. 일단 우리가 상호작용에 훨씬 더 많은 에너지와 집중력을 쏟을 수 있게 되면, 지루한 내담자는 지루하게 만드는 것을 멈춘다. 우리가 인내심, 집중력, 창조성 그리고 연민을 자신의 한계점까지 뻗어 나가게 하는 법을 배우는 것은 그러한 만남으로부터다.

13장

예, 아니요, 아마도요, 모르겠어요

수동성과 변화에 대한 저항 때문에 치료하기가 쉽지 않은 사람들 중에는 넋두리가 지나치게 많은 사람들이 있다. 치료사들은 흔히 이러한 내담자들이 저항만큼이나 대인관계 방식(지루하고 반복되는)에서도 힘들다고 여긴다. 그들은 회기에 충실하게 참여하고 잘 길들여진 동물처럼 우리가 원하는 것은 무엇이든지 하면서 길고 긴 세월 동안 치료를 계속 받을 수 있다. 그러나 오직 회기에서만 그럴 뿐이다. 치료실 밖에서는 여전히 수동적이고 전혀 변하지 않는다. 그들은 우리가 만나는 사람들이 실제로 조금이라도 변하고 있기는 한가라는 생각이 들도록 우리를 몰아간다. 어쩌면 그들은 입으로만 그럴 듯한 말을 하고 있는지도 모른다.

수동적이고 매달리고 의존적인 내담자들은 보통 그들을 돕고 있는 사람들에게 자신들이 어떤 영향을 미치는지를 모른다. 그들은 흔히 지나치게 애정에 굶주려 있고 외롭다. 그들은 자신들의 의사와 치료사가 끊임없이 도움을 주는 사람이라고 여긴다(Groves, 1978). 그들은 자신들이 얼마나 사람을 지루하게 하는지, 변하기 위해 뭔가 하기를 얼마나 싫어하는지와 아무 상관없이 철저하고 완전한 헌신을 원한다. 실상 그들은 전혀 변하고 싶어 하는 것처럼 보이지 않는다. 그저 이제껏 하던 대로 하기를 좋아한다. 그들은 그들이 느끼는 무력감에 대해서 많은 불평을 한다. 잘 안 되는 일에 대해서는 다른 사람을 탓한다. 그리고 그들은 매주 우리에게 오고 늘 같은 것을 말하고 우리가 들어야만 한다고 생각한다.

변하지 않고 변하는 척하는 내담자

보니는 매우 상냥하고 친절하고 협조적이고 온화한 사람이다. 그래서 나는 그녀와 함께 작업하는 것이 즐거웠다. 그녀는 매력적이고 분명하고 성실하다. 몇 년의 기간 동안 그녀는 회기에 어김없이 참석했고, 내가 문에서 그녀를 맞을 때마다 항상 환한 미소로 인사한다. 더욱이 그녀는 내가 준 도움에 대해서 굉장히 감사하게 생각하고 자신이 몇 년간 이룬 발전에 대해서 거리낌 없는 만족감을 드러낸다. 그럼에도 불구하고 보니는 내가 치료했던 내담자들 중에서 가장 힘든 사람들에 속한다.

이상한 것이 당연하겠지만, 그렇게 사랑스러운 사람이 어찌 그렇게 끊임없는 좌절을 줄 수 있단 말인가? 그녀는 자신의 성장에 전념하고 회기에서는 너무나 반응을 잘하여서 이상적인 내담자의 에티

켓에 대해 다른 내담자들에게 워크숍을 할 수 있을 정도다. 그러나 그녀의 미소와 회한, 치료의 목적을 성공시키기 위해 무엇이든 기꺼이 하려는 분명한 마음가짐에도 불구하고, 그녀는 내가 여태껏 고안한 모든 해결책에 대해 매우 치명적인 형태의 자기 파괴적 저항을 보이고 있다.

내가 보니와 알고 지낸 동안 줄곧 그녀는 자신이 사랑한다고 주장하는 한 남성과 연인관계에 빠져 있었다. 이 관계는 그녀의 괴로움의 원천이었고, 나에게도 마찬가지였다. 엄밀한 의미에서 학대는 아니었지만 나타났다 사라졌다 하는 그녀의 약혼자 마이클은 좋은 사람이 아니다. 그는 여자를 그렇게 많이 좋아하지 않는다. 그가 이제껏 관계를 맺어 온 그 누구보다도 보니를 더 많이 좋아한다고 하지만 그를 지켜보지 않고는 모를 일이다. 그가 스스로를 도울 수 있을 것 같지도 않다. 그는 어떤 친밀한 관계도 성공적으로 맺어 본 적이 없다. 그가 열심히 애쓰고 가끔은 보니와 자신 사이를 가로막고 있는 것을 정말로 넘어서 더욱 가까워지려 할 때마다 그는 결국 보니를 내몰고야 만다. 보충설명을 하나 더 하자면, 그는 직접 치료받을 생각이 전혀 없다.

수년에 걸쳐서 보니와 마이클은 두 번 약혼했고 여러 번 헤어졌다. 보니가 마침내 자기 생활에서 그를 떨쳐 낸 것 같아 보이는 바로 그때, 그녀는 그를 다시 불러들여서 그 사이클을 다시 시작했다.

내가 보니를 오래도록 봐 왔기 때문에 그녀는 내가 치료사로서 발전시킨 여러 가지 형태의 치료를 경험해 왔다. 우리는 실존치료와 정신역동치료 양자를 가지고 함께 작업해 왔으며, 그녀가 그런 파괴적인 관계에 빠져 꼼짝달싹하지 못하는 이유에 대한 통찰을 발전시켰다. 그녀는 부모가 추었던 것과 똑같은 춤을 자신이 어떻게 되풀이하고 있는지를 똑똑히 볼 수 있었다. 나는 잠시 동안 인지/행동적인 접근을 더 많이 시도하여 그녀로 하여금 자신의 상황에 대해서 다르게 생각해 보도록 지시했다. 내가 했던 대부분의 개입에서와 마찬가지로, 그녀는 회기에서는 훌륭하게 반응했지만 결국에는 그녀의 생활과 반대로 하라고 배운 모든 것을 부정했다. "그래요. 나는 그가 내게 맞는 사람이 아니란 걸 알아요. 이 관계가 내가 바라는 것을 전혀 주지 않을 거라는 걸 정말 알고 있어요. 하지만 나는 그를 보낼 수 없어요. 아무리 애를 써도 말이에요."

분명히 이 사례는 약간 역설적인 기법을 쓰기에 꼭 알맞다. 나는 그녀가 마이클을 더 자주 만나도록 격려했고, 그가 어처구니없이 무신경한 짓을 했다고 그녀가 불평할 때마다 그를 변호했다. 우리가 함께 시도했던 여러 가지 해결책을 내가 죽 늘어놓는다고 해도 보니는 그 각각에 대해 처음에만 아주 잘 반응할 것이다. 나중에서야 그녀는 예전의 잘못을 되풀이했다고 마지못해 털어놓곤 했다. 진퇴양난에 빠진 나는 어느 날 그녀에게 치료를 잠시 중단할 것을 제안했고, 그녀는 그 제안에도 역시 선뜻 따랐다.

그녀는 1년 뒤에 되돌아왔고 완전히 벗어나겠다고 다시 약속했다. 이번에 나는 그녀가 마이클의 일을 상의하지 않겠다고 동의해야만 만나 줄 것이라고 규칙을 정했다. 우리는 그를 제외한 일은 무엇이든지 이야기할 수 있었다. 우리는 얼마 동안 그렇게 했고 상황은 아주 순조롭게 진행되었는데, 그것은 단지 그녀가 꼭 다루어야 할 것을 상의하지 않는다는 우리의 합의 때문이었다.

나는 여러 동료들에게 이 사례에 대해서 이야기했다. 모두가 나름의 의견이 있고 당신 역시 그러리라고 믿는다. 보니는 영원히 치료받으러 오라고 해도 기꺼이 그렇게 할 것이다. 그녀는 치료를 좋아한다. 그리고 인생에서 그녀가 전혀 바꾸고 싶지 않은 부분이 있다는 것도 아주 분명하다. 바로 그것이 내가 받아들이고 용납하기가 어려운 것이다. 즉, 말하고 싶어 할 뿐 변하려고 하지 않는 내담자를 치료하는 것 말이다.

수동적으로 저항하는 내담자 치료하기

상호의존 모델(codependent model)은 보니의 경우와 같은 사례에 흔히 적용된다. 그러나 이 이론에는 심각한 문제점들이 있는데, 그것은 무력하고 수동적인 여성에게 권한을 부여하기보다는 여성과 관련된 모든 행동과 성격 특징을 병리적으로 보이게 만든다는 것이다. 월터스(Walters, 1990)는 생활 속에서 특정한 방식이나 종류의 관계를 선택하는 성인들을 설명하기 위해 중독과 같은 의학 용어를 사용하는 것에 우려를 가지고 있다. 우리가 상호의존 모델을 지지함에 따라 여성 내담자는 자신의 행동에 책임을 지지 않는다는 생각, 여성은 '지나치게 사랑하는 여자' '여성을 싫어하는 남성을 사랑하는 여자', 또는 '발 닦개 증후군'이나 '상호 의존적인 마음'으로 가득한 질병을 설명하기 위해 에둘러 말하는 수많은 증상을 가진 사람으로 태어나거나 만들어졌다는 생각이 강해진다.

월터스(1990, p. 57)는 그에 맞설 최선의 방법을 제시하고 있다. "치료사라는 직업을 통해 우리가 사회를 크게 변화시킬 수는 없지만, 사람들이 어떤 사건에 그저 수동적으로 반응하고 있는 것이 아니라 그들이 일종의 배우라는 것, 그들의 공연은 그들이 연기하고 있는 드라마를 이해하는 방식에 따라서 대부분의 형태가 만들어진다는 것을 알려 줌으로써 억압받는다는 느낌이 줄어들도록 도울 수 있다."

나는 거기서 더 나아가 이러한 상호의존 방식을 이해하는 것이 분명 중요하지만 그것으로 충분하지는 않다고 말하곤 한다. 겉으로는 의욕적, 협조적으로 보이지만 행동은 기본적으로 전혀 변하지 않는 수동적인 사람들에게는 더 직접적인 개입이 필요하다. 정면 도전이 효과적이지 않을 때(보니의 사례에서처럼)는 보통 간접적인 방법이 도움이 된다(Lazarus & Fay, 1982). 예를 들어, 증상 처방이 효과적일 때도 있다. 이 기법으로 우리는 내담자에게 그/그녀가 이미 하고 있는 것을 그것의 맥락이나 순서를 조금 바꿔서 하도록 요청한다(Watzlawick, Weakland, & Fisch, 1974).

마다네스(1990a)는 회기에 규칙적으로 참여하고 자신들의 태도를 바꾸고 싶다고 주장하면서도 서로를 계속 비난하는 어떤 부부에게 증상을 처방하고 있다. 그녀는 그들에게 매일 저녁 시간을 정해 두고 서로를 비난하되, 반응하거나 자신들의 입장을 변호하지 말라고 지시한다(11장에서 내가 싸우려 드는 부부의 사례에서 언급한 전략과 유사하게). 이러한 역설적 개입은 가끔 더 직접적인 전략만큼이나 효과가 없을 때도 있지만 최소한 늘 같은 것을 반복하는 단조로움을 깨 줄 수는 있다.

외로운 내담자

수동성의 특이한 사례로, 너무나 상처받기 쉽고 외롭다고 느끼고 애정에 굶주려 있고 의존적이라서 요지부동인 내담자들이 있다. 그들은 주변에서 일어나는 대부분의 것들에 무관심하고, 의기소침과 우울증으로 고통받고 있음에도 중요한 사람들로부터 철저히 소외되고 소원해져 있다.

기분장애가 생물학적으로 또는 상황적으로 촉발되는지 아닌지를 결론 내리는 것이 어려운 만큼, 내담자를 고통스럽게 하는 요인으로 외로움과 우울증을 제외하기도 어렵다. 외로움도 우울증처럼 유전적인 또는 생화학적인 구성 요소를 발견하게 될 날이 올지도 모른다(사실상 이들이 서로 다른 상태라면).

외로움은 주로 사회적 관계의 결핍이나 불만족감에서 기인되기 때문에 우울증과는 질적으로 다르다(Peplau & Perlman, 1982). 그것은 인간적 접촉을 갈망하는 경험이므로 그 고통이 너무 깊으면 문자 그대로 사랑에 굶주려서 죽을 수도 있다.

프랜신을 진료한 정신과 의사는 그녀를 우울증으로 잘못 진단했다. 정말 그녀는 우울해 보였다. 즉, 무기력하고 슬픔에 잠겨 있고 낙심하고 무반응이었다. 그녀는 기혼이고 큰 사무실에서 괜찮은 일을 하고 있었기 때문에 인간적 접촉에 대한 갈망이 고통의 원인이라고 생각할 이유가 없었다. 사실 외로움의 문제는 치료사들이 흔히 쓰는 전문 용어는 아니다. 그것은 『정신의학 종합 교과서(*Comprehensive Textbook of Psychiatry*)』의 색인이나 『심리학 사전(*Dictionary of*

Psychology)』에도 나와 있지 않다.

프랜신은 겉으로는 우울해 보였을지라도 마음속으로는 믿기 힘들 정도의 외로움을 느꼈다. 그녀가 정말 우울증이라고 정신과 의사가 계속 우기자(그리고 그것을 낫게 할 약을 주었다.), 그녀는 더 외롭고 이해받지 못한 것처럼 느낄 뿐이었다. 그녀는 다른 사람과 연결되어 있다는 느낌을 잃었다. 그녀는 주변 사람들과 더 가까워지기를 열망했고 친밀하게 받아들여지고 대화하기를 갈망했다.

몇 년간 그녀는 남편과 대화하려고 애썼지만 돌아오는 것은 비웃음과 거절뿐이었다. 그녀의 남편은 그녀를 사랑한다고 주장했고 아마 그럴지도 모르지만 최소한의 애정도 표현하지 못하거나 그러려고 하지도 않았다. 그들은 1주에 2번 성행위를 했는데, 그녀는 짐승처럼 덮쳐져서 강간당하고 버려지는 것처럼 느꼈다. 그녀는 친구들에게 자신의 기분을 이야기하려고 했지만 그들은 그런 일을 의논한다는 것이 불성실하고 부도덕한 행동이라도 되는 것처럼 질겁했다.

그녀의 친구관계의 특징은 의례적이고 일상적이지만 진정한 친밀감이 분명히 부족하다는 것이었다. 그들에게는 옷, 일, 가족에 대해서 일반적인 방식으로 의논할 수는 있었지만 '불편한 주제'—즉, 친밀감, 두려움, 의심, 내밀한 생각들—를 다룰 수는 없었다. 그래서 그녀는 모든 관계들이 소원하다고 느꼈고 누군가에게 이해받기를 필사적으로 원했다.

그녀는 운 나쁘게도 객관성과 수동성이 전이관계를 발전시키는 데 중요하다고 믿는 치료사를 택했다. 그녀에게 그 치료사는 그저 쌀쌀맞고 냉담하고 지루하고 무신경하게 보일 뿐이었다. 그러나 그녀는 아버지와 남편으로부터 그런 대접을 받는 데 익숙했기 때문에 전혀 불평하지 않았다. 결국 피상적이고 불만족스럽고 인색한 관계를 맺을 수밖에 없는 것이 그녀의 운명임에 틀림이 없었다.

그녀는 1주에 2회 치료사를 만나서 마음을 털어놓고 계속 울었다. 그 훌륭한 의사는 큰 책상 뒤에서 지켜보며 엄청난 양의 기록을 했다. 그녀가 그를 만난 지 몇 달이 지나서도 그는 그녀가 인내심을 가져야 하고 항우울제를 계속 먹어야 한다는 말 외에는 단 한 마디의 언급도 하지 않았다. 그녀가 자신의 외로움에 대해서 이야기하면 그는 그녀의 꿈이나 가족사에 대해서 질문하면서 방향을 돌려 버리곤 했다. 그녀는 자신이 세상에 홀로 있는 듯한 외로움을 느꼈다. 아무도 그녀에게 관심을 가지거나 이해하는 것 같지 않았고, 심지어 그녀가 그러한 목적으로 만났던 이 의사조차 그랬다.

결코 끝날 것 같지 않은 외로움과 우울에 사로잡힌 프랜신은 고립감으로 죽었다. 물론 그녀가 어느 날 의자에서 떨어져서 갑자기 죽은 것은 아니다. 외로움으로 인한 죽음은 더 은밀하다. 다른 날과 다름없이 그녀는 침대 시트 위에 말라붙은 정액과 자신의 인생에서 아무것도 변하지 않을 것이라는 절망감을 느끼면서 잠에서 깨어났다. 그녀는 남편이 면도하고 있는 욕실로 들어가서 그와 이야기하려고 했다. 지난밤의 성관계가 즐거웠나? 저녁으로 무얼 먹고 싶은가? 직장 일은 어떻게 되어 가고 있는가? 그녀의 모든 질문에 그는 거칠고 성급하게 대답하면서 자신을 편하게 놔두라고 말했다. 방어적인 태도로 돌변한 그는 그녀가 놀라서 움츠러들 말을 하면서 몰아세웠다.

프랜신은 예약한 치료 회기에 참석하기 위해 점심시간에 직장을 나왔다. 그녀는 평소의 울먹이는 독백에서 벗어나서, 면담하는 내내 의사를 진실한 대화로 끌어들이려고, 어떻게든 그가 기록지에서 얼굴을 들어 그녀라는 한 사람을 진정으로 바라보게 하려고 애를 썼다. 하지만 마침내 그녀는 인내심을 잃고 그가 다른 모든 사람과 똑같다고(그녀에게 진정한 관심이 없다고) 소리를 질렀다.

의사는 잠시 힐끗 쳐다보았는데 실제로 무슨 말이라도 할 것처럼 보였다. 그러나 고개를 천천히 끄덕이고는 그녀에게 계속하라고 요청했다. 그는 전이가 아주 만족스럽게 진행되었다고 기록했다. 회기가 끝날 무렵, 그는 "그러면 화요일에 만나기로 하지요."라고 말했다. 프랜신은 대답하지 않았다.

그녀는 차갑고 흐리고 바람 부는 날씨 속으로 걸어 나갔는데 눈 뒤쪽이 너무 꽉 조여서 앞이 보이지 않을 지경이었다. 그녀는 거기에 서 있는 것만으로도 힘든 것처럼 숨을 헐떡거렸다. 그녀는 복잡한 거리를 향해 있었고 가야 할 곳으로 가고 있는 수백 대의 차들을 보았다. 그녀는 한 커플이 추위에 몸을 웅송그리고 이야기에 열중하며 길을 건너고 있는 것을 보았다. 그녀가 가야 할 곳이 아무 데도 없음을 깨달은 것은 그 후였다. 그녀가 지구의 표면을 걸어 다닌다면 누군가 그녀를 알아보는 데 얼마나 시간이 걸릴까. 수백 명, 아마도 수천 명과 겉으로는 연결되어 있지만(그리고 그들의 얼굴이 잠시 시야에 들어오면 그중에는 그녀에게 친절히 대해 준 아는 사람—정원 일을 하는 소년, 그녀의 머리카락을 잘라 준 여자—도 있을 테지만) 그녀는 아무와도 가깝다고 느끼지 못했다. 사랑하는 사람도 없었고 그녀를 사랑해 주는 사람도 없었다.

몇 달 만에 처음으로 무언가가 이해되었다. 그녀는 줄지어 늘어선 가게들을 똑바로 바라보며 분명한 목적의식을 가지고 도로를 건너기 시작했다(그 후에 경찰은 그녀가 약국에 가고 있었던 것이 틀림없다고 추측했는데 그녀의 주머니에 항우울제의 처방전이 있었기 때문이었다). 그녀는 복잡한 거리에 갑자기 멈춰 서서 관심을 끄는 뭔가를 발견한 것처럼 회색 하늘을 쳐다보았는데 바로 그때 미니밴이 그녀를 치었다. 그녀의 외로움은 마침내 끝이 났다.

이 '사고'만큼이나 비극적이게도, 마음의 상처를 입은 채로 걸어 다니는 사람들—고립 속에서 허송세월을 하며 시늉으로만 사는 사람들—이 얼마나 많은지를 알게 되면 큰 슬픔이 느껴진다. 외로움은 교과서에 나오지는 않지만 가장 널리 퍼져 있는 정신건강 문제다.

프랜신 같은 내담자들은 치료하기가 가장 힘든 사람들에 속한다. 엄밀히 말해서 그들은 수동적이고 위축된 생활방식에 빠져 있지만 우울증에 해당하진 않기 때문에 약물에 반응하지 않는다. 내담자의 절망감은 흔히 치료사의 기분에도 전염된다. 마코위츠(Markowitz, 1991, p. 26)는 심하게 우울하고 외로운 내담자를 만날 때 완전한 절망감과 두려움이 치료사의 마음 깊은 곳에 박힌다고 말한다. "정의하면, 우울은 내담자가 치료받겠다는 의욕을 낸 근거인 희망감을 공격한다. 그러므로 우울한 내담자는 치료사의 자기 가치감과 희망감을 소모시키는 것으로 악명이 높다."

나는 완강하게 외롭고 수동적인 사람들, 즉 내인성 우울이 아니라 삶의 방식으로 우울을 선택하고 내가 무엇을 하든지 그것을 고수하기로 결심한 사람들을 치료할 때 나는 나이고 그들은 그들인 것을 얼마나 다행으로 여겼는지를 기억한다. 자신의 상태에 완전히 굴복해 버리는 그들의 태도는 정말 짜증스럽다. 당신이 할 수 있는 것이 그렇게나 많은데도 어떻게 감히 포기한단 말인가!

수동적이고 외로운 내담자에게 도움이 될 만한 것들에 대해서 문헌들은 모든 것을 제시한다! 여기에는 더 감사하고 고독을 창조적으로 사용하게 만들기(Hulme, 1977; Storr, 1988), 고립감을 심화시켜서 변화하려는 욕구를 높이기(Reynolds, 1976; Suedfeld, 1980), 행복하기 위해서 연인에게 덜 매달리기(Russianoff, 1982), 자신의 곤경에 대해서 스스로에게 다르게 말하기(Young, 1972), 외로움을 사랑할 기회로 사용하기(Moustakas, 1972), 생활 속에서 더 적극적인 역할을 맡기(Rosenbaum & Rosenbaum, 1973; Slater, 1976)가 있다.

그 밖의 수많은 치료 전략들이 고집스럽게 외롭고 수동적인 내담자들에게 도움이 될 때가 있다(Kottler, 1990).

1. 다른 사람들에게 다가가는 것과 즐거움에 대한 욕구가 없는 자신을 직면하는 것이 모두 위험하다는 것을 받아들이기
2. 라디오, 텔레비전, 그 외의 외부적인 오락/현실 도피 매체들을 끄고 자신이 회피하고 있는 것을 직접적으로 다루기
3. 창조성과 자기 표현의 끝없는 원천이 될 수 있다는 점에서 개인적인 시간의 중요성을 이해하기
4. 외로움에 대한 지각을 보다 적극적인 형태의 고독으로 재구조화하기
5. 고독을 통해서 친밀감에 대한 열망을 정직하게 인정하기

요약하면, 대부분의 치료적인 노력은 내담자가 고립의 껍질을 깨고 나오도록 지지와 격려를 주는 것과 더불어 그들의 고통에서 더 큰 의미를 발견하도록 돕는 방향으로 향해 있다. 치료관계가 이러한 목적이 달성되도록 만드는 버팀목이 되어야 하는 것은 물론이다. 프랜

신이 자신의 치료사에게 가장 간절하게 바란 것은 (그녀가 죽기 전날 내게 고백했듯이) 그가 그녀를 바라봐 주고 그녀를 '환자' '내담자' '우울한 여자'나 기록해야 할 대상이 아닌 한 사람의 인간으로 대해 주는 것이었다. 그녀는 단지 약간의 연민과 이해를 원했을 뿐이었다.

말하지 않는 내담자

북유럽 혈통의 필은 '극기주의자'라는 말의 본질을 그대로 보여 준다. 그는 고통받지만 지극히 조용하다. 그는 남자답게 고통받는다. 눈물도 흘리지 않는다. 꼴사나운 모습을 보이지 않는다. 그저 슬픈 눈과 건전지를 교환해야 할 것처럼 들리는 낮은 목소리뿐이다.

아내가 아이들과 함께 떠나 버렸기 때문에 필은 우울하고 낙심해 있다. 그는 치료를 받겠다는 발상을 썩 좋아하지는 않지만 아마 이런 제스처가 그가 변화에 대해서 진지하게 생각한다는 확신을 아내에게 심어 줄 것이라고 여긴다. 그가 변화시키고 싶은 것이 무엇인지는 다소 규정하기 어렵다. 그러나 그의 아내는 그렇게 차갑고 무정한 사람과는 더 이상 살 수 없다고 분명히 말했다. 필의 설명은 이렇다. "그녀는 내 마음이 비어 있다고 말한다. 나는 감정이 없다, 아니 적어도 내가 알고 있는 것으로는 없다. 아마 그녀가 옳을지도 모른다."

필은 진정으로 도움을 원하지만 자신이 무엇을 해야 할지, 어떻게 나아가야 할지, 다음에는 어디로 가야 할지를 모른다. 이러한 불확실성은 감정과 차단된 남자에게는 그렇게 이상한 일도 아니다. 그러나 필은 어떠한 형태로든 자기 성찰을 해 본 적이 별로 없기 때문에 치료받으러 온 내담자가 어떻게 해야 하는지에 대해서 전혀 모른다. 그는 말이 거의 없는 남자이고, 일반적으로 대화는 시간 낭비라고 믿는다. 무슨 생각을 하고 있는지 물으면 그는 어깨를 으쓱한다. 그를 괴롭히는 것이 무엇인지 말해 보라고 하면 그는 간단하게 대답한다. "내 아내가 떠난 거요." 그러고는 마치 내가 가서 그녀를 도로 데리고 올 것을 기대하는 것처럼 나를 바라본다.

"당신의 아내가 당신을 떠났다고요?"

"아, 예."

"그에 대해서 좀 더 이야기해 주실 수 있나요?"

"많지는 않아요. 지난주에 일하고 집에 왔더니 그녀가 가 버렸더군요. 아이들도요."

"저런, 당신의 기분은 어땠나요?"

"그녀는 최소한 내게 먼저 말이라도 하고 갔어야 해요."

"당신은 화가 난 것 같군요."

"화내는 건 남자에게 그다지 이롭지 않아요. 난 그저 그녀가 집에 와야 한다고 생각해요."

인지적인 수준에서 치료하는 것이 그에게 더 편안한 것 같았고 자연스럽기도 했다. 우리는 잠시 멈추기만 해도 어색한 침묵의 시간이 흘렀다. 혼자 사는 방법, 그가 친구들과 가족에게 말해야 하는 것, 밤에 잠들 수 있는 방법에 대한 이야기가 고작이었기 때문이다. 그는 하나의 질문으로 모든 회기를 시작했고, 그 후의 시간은 전부 내가 말하도록 기다렸다. 필은 회기가 진행되는 동안 계속 침묵을 지켰다. 그는 말할 것이 아무것도 없다고 주장했다.

"좋아요." 나는 나는 안도하며 그렇게 말한 후 그와 종결하기를 바랐다. "그러면 우리가 약속을 다시 잡을 이유가 없다는 생각이 드네요."

그러나 필이 치료를 그만두면 그는 아내를 집으로 오게 할 마지막 기회를 잃어버릴 것이다. 또는 그렇게 믿었다. "아니요." 그는 아내가 어떻게 할지를 결정할 때까지 치료실에 계속 올 것이었다. 그러나 그때까지 우리는 치료 시간에 무엇을 해야 한단 말인가?

매 회기는 아주 고통스러웠다. 필은 말하고 싶어도 그 방법을 몰랐다. 우리가 무엇을 하든 그것에 대해 나는 내 몫 이상의 책임을 져야 했고, 내가 계속 횡설수설하고 싶지 않다면 그의 첫 번째 질문에 대한 답으로 45분을 채워야 했다. 나는 수다를 떨면서 격려의 말을 하고 뭔가에 대해 스치는 관심이라도 끌어내려고 했다. 우리는 낚시와 사냥(내가 전혀 모르는 화제들)에 대해 이야기했다. 때로는 그가 마음속에서 느끼거나 생각하는 것(그가 거의 모르는 화제들)에 대해서 대화하려고 시도했다. 어떻게든 우리가 그 시간을 끝내고 나면 그는 불쾌한 맛의 약을 다음에 또 복용할 준비라도 하듯 등을 꼿꼿이 세우고 다음번 약속을 잡았다.

그의 아내는 다시 돌아오지 않았지만 나는 필이 우리가 함께한 시간을 통해서 뭔가를 얻었다고 생각하고 싶다. 6개월 후에 그는 과묵함이 약간 줄어들었다. 그래서 나는 사냥과 낚시에 대해서 많이 알게 되었다. 그는 마침내 자신의 생활을 다시 정상화하였고, 그를 있는 그대로 사랑할 수 있는, 그것이 안 된다면 최소한 그와 함께 살기로 동의하는 다른 아내를 찾겠다고 결심했다.

필은 결코 저항하는 것이 아니었기 때문에 치료실에 와서 말하지 않는 대부분의 내담자들과는 달랐다. 그는 협조하려고 노력했다. 단지 그 방법을 몰랐을 뿐이었다. 물론 우리의 규칙을 따르기를 거부하기 때문에 말하지 않는 내담자들도 있다.

내담자들은 여러 가지 이유로 침묵을 지킨다. 어떤 사람들은 사생활에 대한 침범이라고 불쾌하게 여기고, 자율성의 환상을 계속 유지하는 유일한 방법으로서 자신들로부터 흘러나오는 것(예컨대 자신이 하는 말)을 통제한다. 다른 사람들은 무엇을 말해야 할지 또는 자신들에게 바라는 것이 무엇인지 모르기 때문에 말이 없는 것 같다. 그들은 치료사가 원하는 것을 어떻게 줘야 할지가 생각날 때까지 기다린다. 또 다른 사람들은 처벌하거나 통제하려는 노력으로 스스로를 억제하면서 수동적인 공격성을 나타낸다(Harris & Watkins, 1987).

침묵하는 내담자 치료하기

아동과 청소년은 치료에 대항하는 무기로 침묵을 사용하는 데 가장 능숙한 이들에 속한다. 마샬(Marshall, 1982)은 다양한 방법들, 즉 치료사가 시도하는 모든 것으로부터 거리 두기, 무관심, 철수 등을 사용하여 어떠한 상호작용도 능숙하게 피해 버리는 10세 소년과 공동 작업을 했다. 이 아이는 질문을 무시하는 데 매우 능숙했기 때문에, 가장 비협조적인 내담자가 되기 위한 조건이 무엇인지에 대한 목록을 적는 것을 도와달라는 설득에 넘어갔다. 그래서 마샬은 다른 아이들이 그 아이처럼 되어서 자신들의 치료사를 좌절시키고 싶다면 질문에 대한 대답으로 다음과 같은 반응만 해야 한다고 제시했다.

"몰라요."

"가끔요."

"상관없어요."

"그런 것 같아요."

"대충 그래요."

"신경 안 써요."

"잊었어요."

"예."

"아니요."

"일종의 그런 거죠."

"기억이 안 나요."

"별 차이 없어요."

당연한 일이지만 일단 치료사와 내담자가 그들의 경직된 의사소통 방식을 벗어나서 게임을 하게 되자 명확한 규칙을 만들게 되면서 서로 웃을 수 있게 되었고, 그러면서 다른 영역을 탐색하지 못하게 막았던 장벽을 일부 없앨 수 있게 되었다.

우리가 침묵하는 내담자로부터 얻는 모든 반응들 중에서 '몰라요'는 가장 어려운 것일 수 있다. 색(Sack, 1988)은 어떤 질문에도 "몰라요."라고 말하는 내담자에게 치료사가 가장 흔하게 반응하는 방법들을 나열했다. 나는 그 선택사항들을 방해가 되는 순서에 따라 제시하였다. 나의 가정은 우리가 가장 큰 영향을 미치려면 가능한 한 아무것도 하지 말아야 한다는 것이다. 우리의 최선의 개입이 무시될 때만 더 강력한 전략에 의지해야 한다.

내담자의 '몰라요' 반응에 대해 치료사가 선택할 수 있는 반응은 다음과 같다.

1. 침묵: 침묵에는 침묵으로 반응하라.
2. 내용을 반영하기: "당신에게 일어나고 있는 일을 분명히 설명한다는 것은 어려운 일이지요."
3. 감정을 반영하기: "여기 와서 이런 질문에 대답해야 하는 것에 화가 난 것 같군요."
4. 탐색: "모른다는 것은 구체적으로 말하면 어떤 상태인가요?"
5. 행동에 이름 붙이기: "당신은 '몰라요'라는 말을 자주 하는군요."
6. 가장하도록 권유하기: "당신이 알고 있다고 상상해 보세요. 그것이 어떤 상태일지 짐작해 보세요."
7. 직면: "나는 지금 당신이 나와 나누기로 결정한 것 이상으로 아주 많이 알고 있을 거라고 느낍니다."
8. 자기 노출: "당신이 너무 자주 '몰라요'라고 대답하니 당신과 작업하는 것이 매우 힘드네요. 당신은 많은 도움을 주지도 않으면서 당신 마음속이 어떤지를 내가 알았으면 하고 바라는 것 같군요."

위의 반응들은 수동적으로 저항하는 내담자들이 우리가 가까이 오지 못하게 하려고 흔한 술책을 쓸 때 우리가 유용하게 사용할 수 있는 것들이다. 좀 더 크게 보면 지나친 침묵이나 극도의 수동성에 대응하는 데 효과적인 개입들이 훨씬 더 많이 있다.

9. **행동에 대한 이름을 다시 붙이기:** "당신은 자기 속에 머물러 있는 것을 아주 잘하는 것 같아요. 대부분의 사람들은 당신만큼 오래 조용히 있을 수 없지요."
10. **침묵하는 회기의 일정을 잡기:** 이제 계속된 침묵은 협조적인 반응이 된다.
11. **침묵을 처방하기:** "네가 그렇게 조용히 있어 줘서 고맙다. 그러니까 내가 너의 부모님과 문제에 대해 의논하기가 훨씬 더 쉬워질 것 같구나. 내가 너의 입장을 듣느라 혼란스러워지지 않도록 네가 계속 조용히 있어 주기를 바란다."
12. **구조를 제공하기:** "당신은 이 시간에 우리가 함께 무엇을 해야 할지 모르는 것 같군요. 내가 당신에게 몇 가지 질문을 하면 당신이 더 편해지지 않을까 싶은데요?"
13. **자유를 주기:** "당신이 지금 말하고 싶지 않은 것을 존중해요. 나는 당신이 마음을 터놓을 때까지 기다릴 용의가 있습니다."
14. **게임을 만들기:** "당신이 한 마디도 말할 필요가 없는 질문을 해 볼게요. 내가 당신에게 질문하면 고개를 끄덕이거나 모르면 어깨를 으쓱하세요."
15. **비언어적인 방법을 사용하기:** "당신이 말로 하기 어려울 때는 당신의 느낌을 표현하는 그림을 그릴 수도 있어요." 다른 것으로는 사진 가져오기, 좋아하는 음악 연주하기, 게임하기, 산책하기 등이 있다.

더 적게 함으로써 더 많이 하기

나는 아동과 청소년 치료에 대해서 수많은 책과 논문을 읽었고 수많은 워크숍에 참석했으며 수많은 동료들과 상의했기에 그 기본 방침에 대해서 막힘없이 말할 수 있다. 아이들에게는 믿을 수 있는 안식처를 제공하라. 아이들의 수준에서 의사소통하라. 놀이는 기본적인 표현 방식이므로 놀이치료를 많이 하라.

글쎄, 내가 받았던 모든 훈련과 내가 존경하는 수퍼바이저로부터 받은 승인에도 불구하고, 나는 여전히 내 일에서 뭔가를 더 해야 할 필요성을 느낀다. 예를 들면, 나는 지금 3명의 청소년들을 만나고 있는데 그들은 말하기를 거부하기 때문에 어려운 사례라고 할 수 있다. 그들의 부모는 자신들이 만들었다고 믿는 괴물들에게 죄책감을 느끼면서 그들이 도움을 받아야 한다고 우기고는 1주에 한 번 내 사무실에 그들을 맡겨서 세뇌시켜 주기를 바란다.

세 소년 모두 반항적이고 무례하다. 그들은 내게 오기는 하겠지만 말하지는 않겠다고 선언했다. "좋아." 나는 그들에게 말한다. "그러면 우리가 함께 있는 그 시간에 너희들은 무엇을 하고 싶니?" 나는 그렇게 말하는 내가 자랑스럽다. 나는 그들이 기능할 수 있는 수준에서 그들과 함께 있는 것에 집중하고 지지해 줄 것이다. 한 소년과는 카드놀이—포커와 진 러미[1)]—를 한다. 그는 다른 게임을 배우는 데는 관심이 없으며 게임과 상관없는 질문에는 대답하려고 하지

1) 역자 주: 진 러미란 두 사람이 하는 카드놀이의 일종이다.

않는다. 다른 소년은 공을 가지고 와서 밖에서 함께 공놀이를 한다. 그도 말하려고 하지 않지만 나는 우리가 은유적인 차원에서 깊이 있는 의사소통을 하고 있다고 스스로 확신한다. 나는 세 번째 소년과 가게까지 걸어가서 그에게 감자튀김과 콜라를 사 준다. 그는 웅얼거리듯 고맙다고 하고는 그 즉시 나를 모르는 체한다.

나는 이 각각의 소년들과 여러 달 동안 만났다. 나와 함께 있을 때 그들의 행동은 전혀 달라지지 않았다. 우리의 만남은 특별한 변화가 없는 하나의 일상이 되었다. 정말 놀라운 것은 그중 두 명의 부모들이 아이들의 행실과 학교 성적이 상당히 나아졌다고 주장한다는 것이다. 가끔 그들은 여동생들에게 친절하게 굴기도 한다. 부모들은 내가 일종의 마술사라고 생각하고 내가 무엇을 했는지 묻는다. 나는 그들에게 업무상의 비밀이라고 말한다. 하지만 나는 혼자 생각한다. 이건 말도 안 돼. 엄청난 직면도, 훌륭한 해석도 없었어. 난 그저 카드놀이를 하고 산책을 했을 뿐이야. 내가 이걸로 돈을 받다니 믿을 수 없어!

그러면 이 아이들은 왜 좋아졌는가? 그들은 내가 정말로 관심이 있다는 것을, 내가 그들을 도우려고 노력하고 있다는 것을 감지한 것이 틀림없다. 나는 철저히 정직해지려고 애쓰고, 그래서 그들은 내가 허튼소리를 용인하지 않을 것임을 안다. 그들이 최소한이라도 협조하지 않으면 내가 그들을 더욱 곤란하게 만들 위치에 있다는 것도 알아차린 것 같다. 어쩌면 내가 언젠가는 그들의 편이 되어 줄 수 있을지도 모른다.

정신치료를 하지 않는 것은 발전과 변화에 마음이 사로잡힌 우리 같은 사람들에게 어려운 일이다. 그러나 수동적으로 저항하는 내담자들은 직접적인 개입에 그다지 잘 반응하지 않는다. 그래서 때로는 청소년에게 할 최선의 치료는 모든 치료 활동을 일시적으로 유보하여 그들이 궁지에 몰렸다고 느끼지 않게 하는 것이다(Anthony, 1976). 우리가 만들지 않으면 치료에서 일어날 것이 별로 없다고 믿는 것은 우리의 지독한 오만인 것 같다. 최선의 치료 중 어떤 것들은 저항하는 내담자를 우리의 기대에 맞추는 것이 아니라 그들 자신의 보폭과 속도에 따라 움직이도록 내버려 두는 것에서 나온다.

4부

비협조적인 사례 다루기

14장

미해결 과제 직면하기

치료사들은 보살펴 주고 나누어 주는 이타주의를 지향하지만 그와 상반되게 자신들의 도움에 대한 보답으로 어느 정도의 인정과 감사를 바라기도 한다. 문제는 일부 내담자들이 자신들의 허술한 힘이 약해질까 봐 우리(또는 누구라도)에게 받은 감화나 영향을 인정할 수 없다는 것이다. 반면에 만약 그들이 치료사를 무력하고 쓸모없다고 느끼게 만들 방법을 생각해 낼 수 있다면 자신의 힘에 대한 의식은 높아지게 된다.

비협조적인 내담자를 치료할 때 생기는 무력감은 치료사에게 불가피한 것이며 분노, 상처받기 쉬운 느낌, 때로는 증오가 동반되기도 한다. 이러한 역전이 감정을 탐색하다 보면 우리는 내담자에게 다가가는 데 가장 유리한 치료 계획을 세우는 것과 우리 자신의 최상의 성장과정 둘 다에 대한 실마리를 발견하게 된다. 아들러(Adler,

1982)는 우리가 어떤 내담자들에게 가지는 극도의 부정적인 감정들 중 많은 것들은 우리의 전능감과 구원 능력에 대한 환상과 관련이 있다고 말했다. 치료사에게 이상적인 부모 역할을 부여하는 퇴행적인 내담자의 투사적 환상으로 인해서 우리의 감정은 더 복잡해진다.

세상을, 어쩌면 우리 자신을 구하기

어쩌면 한 인간으로서 더 완전하게 기능하고 싶은 욕구 때문에 이 분야에 이끌렸던 당신처럼, 나는 어린 시절 동안 무력감과 쓸모없다는 느낌을 가졌다. 6세쯤에 나는 어깨 위에 망토(수건으로)를 묶고 나의 수퍼 히어로인 마이티마우스와 수퍼맨처럼 날기 위해 소파에서 뛰어내렸다. 하지만 난 날지 못했다. 나는 내가 충분할 만큼 열심히 노력하지 않은 것이 문제라고 믿었다. 내가 열한 살 때 부모님이 이혼하셨는데, 나는 그 이유를 내가 두 분이 함께 있도록 하지 못했기 때문이라고 생각했다. 나의 청소년기는 연이은 실패로 얼룩져 있다. 내 몸을 통제할 수 없었고, 내가 가장 좋아하는 여자아이와 데이트하지 못했고, 건전한 무리의 일원이 아니었고, 대수학을 이해하거나 기술 과목에서 선반을 잘 다룬 것도 아니었고, 부모의 인정을 받은 것도 아니었다. 성인기 초반에도 나는 대부분의 시간 동안 자제력을 잃었고, 내가 원하는 것을 얻을 수 없다고, 심지어는 내가 원하는 대로 느낄 수도 없다고 생각했다. 기필코 더 좋은 방법이 있어야만 했다.

내가 처음으로 도움을 주는 직업—즉, 다른 사람들에게 그들의 삶을 돌보는 방법을 가르쳐 주고 보수를 받을 수 있는 직업—에 대해 들었을 때, 나는 혼자 생각했다. '드디어 나는 법을 배우겠구나.'

내 예상이 그리 멀리 빗나가지는 않았다. 치료사가 되기 위한 훈련은 다른 사람을(그리고 그 과정에서 나 자신도) 구원하겠다는 나의 아주 거창한 환상과 연결되었다. 모든 사람들이 치료사들은 마음을 읽을 수 있고, 미래를 예측할 수 있고, 사람들로 하여금 그들이 원하는 것은 무엇이든지 하게 할 수 있다고 생각한다. 그것은 거의 투시 능력만큼이나 흥미로워 보였다.

그래서 나는 여기까지 왔고, 부끄럽지만 세상을 구하고 싶다고, 그게 안 되면 최소한 내 도움을 찾는 모든 사람들을 구하고 싶다고 고백한다. 내가 이 환상이 순전한 정신병까지는 아니라고 하더라도 좀 터무니없다고 생각하는가? 물론이다. 나는 내 힘을 과장하는 자기중심주의에 빠져 있는 것 같은가? 그렇다. 그러나 나는 많은 사람들에게 이 원대한 착각에 대해서 이야기하지 않는다. 사실 나는 이 불합리한 신념을 너무 잘 감추고 그로부터 거의 벗어날 줄을 모른다. 나는 수퍼비전을 받으면서 전능의 환상을 매번 몰아내지만 결코 그 뿌리를 뽑아내지 못하는 것 같다. 환상은 유리하지 않은 상황에선 더욱 교묘하게 위장하면서 다시 자란다. 그 환상에 이르는 것을 어렵게 만드는 내담자가 있으면 심한 경우 몇 달 동안이나 나 자신과 다른 사람들에게 다음의 만트라[1]를 반복한다.

'내가 할 수 있는 것에는 한계가 있어.'

'변화는 내담자에게 달려 있는 거야.'

---

1) 역자 주: 만트라란 기도나 명상을 할 때 외는 주문을 말한다.

'내가 모든 사람들에게 항상 도움이 될 수는 없어.'

이 공공연한 주문에 상응하는 것으로 다음과 같이 매우 은밀한 소곤거림이 있다.

'너는 그것을 믿지 않아, 그렇지? 너는 강해. 특별한 능력이 있어. 너는 사람들에게 이야기할 수 있지, 그들을 이해할 수 있다고. 너는 기술이, 책이, 학위가 있어. 너는 무엇이든지 할 수 있어.'

나는 망토를 가지러 달려간다. 그것을 목에 정성스럽게 둘러 묶고 소파 꼭대기에 기어 올라간다. 나는 정말 열심히 날려고 하지만 실제로는 안 된다. 그러고 나서 나는 바닥에서 몸을 일으켜 세운다.

역전이 감정을 활용하기

우리가 이러한 종류의 일을 하는 이유는 타인과의 의사소통에 어려움이 있는 사람들과 노련하고 의욕적으로 대화할 수 있기 때문이다. 그렇다, 그들은 지루하거나 둔감하거나 적대적이거나 조종적이다. 그것이 바로 그들이 치료를 시작한 이유다. 그들이나 그들과 가까운 사람들은 너무 어렵지 않게 도움을 받을 수 있으면 좋겠다고 여긴다.

그 많은 훈련을 받았고 선의를 갖고 있음에도 불구하고 우리는 그다지 마음에 들지 않는 어떤 사람과 한 방에 갇혀 있는 자신을 발견한다. 우리는 관심을 가지고 온정적이고 반응적인 태도를 취하려고 최선을 다한다. 하지만 마음이 둥둥 떠다니고, 가능할 때마다 회기를 벗어나려고 하고, 머릿속에서 환상 여행을 다니며, 이 내담자와 함께 있는 시련을 피하기 위해 무엇이든지 하려는 자신을 감지한다.

치료사의 마음속에서 일어나는 이 내면의 분투를 가장 정직하게 묘사한 것들 중 하나는 얄롬(Yalom, 1980, p. 415)의 이야기다. 그는 자신이 비협조적인 내담자와 어떻게 다시 접촉할 수 있었는지에 대해서 다음과 같이 설명한다.

> 나는 한 여성의 말을 끈기 있게 경청한다. 그녀는 계속해서 횡설수설한다. 그녀는 어느 모로 보나(신체적으로, 지적으로, 정서적으로) 매력이 없는 것 같다. 그녀는 사람을 짜증나게 만든다. 불쾌한 제스처도 많이 가지고 있다. 그녀는 나에게 말하는 것이 아니다. 그저 내 앞에서 말하고 있을 뿐이다. 그렇지만 내가 여기 없다면 어떻게 내게 말할 수 있겠는가? 내 생각은 다른 데로 흐른다. 머리가 지끈지끈한다. 몇 시지? 얼마나 더 지나야 하지? 나는 갑자기 자신을 꾸짖는다. 머리를 흔든다. 시간이 얼마나 남았는지 생각할 때마다 나의 인내심이 약해지고 있다는 것을 안다. 그러고 나서는 그녀에 대해 생각하려고 애를 쓴다. 내가 그녀를 피하는 이유를 알아보려고 노력한다. 이 순간 그녀의 세계는 어떠할까? 그녀는 시간을 어떻게 경험하고 있을까? 나는 그녀에게 이 질문을 한다. 나는 지나간 몇 분 동안 그녀와 동떨어진 느낌을 가졌던 것을 이야기한다. 그녀도 똑같이 느꼈을까? 우리는 그에 대해 같이 이야기하고 서로의 접촉이 끊어졌던 이유를 알아내려고 애쓴다. 갑자기 우리는 아주 가까워진다. 그녀는 더 이상 매력이 없지 않다. 나는 그녀라는 사람에 대해서, 그녀가 어떤 사람인지에 대해서, 앞으로 어떤 사람이 될지에 대해서 연민이 생긴다. 시간이 쏜살같이 지나간다. 시간이 너무 빨리 끝난다.

프로이트([1910] 1957)는 원래 치료사가 내담자에게 가지는 긍정적, 부정적 감정 모두를 치료과정에 방해가 되는 것으로 보았다. 로스(Roth, 1990)는 이러한 형태의 역전이를 **전체적인**(totalistic) 것이라고 이름 붙였는데, 그것은 치료사가 내담자에게 가지는 모든 생각, 감정, 태도, 지각을 포함한다. 이 역전이는 몇 개의 유형으로 구별되는데, **고전적인**(classical) 것은 내담자의 전이에 응하여 무의식적인 반응이 생기는 것이다. 얄롬이 설명한 것은 가장 흔한 유형으로 **상호적인**(interactive) 것인데, 이는 치료사와 내담자 양쪽이 자신이 하고 있다고 지각한 것과 상대가 하고 있는 것에 반응하여 서로에 대해 매우 개인적인 방식으로 반응하는 것이다.

프로이트가 대부분의 역전이 감정에 대해서 당초 생각했던 대로 그것들은 치료사 자신의 미해결 과제의 징후로 불렸으며, 수퍼비전에 의해서 완전히 훈습되기만 하면 치료사는 자애롭지만 중립적인 관심을 되찾을 수 있다고 했다. 프로이트가 다른 전문가들에게 주장한 것을 스스로는 실천할 수 없었음에도 불구하고, 많은 친구들과 자신의 딸까지 분석하면서 한 경고성의 충고는 동시대의 치료사들에게 하나의 지상명령이 되었으며, 그들은 이 달성하기 힘든 객관성과 자유로움을 얻기 위해 분투하게 되었다. 역설은 바로 이것이다. 내가 내담자를 좋아하지 않는데 어떻게 관심이 생기는가?

내터슨(Natterson, 1991)은 내담자와의 갈등에 자신이 원인을 제공한 것이 단순한 역전이 이상의 현상이라고 생각한다. 사실 그는 내담자를 향한 치료사의 감정이 치료에서 가장 핵심적인 요소라고 믿는다. 더 나아가 그는 공감에 내재된 주관성 없이는 아무도 진정으로 이해받을 수 없다고 주장한다. 분석하는 사람에게는 피와도 같은 해석조차 내담자는 물론 치료사 자신의 무의식적 과정의 근원을 포함하고 있다. 그러므로 치료에서 우리가 내담자와 정서적인 관계를 맺지 않고서 그와 연결될 수 있다고 주장하는 것은 어리석은 일이다(Kottler, 1986).

현재 많은 정신분석가들은 치료적 만남에서 엄격한 중립성과 무감정을 유지하는 것이 불가능할뿐더러 바람직하지도 않다고 주장하고 있다. 내담자에 대한 치료사의 감정은 이제 사정의 타당한 도구이자 분석적 상호작용의 핵심이 되고 있다(Giovacchini, 1989).

맥엘로이와 맥엘로이(McElroy & McElroy, 1991) 같은 많은 치료사들은 비협조적인 내담자에 대한 우리의 역전이 감정이 그들을 도울 방법에 관한 가장 쓸모 있는 단서가 된다고 확신한다. 일단 우리가 특정한 내담자와의 상호작용으로 인해서 어떤 내부적 감정이 울리는지를 알아차리게 되면(그것이 분노, 좌절, 불안, 무력감, 방어, 혐오감, 성적인 끌림, 지루함 등 무엇이든지) 우리는 그것의 부정적인 영향을 중화시킬 뿐만 아니라 더 효과적인 치료 계획을 만들어 낼 수 있는 길로 잘 가고 있는 것이다.

당신이 현재 맡은 사례들에 대해 마음속으로 목록을 만들어 보라. 다음 며칠 동안의 주간 일정표를 찬찬히 살펴보면 더 좋다. 사람들의 이름을 보고 그들이 당신의 사무실에 앉아 있는 모습을 떠올릴 때 마음속에서 어떤 내부적 반응이 일어나는지를 관찰하라. 나는 이 활동을 하고 나면 약간의 저항감이 없지는 않지만 내가 대부분의 내담자들과의 만남을 열렬히 고대하는 것을 깨닫고 안도감을 느낀다. 나는 그들이 이 순간에 무엇을 하고 있을지 궁금하다. 특히 감동적이거나 재미있거나 극적이었던 상호작용이나 대화를 떠올리면 얼굴에 미소가 떠오른다.

다른 몇몇 내담자들이 머리에 떠오르면 숨이 거칠어진다. 그들은 내가 만나기 몹시 두려운 사람들이다. 그들은 요구가 많고 아주 불쾌하다. 무엇보다도 그들은 내게 별로 고마워하지 않는다. 나는 그들의 오만한 태도를 느낄 수 있다. 그들이 많이 나아지지 않았기 때문에 그들에게 왜 계속 돌아와서 나를 괴롭히느냐고 거듭 묻는다면 그들은 달리 갈 곳이 아무 데도 없다고 쏘아붙일지도 모른다.

매니는 그중에서도 가장 무섭다. 내가 그를 만나야 하는 날에는 점심을 한 번 더 먹어야 할 정도다. 그가 들어온 후에 내가 정상 상태를 회복하려면 오후의 남은 시간이 다 걸리기 때문에 나는 다른 사람과의 일정을 잡지 않으려고 한다. 매니는 칠판을 긁는 손톱, 잡을 수 없는 모기가 무는 것, 도망갈 수 없는 방에 갇힌 것을 연상시킨다.

매니를 의뢰한 의사가 내게 그가 정말로 성미가 고약하다고 경고했던 것은 작은 위안거리도 되지 않는다. 사실 그 의사가 그를 내게 보낸 이유는 그 훌륭한 의사가 그를 대하는 데 넌더리가 났기 때문이다. 어쨌든 의학적으로는 그가 매니를 돕기 위해 할 수 있는 것이 아무것도 없었다. 매니는 그저 불평을 들어 줄 누군가가 필요할 뿐이었다.

매니가 생각하는 좋은 치료는 그가 마음속에 쌓아 온 부당함을 모두 이야기하면서 삶이 너무나 불공평하다고 욕하는 것을 내가 경청하는 것이다. 그는 자신의 어떤 것도 바꿀 의도가 없는 것이 확실했다. 그의 욕구에 맞춰야 하는 것은 세상의 나머지 사람들이다. 내가 그에게 꼭 말해야 할 것이 있으면 그를 방해하지 않고 간단하게 해야 한다. 어쨌든 그는 듣지 않을 것이다.

매니는 우리의 회기가 진행되는 방식에 대해 더할 나위 없이 만족하고 있다. 그는 영원히, 아니면 우리 중 하나가 죽거나 신경쇠약에 걸릴 때까지 계속 오려고 작정하고 있다. 나는 그가 나보다 오래 살 것이라고 생각한다.

이제 나는 스스로에게 묻는다. 매니는 왜 나를 그렇게도 철저히 괴롭히는가? 나는 약간 짜증나고 초조한 감정은 이해할 수 있다. 결국은 그가 규칙을 따르려고 하지 않기 때문이다. 그는 들으려고도, 반응하려고도, 변하려고도 하지 않는다. 하지만 나는 그와 만나는 것을 왜 그렇게 심하게 두려워하는가?

나는 매니가 나의 악몽이라는 것을 깨닫는다. 그는 같이 있는 것이 그렇게 힘든 사람은 아니다. 어떤 면에서는 아주 재미있고 유쾌하다. 그는 내가 무섭다고 배운 모든 것의 화신이다. 그는 외부의 지배를 강하게 받고 자기 삶의 어떤 책임도 받아들이려고 하지 않으므로 상습적인 피해자가 된다. 내가 단 몇 분도 참을 수 없는 것이 하나 있다면 그것은 누군가 다른 사람이 나의 삶을 배후에서 조종하는 것이다. 갑자기 너무나 생생하게 떠오르는 장면들이 있다. 청소년기에 나의 기분은 내가 사랑했던 반 다스의 소녀들의 말에 완전히 좌우되었고, 어머니의 삶은 다른 사람들의 변덕에 철저히 휘둘렸고, 나의 아버지는 내 허락도 구하지 않은 채 떠났고, 나의 첫 수퍼바이저는 벽을 통해서 내가 진행하는 회기를 듣다가 그녀가 좋아하지 않는 것을 내가 말할 때마다 벽을 쾅쾅 두드렸다.

그렇다, 매니는 내가 가장 무서워하는 괴물—무력하고 괴로운 피해자—이 되었다. 그리고 나는 어느 정도는 그것이 전염될지도 모른다고 생각했다.

나는 내가 그처럼 될 것이라는 불합리한 두려움에서 그를 도울 실마리를 찾았다. 나는 그가 그대로 있는 것을 용납할 수 없다. 그는 바로 나처럼 더 독립적으로, 더 내적으로 통제하도록, 더 강박적으로 변해야 한다. 그렇지만 일단 내 불편감의 주된 근원을 발견하자 내가 그의 이야기를 방해하지 않고 들어 주기만 해도 그가 이제껏 해 왔던 방식을 유지한 채로 치료에서 무언가를 얻을 수 있다는 것을 나는 깨달았다. 이것은 분명 내가 좋아하는 치료 방식이 아니지만 매니는 자신이 본전을 뽑고 있다고 아주 확신한다.

그런데 내가 그에게 달라지라고 설득하는 것을 그만둔 후에 우리 사이는 더 편안해지고 부드러워졌다. 그리고 그는 실제로 조금씩 변하기 시작했다. 나로서는 나 자신의 문제로부터 매니를 분리하는 것이 훈습의 첫걸음에 지나지 않는다. 이 장의 나머지 부분에서는 치료사가 역전이 문제를 해결하고 이 직업 세계에서 정신적 상처를 입지 않도록 자신을 보호하는 다른 방법들을 고찰할 것이다.

개인적으로 받아들이지 않기

비협조적인 내담자의 맹공격에 대항하여 자신을 보호하는 단 하나의 가장 좋은 방법은 전문성에 관해 프로이트가 말한 가장 기본적인 금언인 분리를 적용하는 것이다. 내담자와 적절한 거리, 즉 공감할 만큼은 가깝지만 정서적으로 지나치게 연루되지는 않을 만큼의 거리를 유지함으로써 우리는 더 객관적으로, 현실적으로, 초점을 분명하게 유지하면서 머무를 수 있다(Smith & Steindler, 1983). 한 예로, 소진된 정신건강 전문가에 대한 연구에서 파인즈와 매슬래치(Pines & Maslach, 1978)는 사태가 악화되는 것을 예방하는 가장 유용한 전략은 우리의 연민과 보살핌의 감정을 어느 정도의 심리적 철수로 완화시키는 '분리된 관심'의 자세를 취하는 것이라고 결론지었다.

바쉬(Basch, 1982)에 따르면, 치료사가 내담자의 방해행동을 개인적으로 받아들이지 않는다는 것이 말처럼 쉬운 일은 아니다. 그렇다고 하더라도 치료사가 분리를 위해 할 수 있는 가장 중요한 일은 내담자가 치료사보다 그 자신을 더 혹독하게 괴롭힌다는 사실을 명심하는 것이다. "환자의 저항이 치료사에게 훨씬 힘들게 느껴질 때는 환자가 고의로 치료를 방해한다는 생각이 들 때이고, 또한 환자가 치료사를 힘들게 하지 않고 조금만 더 호의적으로 나온다면 어떻게든 치료를 해 볼 수 있으리라는 생각을 할 때다."(p. 4)

내담자가 자기 대신에 우리를 힘들게 하고 있다는 생각은 이해하기가 쉽다. 분명히 그들은 우리를 괴롭히려고 애쓰는 것 같다. 그러나 저항을 훈습하기 위한 전제 조건들 중 하나는 우리 자신의 미해결 과제를 분리해 내는 것이다. 이것은 다른 사람이 우리의 기대를 충족시켜 주기를 바라고 방어적인 내담자에게 과거 우리를 힘들게 했던 다른 사람들의 이미지를 덧씌우는 문제에 있어서 특히 그렇다.

너무 많이 하려고 하지 않기

스트린(Strean, 1985)은 저항하는 내담자를 치료할 때 치료사들이 저지르는 실수들을 열거하였다. 가장 공통적인 것은 너무 열심히 애쓴 나머지 현재의 문제를 해결하지 못하는 것이다. 치료사가 지나치게 열성적이고 지나치게 적극적이고 지나치게 헌신적으로 혼자 해 나가면 이미 겁을 먹은 내담자는 뒤로 더 물러날지도 모른다. 스트린은 분리를 강조하는 전통적인 정신분석적 관점을 가지고 있기는 하지만, 그럼에도 불구하고 치료사들에게 내담자의 적극적인 참여 없이 할 수 있는 일에는 한계가 있음을 기억하고 모든 이론적 방향을 고려해 보라고 일깨운다.

이따금 우리는 비참하게 남으려고 결심한 사람들을 위해서 우리가 할 수 있는 일에는 한계가 있음을 받아들이지 않을 수 없다. 나는 아주 비협조적인 내담자, 즉 모든 사람들에게 아주 비협조적인 내담자인 내 아들에게 크나큰 무력감을 느꼈던 일이 떠오른다. 내 아들은 우리가 새로운 주로 이사한 후에 아주 힘들어했다. 그는 친구들을 잃었고, 외로움과 상실감을 느꼈다. 더 나쁜 것은 아홉 살이었던 아들은 자신이 다시 행복해질 것이라고 상상할 수 없었다는 것이다.

그의 뺨 위로 굴러떨어지는 눈물을 보고 그가 얼마나 끔찍한 느낌인지를 들었을 때, 나는 마음속으로 그가 내담자라면 내가 선택할 치료적 대안이 무엇인지를 점검했다. (내 아들이 필요로 할 때 내가 그를 도울 수 없다면 치료사가 무슨 소용이란 말인가?) 나는 그의 외로움과 고통의 감정을 반영하려고 했고, 그가 겪고 있는 것을 내가 이해했음을 보여 주려고 했다. 그의 흐느낌은 더 걷잡을 수 없어졌다. 그다음에 나는 자기 노출을 시도했다. 나 역시 친지들과 소원해졌다고 느끼고 있고, 새 친구를 사귀는 데 어려움을 겪고 있으며, 우리가 뒤로하고 온 사람들이 그립다고 털어놓은 것이다. "그래서 뭐요?" 그는 반박했다. "여기 온 건 아빠의 결정이었어요. 아무도 내게 선택권을 주지 않았어요." 그가 옳았다. 우리는 같은 처지였으니 그의 감정에 대해서는 그만하자.

그다음에 나는 예전에 우리가 이사했을 때 그가 새 친구들을 사귀어야 했던 것을 상기시키면서 그를 논리적으로 설득하려고 했다. 잠시 시간이 걸렸지만 결국 그는 전보다 훨씬 더 잘 지냈다. 내게는 이 주장이 흠잡을 데 없이 이치에 맞았건만 그는 이곳의 분위기가 전과 같지 않다고 우기면서 그것을 재빨리 배제해 버렸다.

"좋아." 나는 말했다. "그러면 네가 여기에 있다는 사실을 받아들이자꾸나. 그에 대해서 네가 할 수 있는 것이 아무것도 없으니까 말이야. 그런데 네가 어떻게 하면 이 힘든 상황을 최대한 활용할 수 있을까?"

그는 그 질문에도 역시 대답을 가지고 있었다.

나는 안심시키기, 문제 해결, 그 밖에도 생각해 낼 수 있는 모든 것을 해 봤다. 하지만 내가 무슨 말을 해도 또는 그가 불행해하기로 결심한 것 같다는 생각이 들어도 나는 끝내 그를 인정할 수밖에 없었다.

그의 입술이 떨렸다. 그는 비난하는 듯한 눈으로 나를 바라보았다. 그러고는 다시 한 번 울음을 터뜨렸다.

내가 할 수 있는 전부는 그를 안아 주는 것뿐이었다.

우리가(또는 아마 누구라도) 어떤 행동이나 말을 한다고 해도 내담자(혹은 가족 구성원들)가 계속 고통받기로 결심하는 때가 있다. 그들은 우리와 같은 시간표에 따라 움직이지 않는다. 그들은 우리가 그들을 변화시키려고 하는 만큼 준비가 되어 있지 않기 때문에 우리에게 힘겨운 것 같다. 그 시간 동안 우리가 할 수 있는 모든 것은 그들이 결국 자신들의 방식에 신물이 날 때까지 인내심을 가지고 앉아서 위로하는 것뿐이다. 이 과정을 앞당기기 위해 우리가 할 수 있는 일들이 분명히 있기는 하지만 일정한 한계 안에서일 따름이다. 조금씩 달라지기 위해서는 여러 날이 걸리며, 시간은 여전히 가장 강력한 항생제 또는 항우울제다. 우리가 해야 할 가장 어려운 일에는 기다리는 것, 너무 많이 하려고 하지 않는 것, 그리고 내담자의 결정에 대해서 너무 많은 책임을 지려고 하지 않는 것이 있다. 때로 우리가 할 수 있는 모든 일이 지지하는 것뿐일 때도 있다.

지지받기

우리의 아주 비협조적인 내담자가 지지를 필요로 하듯이 우리도 마찬가지다. 비협조적인 내담자로 인한 압박감을 견뎌 낼 준비가 전혀 되어 있지 않은 치료사들은 고립감을 느끼고 동료들로부터 단절된다. 그들은 자신들의 사례, 좌절감, 문제에 대해서 이야기할 지지체계가 없다. 그들은 자신들의 일이 지닌 의미에 대해서 더 이상 확신하지 않는다.

비슷한 상황에 처해 있고 비협조적인 고객들에게 시달리면서 유사한 스트레스와 상처를 경험하는 전문가들에는 치과의사, 피부과 의사, 안과의사가 있다(Smith & Steindler, 1983). 그러나 고립된 환경에서 일하는 이 모든 전문가들 중에서 치료사가 가장 심각한 대인관계적 충격을 겪는다. 지지하고 돌봐 주는 친구들과 동료들로 이뤄진 관계망을 만드는 것이 우리가 경험하는 압박감을 훈습하는 데 매우 중요한 이유가 바로 이것이다.

개업 치료사들은 대인관계적 자양분을 필요로 하는 자신들의 욕구를 등한시하는 것으로 가장 유명하다. 그들의 일정 대부분은 하루의 건수를 최대화하기 위해 잇따르는 내담자들을 기준으로 하여 따로따로 계획된다. 그들에게 시간은 한 시간 단위로 구분되기 때문에 치료사가 다음과 같이 생각하는 것이 이상한 일도 아니다.

'음, 느긋하게 점심을 먹으면서 친구들을 만날 수 있어. 그런데 그저 둘러앉아서 잡담이나 나누려고 비용 청구가 가능한 두 시간 더하기 식사 비용을 정말 포기해도 되는 걸까? 그들을 만나서 내 사례들 중의 하나를 이야기한다고 해도 그들이 알려 주는 것이라곤 내가 어떻게든 이미 시도해 본 것들일 텐데 말이야.'

피오레(Fiore, 1988)는 비협조적인 내담자들과 씨름하는 치료사들에게 가장 필요한 것은 혼자 있는 시간을 더 많이 가지는 것이나 동료들이 제시하는 치료에 대한 의견이 아니라고 믿는다. 수퍼비전으로 조언을 하고 나면 가장 흔한 반응은 "이미 그렇게 해 봤습니다." 또는 "잠시 그렇게 하고 있는 중입니다."이다. 그렇다, 치료사들에게 가장 필요한 것은 자신들의 기분에 대해 이야기하고, 인정과 지지를 받는다고 느끼고, 스트레스가 많은 만남들로부터 생긴 부정적인 에너지들을 흩어지게 할 기회다. "비협조적인 환자를 어렵게 만드는 것들 중의 하나는 그가 삶의 의미와 관계 맺는 것의 가치에 대해서 은연중에 그리고 흔히 지속적으로 의문을 제기하는 것이다. 환자의 강한 정서와 치료사의 공감적인 연결 때문에 치료사는 자신이 그와는 다른 수준에서 기능하고 있다는 사실을 망각할 수도 있다. 환자의 의문과 쓸쓸함은 치료사로 하여금 삶에 대해 자신이 갖고 있는 전반적인 믿음과 보살피는 특별한 능력을 의심하게 만든다." (Fiore, 1988, p. 96)

이것은 정말 귀담아들어야 한다! 우리는 비협조적인 내담자의 치료에 전념하고 있을 때 다른 의식 상태에 이르거나 다른 지각 영역으로 들어간다. 우리는 여가 시간에 그 사람에 대해서 생각한다. 무력감을 느낀다. 우리가 지닌 환상의 감촉이 변한다. 우리가 이러한 종류의 일을 계속하고 싶은지 아닌지에 대해서 의심하기 시작한다. 그 순간 우리에게 가장 필요한 것은 우리가 놓쳐 버렸을지도 모를 치료적 대안들이다.

동료들과 상의할 때 우리가 처음 갖는 생각은 그들이 우리가 놓친 것을 볼 수 있을 것이라는 혹은 우리가 모르는 어떤 것을 알 것이라는 것이다. 물론 그럴 때도 있지만 대부분은 그것과 무관하다. 내가 씨름하고 있는 사례에 대해서 전문가인 친구들에게 말했을 때 그들의 첫 번째 대답은 내가 빠트린 멋진 전략을 찾아보라는 것이다(내가 대답해 달라는 요청을 받고 말해 주는 것도 마찬가지다). 나는 허술한 편은 아닌지라 나보다 더 똑똑하다고 생각하는 동료들과 상의하기 때문에 거의 실망하지 않는다. 그들로부터 내담자와 어떻게 진행해 나갈지에 대해서 내가 생각지도 못했던 훌륭한 아이디어를 얻기도 한다. 심지어는 그것들을 적어 놓기도 한다.

그러나 나는 그 제안들을 거의 사용하지 않는다. 내가 돌아와서 회기를 다시 시작할 무렵에는 왜 그런지 그 아이디어가 점심 먹을 때만큼 그렇게 명확하게 들어맞지 않는다. 더 오래 남는 것은 내 이야기를 들어 주고 나를 지지해 준 친구들로부터 얻은 새로운 힘이다. 나는 혼자가 아니다. 무엇을 해야 할지 몰라도 된다는 허락을 받은 느낌이다. 내담자와 씨름해도 괜찮다는 말을 들었기 때문이다. 평소 내가 충분한 인내, 보살핌, 명확성을 가지고 내담자가 곤경에서 빠져나오도록 도왔던 것을 떠올린다. 나는 동료들의 공감, 그들도 좌절감을 겪었고 누구라도 그럴 것이라고 말해 주었던 것이 특히 고맙다. 그렇다, 가장 도움이 되는 것은 그들이 내가 무능력하거나 어리석지 않다(내가 때때로 스스로에게 말하는 것처럼)고 말하는 것을 듣는 것이다. 왜냐하면 내가 한 내담자로 인해 완전히 막혀 버린 것처럼 느끼기 때문이다. 나는 울분을 터뜨리고 그저 몇 분 동안만이라도 보살핌과 관심을 받는 것이 필요하다. 그러고 나면 기분이 다시 말끔해지고 면담 약속을 다시 잡을 준비가 되며, 심지어는 가까이에 있는 직장으로 간절히 돌아가고 싶어진다.

백짓장도 맞들면 낫다는 말을 기억하기

가끔은 지지만으로는 충분치 않다. 사랑하는 사람의 포옹을 받거나 친구로부터 격려의 말을 듣거나 동료의 칭찬을 듣는 것도 좋지만 많은 경우 그것만으로는 충분치 않다. 분명하거나 미묘한 실마리를 놓칠 때, 실제적인 도움이 되지 않는 일을 하고 있을 때, 그런데도 그 이유를 알아내지 못하거나 달리 할 일을 생각해 낼 수 없을 때가 있다. 그럴 때는 조언을 얻기 위해 동료나 수퍼바이저와 상의하는 것이 매우 중요하다.

괴짜이지만 탁월한 천재가 홀로 일하던 시대는 끝났다. 한때 에디슨(Edison), 포드(Ford), 벨(Bell), 프로이트(Freud), 아인슈타인(Einstein) 같은 사람들은 비교적 조용하게 일할 수 있었고 자기 뜻대로 하도록 남겨져서 우주, 시간, 물질, 마음에 대한 혁명적인 모델을 만들어 냈다. 우리는 혁신을 고독한 과학자나 사상가의 외골수 노력과 결부시키기까지 한다.

이에 반해, 디볼드(Diebold, 1990)는 현대의 생활을 그 어떤 것보다도 더 많이 변화시킨 발명품인 트랜지스터가 벨 연구소에서 개발된 것을 들어, 이제 한 사람의 업적은 매우 희귀한 것이 되었다고 말한다. 현대의 문제들은 너무나 복잡하고 다면적이어서 연구자들이 그 모든 구성 요소들을 밝혀내고 혁신적인 해결책을 발견하기 위해서는 사실상 협력적인 노력이 필요하다. 트랜지스터의 개발로 세 명의 과학자들이 노벨상을 수상했지만, 그들은 기술적인 문제를 해결하기 위해 자신들의 전문 지식을 내놓은 수많은 물리학자, 화학자, 공학기술자, 금속공학자, 관리자의 지원을 받았다.

협력적인 모델은 이제 여러 정신건강 훈련 센터, 특히 가족치료를 전문으로 하는 곳에서 매우 흔한 것이 되었다. 극도의 상호작용적 병리와 저항을 드러내는 가족의 복잡성을 알기 때문에, 치료사들은 일방경 뒤에서 회기가 어떻게 진행되는지를 주의 깊게 관찰하고 필요한 조언을 제공하는 사람들과 함께 팀으로 일한다. 이러한 방식은, 단독으로 치료를 하거나 훈련 센터가 제공하는 자원들을 활용해 보지 못한 치료사들에게는 실용적이지 않다고 해도, 비협조적인 내담자들을 치료할 경우 협동 작업이 필요하다는 것을 여실히 보여 준다.

사레트스키(Saretsky, 1981, p. 247)는 무엇보다도 먼저 좋은 수퍼비전과 동료의 자문을 얻는 것이 비협조적인 내담자들을 치료할 때의 교착상태를 해결하는 열쇠라고 생각한다. 그는 "자기애가 위협을 받는 곤경에 처하면" 가장 훌륭한 치료사라 할지라도 "평소에 지닌 좋은 판단력과 적응적인 능력을 일시적으로 빼앗기게 된다."고 말한다. 이러한 시기에 치료사들이 나타내는 퇴행적인 경향—극단적인 정서적 반응, 지루함이나 안절부절못하는 느낌, 사랑받으려고 지나치게 열심히 노력하는 것, 퉁명스러움, 칭찬에 목매기, 회기를 곱씹기—은 능력 있는 자문가의 도움으로 모두 훈습될 수 있다. 창조적인 브레인스토밍과 과정 중심의 수퍼비전은 우리가 전능한 권위자의 역할을 포기하도록 함과 동시에 연민과 공감을 회복하도록 돕는다.

막힌 느낌이 들 때나 역전이 문제가 우리를 능가할 때 수퍼비전을 구하는 것이 분명 새로운 아이디어는 아니다. 하지만 수퍼비전은 면허의 요건들을 충족시켜야 하는 초보자들이나 지속적인 교육의 기준들을 지켜야 하는 경력자들을 위한 것으로만 여겨지는 일이 너무 흔하다. 그것은 우리가 필요한 기간 동안 기꺼이 받아야 하는 하나의 과정이라기보다는 규정되어 있기 때문에 참여해야만 하는 것이라는 생각이 만연해 있다.

불평을 멈추기

수퍼비전과 동료의 자문을 얻는 동안 일어나는 대부분의 활동은 내담자들 중 일부는 치료하기가 너무 끔찍하다는 장황한 불평이다. 치료사 모임 동안에 하는 토의는 누가 가장 어려운 사례를 맡고 있는지, 누가 가장 비정상적이고 방해가 심한 내담자를 다루고 있는지를 놓고 경쟁한다고 할 수 있을 정도로까지 악화될 수 있다. 우리는 우리 자신과 동료들이 가장 최근에 받은 수모를 도저히 믿을 수 없다고 되풀이하여 이야기하는 것을 듣게 된다. 공감하는 청중에게 비협조적인 내담자에 대해 불평하는 것은 카타르시스를 주지만 또한 그 행동을 적절한 것으로 정당화하는 것 같다. 불평은 단지 더 많은 고통을 야기하고 희생자가 된 것처럼 계속 느끼게 할 뿐임을 기억해야 한다.

그린버그(Greenberg, 1984)는 내담자가 거슬린다는 치료사의 불평에는 어떤 동기가 작용하고 있는지 궁금하게 여겼다. 그의 경험으로는 사람들에게 어렵다고 꼬리표를 붙이는 것은 내담자보다 치료사에 대한 진술일 경우가 더 많다. "내가 치료를 더 오래 할수록 환자의 의사소통 방식에 더 관대해지는 것을 알았다. 이제 나는 환자의 의사소통 방식이 거슬리거나 공격적이라고 더 이상 생각지 않으며 대신에 호기심이 생기거나 흥미롭다고 생각하게 되었다."(p. 57)

로빈스, 벡, 뮬러 그리고 미제너(Robbins, Beck, Mueller, & Mizener, 1988)는 우리가 협조적이고 고마워하는 내담자들을 치료하는 것을 훨씬 더 좋아하기는 하지만 우리 직업에 맡겨진 것은 흔히 기이하고 부적응적이고 불쾌한 사람들을 이해하고 수용하고 감당하는 일임을 상기시킨다. 다시 말해, 우리가 시달린다고 불평하는 것은 어리석은 일이다. 이 일의 본질이 그렇기 때문이다. 우리 자신의 미해결된 역전이 문제를 살펴보고, 치료 결과에 대한 지나친 책임감을 내려놓고, 좌절감이 아니라 그런 상황 안에서 우리가 할 수 있는 것에 집중하라는 충고를 받는 것이 더 낫다.

15장

건설적으로 생각하기, 온정적으로 느끼기

우리가 내담자들과 그들의 관심사에 대해 생각하는 방식은 우리가 우리 일에 어떤 느낌을 가지는지와 명백한 저항을 피하기 위해 어떤 개입을 선택할지에 큰 영향을 준다. 사례에 대한 이러한 내부적 체계화는 부분적으로 내담자가 자신을 드러내는 방식에 대한 반응으로부터, 우리 자신의 개인적 문제로부터, 그리고 다른 사람들이 우리에게 미친 영향으로부터 생겨난다.

소진에 관한 유명한 저서에서 파인즈와 매슬래치(Pines & Maslach, 1978)는 치료사 모임의 빈도와 내담자에 대한 치료사의 부정적인 감정 간의 역상관에 주목했다. 대부분의 서비스 제공기관이나 교육기관에서 이뤄지는 사례 회의와 모임은 내담자에 대한 매우 역효과적인 태도를 조성하는 반면에 격려는 거의 해 주지 못하는 것 같다. 비협조적인 내담자의 사례가 토론을 위해 제기될 때, 동료들은 치료사를 방해하는 개인적인 장애물을 살펴보도록 돕는 대신에 내담자가 얼마나 불쾌한 사람인지에 관심을 기울이는 일이 잦다. 그 때 토론의 대상이 되는 내담자가 보살핌과 공감을 매우 갈망하는 것처럼 들리면 보통 우리는 그 내담자가 적이라는 판단을 유보하기도 한다. 그러므로 이러한 모임은 주변에서 힘들다고 생각하는 사람을 아직도 순진하게 돕고 싶어 하는 치료사들의 일을 훨씬 더 나쁘게 만들 수 있다.

흉내쟁이지빠귀[1])처럼 되기와 다재다능해지기

다재다능, 유연성, 실용성은 비협조적인 내담자를 치료하는 열쇠들이다. 이런 사례를 치료하는 데 매우 뛰어난 치료사들은 그들의 개념적 틀이나 이론적 근원에 구애받지 않고 방대하게 축적된 전략들과 개입들을 끌어내어 이용할 수 있는 사람들이다. 이러한 전문가들은 그들이 사용하는 방법 측면에서 독창적이고 혁신적일 수도 있지만 다른 유능한 치료사들이 하는 것을 수집하고 흉내 내는 데도 재주가 있다. 그들은 이 분야의 진정한 예술가임을 뜻하는 '흉내쟁이지빠귀'라고 할 수 있다.

흉내쟁이지빠귀는 새 왕국의 진정한 예술가다. 무슨 말이냐면,

1) 역자 주: 흉내쟁이지빠귀는 몸길이가 20~30cm 정도 되는 새로서 움직임이 활발하고 선명한 회색이나 갈색을 띠며 산림지에서 곤충이나 나무열매를 먹으며 산다. 이 새의 가장 큰 특징은 다른 새들의 소리를 잘 흉내 낸다는 것이다.

> 흉내쟁이지빠귀는 모든 조류의 음조 중에서 가장 다채롭고 천부적인 반복 악절을 제 노래로 가지고 태어났음에도 그것을 연주하는 것에만 만족하지 않는다. 모든 예술가들처럼 흉내쟁이지빠귀는 현실을 재배치하려고 애쓴다. 혁신적으로, 제 생각대로, 대담하게, 다른 것들이 맹목적으로 지키는 규칙에 얽매이지 않고서, 흉내쟁이지빠귀는 이 나무와 저 들판에서 들은 새들의 노래에서 한 조각씩을 모아 제 것으로 만들고, 그것들을 다른 새들은 상상하지도 못하는 새로운 맥락에 배치하고, 한 세계에서 다른 세계를 재창조한다 (Robbins, 1990, p. 6).

이 이야기에서 소설가 톰 로빈스는 흉내쟁이지빠귀의 이야기를 통해 치료사가 비협조적인 내담자들과 소통하는 데 필요한 것—그 일을 하는 데 필요한 것은 무엇이든지 기꺼이 하는 마음과 능력—을 정확하게 묘사하고 있다. 치료 결과에 대한 모든 연구들을 요약한 결과 셀리그먼(Seligman, 1990)은 유능한 치료사의 특징이 유연성과 적응성이라는 데 진심으로 동의하고 있다. 그 의미는 가장 성공적인 치료사는 내담자의 현재 문제, 성격적 변수, 특정한 욕구에 따라 자신의 지도 수준, 치료 방법과 스타일을 바꿀 수 있다는 것이다.

그 예로, 셀리그먼은 치료의 지지적 방식 대 탐색적 방식을 분석하여 양자가 같은 치료사에 의해 서로 다른 사례에서 서로 다른 방식으로 어떻게 사용되는지를 분명히 보여 주고 있다. 높은 의욕과 심리적인 이해를 가진 내담자들뿐만 아니라 애정 어린 보살핌을 허용하지 않는 방어를 가진 내담자들에게도 더 직면적이고 표현적인 방법이 추천된다. 그에 반해서 지지적인 방식은 위기에 처해 있거나 극히 상처받기 쉽거나 제한된 목적을 가진 내담자들에게 더 도움이 된다(Wallerstein, 1986). 물론 치료가 진행됨에 따라 같은 내담자에게 두 가지의 치료 방식을 번갈아 해 볼 경우도 있다.

실용적인 접근

내담자의 비협조성에 대한 우리의 초기 임상 판단은 그 진단 결과가 계속 고정되어 있으면 흔히 문제를 만들어 내게 된다. 내담자의 비협조성에 대한 치료사의 초기 사정에 관한 연구에서 로젠바움, 호로위츠 그리고 윌너(Rosenbaum, Horowitz, & Wilner, 1986)는 어떤 사례가 가장 어려울 것 같은지에 대한 치료사들의 의견이 시종일관 일치한다는 것을 알아냈다. 그러나 이러한 예측은 치료하는 동안 실제로 발생하는 일들을 근거로 해서 보면 부정확하다고 판명되는 것이 보통이다. 우리가 초기에 지각하는 많은 어려움—내담자가 심리적인 이해나 교양이 있는 것처럼 보이지 않는다는 등의—은 치료적 변화의 핵심인 교육과정을 통해서 결국 저절로 해결된다. 위의 연구자들은 조사를 통해서 내담자의 비협조성은 변화하지 않는 고정되고 안정된 상태가 아니라 다른 대안들이 생기면 포기하게 될, 고통이 반영된 행동으로 지각되어야 한다고 결론지었다.

비협조적인 내담자들을 치료하는 전략은 최대한 협조하는 내담자들에게 도움이 되는 것과 기본적으로 똑같지만 훨씬 더 많이, 더 강하게 적용될 필요가 있다. 필수적인 요소는 변화하는 형세와 환경에 대한 치료사의 적응성 그리고 주어진 상황에서 요구되는 것은 무엇이든지 기꺼이 하는 마음이다.

우리는 수많은 학파들이 공헌한 것들을 고려하지 않고 단 하나의 치료적 접근에만 편협하게 전념하는 호사를 누릴 형편이 못된다. 그것들이 제안하는 것을 모른 척하기에는 다양한 출처로부터 얻을 수 있는 훌륭하고 새로운 공헌들이 너무나 많다.

뷰틀러(Beutler, 1983), 프로체스카와 디클레멘테(Prochaska & Diclemente, 1984), 라자러스(Lazarus, 1986), 바이트먼, 골드프리드 그리고 노크로스(Beitman, Goldfried, & Norcross, 1989), 마러(Mahrer, 1989) 같은 저자들은 대부분의 이론적 체계들의 가장 좋은 특징들을 결합하여 통합적인 조력 모델들을 구성하였다. 이러한 접근들은 어떤 원인이 문제를 일으키는지 모를 때 감염을 없애기 위해 몸에 주사하는 광범위 항생제의 효과에 비유된다. 하나의 무기가 문제를 중단시키지 못하면 다른 것이 그렇게 할 것이다. 이러한 개념은 특히 내담자의 반복되는 저항을 치료하는 데도 도움이 된다. 치료사는 효과적인 것으로 입증되거나 입증되지 않을 단 하나의 전략만으로 공격방법을 제한하기보다는 다양한 수단을 끌어내어 쓸 수 있도록 하는 실용적인 모델을 사용한다. 이것들은 가장 중요한 변화 동인 세 가지—정서적 경험, 인지적 극복, 행동 조절—를 모두 표적으로 삼는다(Karasu, 1986).

내담자들이 통찰과 행동 접근법들, 인지와 정서 이론들 중에서 보편적으로 보이는 여러 가지 조건, 개입, 구조를 제공받으면 자신들과 맞는 치료적 요소들을 찾을 가능성이 더 많아진다. 이전의 내 저서(Kottler, 1991)에서 설명했던 다음의 변수들은 치료사의 이론적 배경에 관계없이 유용한 것으로 밝혀졌다.

변화된 의식상태

흥미와 관심을 유지하도록 고안된 의식을 사용하여 내담자에게 미치는 효과를 상승시킨다.

"내가 등을 돌려 당신을 다시 마주 보면 당신은 내 모습, 나에 대한 당신의 느낌이 크게 변화되었음을 알게 될 것입니다. 그 변화가 그저 당신이 본 것을 내게 말하는 것이 얼마나 어려운가를 의식하는 것이라고 할지라도 말입니다."

위약 효과

내담자가 몇 번의 좌절을 겪고 나서 결국엔 나아질 것이라는 우리의 확신과 기대를 전한다.

"나는 이게 당신을 힘들게 한다는 것이 그리 놀랍지 않습니다. 사실 이 힘든 시기는 당신이 자신의 최종적인 목표에 더 가까워지고 있다는 신호이니까요."

치료적 관계

불안과 저항을 넘어서기 위해 비협조적인 내담자의 친밀감과 신뢰감에 대한 갈망을 이용한다.

"나는 당신과 정말 가까워지고 싶고 당신 역시 나를 믿고 싶어 하는 것이 느껴집니다."

카타르시스적인 과정

분노와 좌절감을 보다 건강하고 직접적인 방식으로 자유롭게 표현하도록 촉진한다.

"숨죽인 소리로 중얼거리고 코웃음 치는 대신에 당신이 지금 생각하고 느끼는 것을 내 얼굴을 보면서 말하면 어떨지 궁금해요."

의식 높이기

저항의 방식과 그 행동의 의미에 대한 내담자의 의식을 높인다.

"그래서 당신이 누군가를 사랑할 때마다 그 사랑을 파괴할 방법을 찾는다고 생각하는 건 왜죠?"

강화

부적절한 행동을 소거하고 협조하려는 노력을 보상하기 위해서 기본적인 학습 원리를 적용한다.

"당신이 단 한 마디의 부정적인 말도 넣지 않고 하나의 문장을 만들어 내다니 정말 놀랍군요."

예행 연습

내담자가 새로운 방식의 사고, 행동, 느낌을 연습하도록 돕는다.

"방금 당신은 내게 그만두라는 말을 하려고 했지만 무례하고 냉담하다고 해석될 수 있는 방식으로 했어요. 당신이 한 번 더 하는 것을 보고 싶군요. 하지만 이번에는 좀 더 부드럽고 요령 있게 하세요."

과제 만들기

파괴적인 경향성에 대응하는 일련의 치료적인 활동들을 고안한다.

"당신은 인정과 옳다는 확인을 받기 위해서 나를 포함한 다른 사람들에게 의지하는 것이 지긋지긋하다고 말하는군요. 당신이 하고 싶고 다른 사람이 꼭 좋아할 필요가 없는 것을 의도적으로 하는 방법에 대해서 이야기해 봅시다."

중요한 해체

지금과 다르고 더 건강한 현실을 재창조하기 위해 자신과 세상에 대한 내담자의 관점을 동요시킨다.

"나나 다른 사람들이 당신을 도울 수 있다고 생각지 않아요. 당신이 가진 모든 것을 포기하는 것 외에는 헤어날 방법이 없다고 봐요. 마약 복용량을 늘리느라 당신의 일, 가족, 모든 자원을 잃고 난 후에, 그런 후에 다시 돌아와 이야기하기로 하죠."

모델링 효과

내담자가 모방할 건강한 모델을 제공하기 위해 우리의 개성을 사용한다.

"나 역시 일이 되어 가는 게 마음에 들지 않는다는 것을 알고 계세요. 하지만 나는 삐치거나 나 자신 또는 당신을 탓하기보다는 차라리 일이 어떻게 되어 가는지, 그리고 그것이 무엇을 의미하는지를 신중하게 분석하는 데 시간을 씁니다. 모든 것을 마음에 담아 두기보다는 내가 느끼는 것을 당신에게 이야기하지요. 무력하다거나 꼼짝할 수 없다거나 좌절감을 느끼기보다는 그 원인을 밝혀내기 위해 내가 어떻게 해야 하는지에 집중하지요."

인내심

내담자의 진행 속도를 가장 편안한 것으로 존중한다.

"당신은 더 이상 견딜 수 없다고 말하는군요. 하지만 당신은 분명 좀 더 견딜 수 있거나 아니면 당신을 막고 있는 것에서 해방될 거예요. 얼마가 걸리든 나는 당신을 기다릴 수 있어요."

우리가 이 변수들을 검토하고 그것을 효과적인 치료의 일환으로 운용하려고 할 때 사용할 것과 무시할 것을 고를 필요는 없다. 그것 모두가 나름대로의 가치를 가지고 있다. 사실 우리는 우리가 선호하는 치료 방식에 반응하지 않는 내담자들을 치료할 때 평상시보다 훨씬 더 실용적인 태도를 취해야 한다. 그것을 헤쳐 나갈 수 있는 유일한 방법은 내담자가 자신과 다른 사람을 힘들게 하는 것을 멈추도록 압박하기 위해서 이 요인들을 가능한 한 많이 이용하는 것이다.

경직성의 위험

치료에서 치료사로부터 직접 기인되는 저항의 주된 원천은 치료사가 내담자에게 옳은 것과 그른 것, 좋은 것과 나쁜 것의 확고한 한계를 전달하는 확신에 찬 태도다(Bauer & Mills, 1989). 현실을 구성하고 있는 것이 무엇인지, 또는 내담자가 특정한 방식으로 행동할 때 그것의 **진짜** 의미가 무엇인지에 대한 이 경직된 믿음은 그렇지 않으면 협조적이었을 많은 내담자들에게서 저항을 불러일으키게 마련이다. 그러한 태도는 무엇이 최선인지를 스스로 결정할 수 있는 내담자의 능력을 경멸하는 것일 뿐만 아니라 모든 사람이 충성을 맹세해야 할 단 하나의 현실밖에 없음을 암시하는 것이기도 하다.

갑자기 고집스러워진 내담자와 마주하게 될 때는 우리가 지나치게 경직되어 있는 것은 아닌지 자문해 보는 것이 흔히 도움이 된다. 이 분야의 초보자였을 때, 나는 회기에서 어떤 상황이 벌어지더라도 옳은 말이나 행동을 항상 알고 있는 것 같은 수퍼바이저와 멘토들을 경외감을 가지고 바라보았다. 한 수퍼바이저와 만나는 동안 그가 전한 바에 따르면, 그는 자신이 무엇을 해야 할지를 대부분 알고 있는 것처럼 보이지만 실은 그도 혼란과 불확실성을 자주 느낀다고 했다. 더욱이 그는 어떤 순간에 무슨 일이 일어날지를 안다고 주장하는 치료사들에 대해 큰 의구심을 가지고 있다고 말했다. "내담자와 무엇을 해야 할지 모를 때 걱정하지 마세요." 그는 주의를 주었다. "그러나 당신이 무언가를 하겠다고 생각할 때는 걱정해야 됩니다."

나는 이 충고를 항상 마음에 담아 두었고 경직성은 가장 치명적인 것이 될 수 있으며 치료사가 사람들을 상처 입힐 수 있는 위험한 특성이 바로 그것임을 알게 되었다. 나는 자신들뿐만 아니라 세상의 나머지 사람들을 위해서 진실을 알아냈다고 믿는 치료사들을 의심해야 한다고 배웠다. 더 나아가서 나는 싸우려고 방어 태세를 강화하는 것 같은 내담자를 만날 때는 나 자신의 방어 태세부터 먼저 살펴봐야 한다는 것을 알게 되었다. 나는 "당신에게 가장 좋은 것이 뭔지 나는 알아, 제기랄! 내가 말하는 대로만 해!"의 변주곡을 청산유수로 지껄이는 나 자신을 곧잘 발견한다.

마음의 체크리스트

치료의 교착상태를 유발시킨 내담자와 치료사 각자의 몫에 대한 포괄적이고 정확한 사정은 성공적인 치료 전략을 만들어 내는 데 결정적이다. 물론 이러한 몫에는 진전을 방해하는 외부적 영향—가족 구성원의 간섭, 가난한 환경 등—뿐만 아니라 상호작용적 효과도 포함된다.

내담자가 저항할 때는 그들의 증상이 긍정적 · 적응적으로 기능하는 면을 주의 깊게 살펴보는 것이 중요하다. 인과관계는 확인하기가 아주 어렵기 때문에(말하자면 누가 무엇을 해서 그 문제를 생겨나게 했는지) 그에 대한 해결책은 영향을 미칠 만한 네 가지의 요인들을 모두 조사해 보는 것이다.

- 대인관계적 문제: 저항적인 행동이 내담자가 안정성을 유지하는

데 어떤 도움이 되고 있는지를 알려 준다.

- **개인적 문제**: 증상이 가진 정신내적, 정신역동적 중요성에 대한 실마리를 제공한다.
- **가족력 자료**: 문화적, 민족적 요인들과 상호의존성 문제를 밝혀 줄 수 있다.
- **외부적 요인**: 내담자의 환경에서 변화를 방해하도록 작용하는 강화 인자들이다.

다이어와 브리엔드(Dyer & Vriend, 1973)는 사정에 대한 보다 구체적인 접근을 제시하고 있는데, 그들은 비행기 조종사가 이륙 전에 하는 것과 유사한 방식으로 마음의 체크리스트를 살펴봄으로써 저항하는 내담자의 문제를 따져 보게 한다. 그들은 치료사가 막혔다고 느낄 때 다음과 같은 일련의 질문들을 스스로에게 해 보라고 권유한다.

- 도움이 필요한 **진짜** 내담자가 누구인가?
- 내담자의 변화할 수 있는 능력과 상충하고 있는 부정적 태도와 자기 파괴적 신념은 어떤 것인가?
- 내담자는 자기 행동의 결과로 어떤 이익을 누리고 있는가?
- 내담자에게 저항은 어떤 의미를 가지는가?
- 내가 가진 기대 중에서 내담자가 충족시키고 싶어 하지 않거나 충족시킬 수 없는 것은 무엇인가?
- 나 자신의 조급함이 어떤 식으로 방해가 되고 있는가?
- 나는 내담자가 나를 표적으로 삼아 힘들게 한다고 여기는 식으로 어려움을 개인화하고 있는 것은 아닌가?

이러한 사정과정에 보다 전문적으로 집중하다 보면 난관에 부딪힐 때마다 유사한 방식을 따르는 바람직한 결과로 이어진다. 예컨대, 내담자가 비협조적으로 변하는 유형 중 가장 흔한 것 중 하나가 과제를 완수하지 못하는 것이다. 치료사는 자신이 지시한 것이나 내담자가 스스로 시작한 것 모두를 다음과 같은 마음의 체크리스트를 통해 점검해 나간다. 지시가 명확했는가? 과제가 현재 내담자의 능력을 넘어서는 것이었나? 과제가 내담자의 욕구와 무관한 것이었나? 내담자가 과제를 이행하지 않음으로써 전하고자 하는 것은 무엇인가? 치료 진행을 방해하고 있는 배후의 인물은 누구인가? 내담자가 과제를 완수한다면 그를 가장 위협하는 것은 무엇인가? 라자러스와 페이(Lazarus & Fay, 1982, p. 119)는 "이 각각의 사항들로부터 생길 가능성들을 탐색함으로써" "과제를 재구성하고 환자를 재교육하고 필요하다면 치료적 관계를 재검토하고 환자의 가족체계나 사회적 연결망을 재평가하는 것이 가능해진다."라고 설명한다.

저항에 부딪힐 때 치료사가 사용할 수 있는 다른 사정 절차 한 가지는 정상적으로 저항하는 내담자 대 성격적으로 저항하는 내담자를 감별하는 것이다. 다우드와 사이벨(Dowd & Seibel, 1990)은 그 둘을 다음과 같이 구분하고 있다.

정상적인 저항	성격적인 저항
상황으로 인해 촉발된 행동	만성적인 대인관계 양식
공공연하게 반대하는 행동	미묘하게 조종하는 계략
적응적인 기능	부적응적인 기능
자율성의 건강한 표현	통제 욕구의 파괴적 표현
빠른 변화에 대한 방어	**모든** 변화에 대한 방어
직접적인 개입에 반응함	간접적인 개입에 반응함
갈등을 해결하려는 욕구	저항하는 태도를 선호함

다우드와 사이벨(1990)은 비협조적인 내담자의 행동을 해석할 때 상호작용적인 문제가 치료적인 만남에서만 특별하게 생기는 것인지, 아니면 이 내담자가 자신은 다른 사람들과 계속 갈등을 일으키는 사람이라고 여기는지를 밝히는 것이 매우 큰 도움이 됨을 알아냈다. 어떤 사람은 거의 모든 관계에서 어려움을 경험하며 자신을 융통성 없고 조종적이고 빈정댄다고 본다. 다른 사람은 대부분의 동료들과 보통 잘 지내지만 권위자와는 지속적으로 어려움을 겪는 것 같다. 치료적 만남 고유의 독특한 요인 때문에 치료에서만 힘들어하는 내담자가 있다는 가능성도 여전히 존재한다. 우리가 적절한 반응을 하기 전에 어떤 상황을 다루고 있는지를 밝히는 것이 중요하다.

다른 사람 아닌 치료사에게만 힘든 내담자가 있다면 이 만남이 내담자에게 지니는 개인적인 의미뿐만 아니라 전이-역전이 역동을 철저하게 조사해 보는 것이 좋다. 앞서 언급했듯이, 이러한 상황에 처한 치료사는 독특한 상호작용적 효과 때문에 발생한 문제에 자신이 일조한 부분을 깊이 생각해 보는 것도 도움이 된다.

권위자에게 저항하는 내담자에게는 치료사가 믿을 수 있는 권위자의 전형이라는 생각과 타협하는 것이 매우 유익하다. 그럼으로써 내담자는 힘을 가진 인물에 대한 새로운 개념적 틀, 즉 착취적인 인물에서 자애로운 인물을 만드는 법을 배우게 된다. 이것을 매개로 하여 그 내담자는 마침내 스스로에게 권위를 부여하는 법을 배우게 된다.

거의 모든 사람과 힘들게 지내는 내담자에게는 매우 다른 전략이 필요한데, 그것은 그의 지각체계와 상호작용 체계를 재구성하는 것이다. 우리는 이런 사람에게는 더 신중하고 천천히 작업하는 것이 좋다. 우리는 상황에 따라 정상적으로 저항하는 내담자보다 성격적으로 저항하는 내담자의 진전에 대해 더 많은 인내심을 보이기는 한다. 하지만 그럼에도 우리는 후자의 행동 변화가 훨씬 더 적은 것을 견뎌 내야 하고 그와의 경계를 더 견고하게 만들 필요성을 느끼게 된다.

행동의 프로파일

치료사가 기질적으로 비협조적인 내담자를 사정하는 방법 한 가지는 구체적인 행동들 중에서 가장 방해가 되는 것에 관심을 기울이는 것이다. 상습적으로 힘들게 하는 아이들에 대한 책에서 투레키와 토너(Turecki & Tonner, 1985)가 부모들에게 제시하는 충고는 비협조적인 내담자들과 씨름하는 치료사에게도 똑같이 적용되는 것들이다. 그들은 방해가 되거나 비생산적이라고 생각되는 행동의 프로파일을 구체적인 예시, 발생하는 상황, 그 행동으로 기인된 결과를 포함해서 정확하게 만들어 보라고 권유한다. 그들은 우리가 그 파괴적인 고리를 끊기를 바라기 전에 비협조적인 내담자의 무엇이 그렇게도 골치 아픈지를 정확하고 철저하게 이해해야 한다고 생각한다.

치료사에게 가장 어려운 일들 중 하나는 복잡한 내담자를 단순화해서 간단한 진단 범주 안으로 집어넣는 유혹에 넘어가지 않는 것이다. 이런 단순화는 치료 계획을 위해서라기보다는 구조화하려는 우리 자신의 욕구를 위해서 더 중요해지는 경우가 허다하다. 한 예로, 에밀리는 수년 동안 내게 거듭되는 난제였다. 그녀는 너무 많은 문제들을 가지고 있었고 정신신체화가 시작된 것인지 아닌지도 확실치 않았다. 나는 그녀를 어떻게 도와야 할지 전혀 알 수 없었다. 원래 그녀는 자신의 질에 상처를 입히는 것으로 보였기 때문에 내과의로부터 나에게 의뢰되었다. 그녀는 자신이 그랬다는 것을 격렬하게 부정하면서도 끊이지 않는 질 출혈에 대해서 아무런 설명도 하지 않았다. 그녀가 성냥불로 체온계의 온도를 인위적으로 올리려고 하는 것이 간호사에게 발견되었을 때, 나는 '경계선'이라는 진단을 버리기로 결정했다. 그녀는 분명히 만들어 낸 병으로 의사의 관심을 끌 방법을 찾는 것으로 보아 희귀한 뮌하우젠 증후군인 것 같았다. 하지만 그녀의 상황은 그보다 훨씬 더 복잡했다.

에밀리는 아주 우울했고 가끔 자살을 기도했다. 그녀는 약간의 학습장애를 가지고 있었다. 그녀가 회기 중에 많은 말을 하기를 거부했지만 나는 그녀의 가족 내에서 심각한 성학대가 있었을 것이라는 의혹을 강하게 가졌다. 수년의 치료 후에 그녀는 결국 자신이 다섯 살 때부터 밤에 오빠가 자신의 방으로 들어왔다고 고백했다(그녀는 자세하게 말하기를 거부했다). 그 문제가 원인이 되어서 그녀는 직업을 가지지 않았고 사회적으로 고립되었다. 그녀는 25년을 살면서 남자와 데이트한 적이 한 번도 없었다. 하지만 내가 택한 진단—경계선, 히스테리, 뮌하우젠 증후군—에도 불구하고 에밀리와 함께 있는 것은 힘들었다. 그녀는 자신의 기분에 따라, 그리고 어느 날은 나를 어디까지 밀어낼 수 있다고 여기는지에 따라 물러나거나 심통을 부리거나 유쾌한 태도를 번갈아 내보였다.

그렇다, 나는 이 사례를 매우 개인적으로 받아들이고 있었다. 나는 그녀가 나를 가지고 노는 것처럼 느꼈다. 나는 우리가 함께 있는 동안 수많은 전략들을 시도했다. 어떨 때는 그녀의 침묵이 끝나기를 기다렸다. 한 번은 내가 그 불쾌한 침묵을 깨고 그녀에게 약속을 다시 잡을 것인지 물어볼 때까지 45분 동안 우리 둘 다 단 한 마디도 하지 않고 회기를 보내기도 했다. 물론 그녀는 그러겠다고 말했다. 때때로 나는 그녀를 직면시키고, 그녀의 행동을 해석하고, 나의 좌절감을 나누고, 그녀를 화나게 만들고, 그녀를 지지하고, 그녀를 흉내 내기도 했다. 하지만 내가 에밀리와 무엇을 하든지, 내가 좌절감을 얼마나 많이 느끼든지 간에 그녀가 꾸준히 나아지고 있는 것은 의심할 여지가 없었다. 나는 그 방법과 이유를 어떻게 설명할지 전혀 모른다.

나는 행동의 프로파일이 치료를 계획하는 데 도움이 될 때가 있다는 것을 알았다. 우리는 이미 해 본 것보다 더 성공적인 개입을 찾기 위해 그것을 사용한다. 그래서 나는 내게 가장 힘들었던 그녀의 특징을 설명하는 행동의 프로파일을 만들어 보았다(〈표 15-1〉 참조).

이 훈련으로부터 나는 어떤 패턴이 작용하고 있다(멋진 결론)는 것을 알게 됐지만 그것이 무엇인지 이해할 수 없었다. 나는 잠시 모든

〈표 15-1〉 어려운 내담자의 프로파일

종류	행동의 예	발생 상황	결과
반항	내가 이제 그녀에게 충분한 돈이 있으니 부모의 집에서 나올 수 있을 것이라고 말하자 그녀는 직업을 그만두어 버린다.	그녀의 생활이 너무 빨리 변하고 있을 때	내게 그녀를 존중해야 함을 알린다.
철수	그녀는 앉아서 아무 말도 하지 않는다. 질문에 한 음절로만 대답한다.	그녀가 변동된 간격으로 일정을 잡아 나를 만나러 왔을 때	나를 몹시 좌절시킨다.
방해	그녀가 마지막 순간에 약속을 취소한다.	대개 그 전주에 격렬한 회기를 가진 후에	그녀가 너무 가깝게 다가온 것에 대해 나를 벌준다고 생각하게 만든다.
조종	그녀는 자살을 결정했기 때문에 다음 주에 나를 만나지 못할 것이라고 말한다.	내가 그녀의 게임에 냉담하게 반응한 후에	나를 끌어들여서 억지로 입원시키게 만든다.
불평	그녀는 아무것도 바뀌지 않을 것이라고 징징거리고 불평한다.	그녀가 약간의 극적인 변화를 한 후에	치료의 진행에 대해 책임지는 것을 거부한다.
고집	그녀는 고질적인 건강 문제로 의사와 만나기를 거절한다.	내가 그녀의 의사와 연락한 후에	그녀가 의논해도 괜찮다고 여기는 한계를 정한다.
무력함	그녀는 자신이 결코 달라질 수 없으리라는 절망감을 전한다.	수고가 필요한 치료적 과업을 제시할 때마다	위험을 무릅쓰거나 상처 입는 것을 피한다.

출처: Turecki & Tonner(1985)에서 각색.

증거들을 살펴보았고 마침내 그 대답이 떠올랐다. 그 패턴은 아무런 패턴이 없다는 것이었다! 에밀리는 변화의 전문가였고 상황에 따라 보호색을 바꾸는 카멜레온과 같았다. 그녀는 수학이나 읽기에서는 학습장애가 있을지 모르나 대단히 영리한 여자였다. 나는 그녀에게 그렇게 말했다. 그녀에게 내가 만든 도표를 보여 주기까지 했다(나는 누군가에게 그것을 보여 준다는 것이 아주 자랑스러웠다).

그녀는 수수께끼 같은 미소를 지었지만 내 이론에 취할 점이 있다는 것은 맹렬하게 부정했다. 그러나 적어도 그녀는 내가 그녀에 대해 생각하느라 그렇게 많은 시간을 쏟았다는 것에 고마워하는 것 같았다. 나는 이어지는 회기에서 그녀가 좀 더 협조적으로 변한 것을 즉각 알아챘다. 오, 그녀는 예상치 못했던 새로운 변화로 나를 여전히 긴장시켰지만 나는 그녀의 마음이 거기에 담겨 있지 않다고 말할 수 있다. 비록 행동의 프로파일을 만든 것이 그녀를 돕지는 못했지만, 그것은 내가 그녀를 '또 다른 종류의 비정상적 경계선'으로 보고 단념하지 않고 그 혼돈상태를 정리하여 이해하도록 도와주었다. 가끔은 내가 그렇게도 중요시하는 정리의 욕구를 놓아 버리는 것이 더 나을 때가 있다. 일단 내가 태풍의 소용돌이 속에 있고 그에 대해 할 수 있는 것이 많지 않다는 것을 깨달으면 그것을 즐기는 편이 더 낫다. 정직하게 말하면 우리가 함께 있던 많은 시간 동안 나는 전혀 즐겁지 않았다. 하지만 내가 구조 비슷한 것을 만들어 내어 그 사례에 대한 나의 불안을 달랠 수 있게 되었을 때 에밀리가 아주 많이 좋아졌다고 생각한다.

저항을 재구조화하기

비협조적인 내담자와의 교착상태를 빠져나가기 위한 가장 좋은 방법들 중 하나는 우리가 그들에 대해 생각하는 방법을 변화시키고 우리가 내린 진단을 더 유용한 것으로 바꾸는 것이다. 웰트너(Weltner, 1988)에 따르면, 유용한 진단은 쉽고 효율적이고 효과적인 치료 계획을 제시하는 것이다. 문제에 대한 그런 진단은 다음의 기준들을 충족시킨다.

1. 내담자와 치료에 관련된 모든 사람들이 받아들일 수 있다.
2. 내담자가 진심으로 바꾸고 싶은 어떤 것, 내담자가 기꺼이 변화하려는 마음과 힘을 가지고 있음을 입증하는 어떤 것과 동일하다.
3. 이용할 수 있는 시간과 자원 안에서 대개 해결할 수 있는 문제를 의미한다.

나는 치료사가 내담자의 문제를 더 쉽게 다룰 수 있도록 재개념화하는 방법을 서술하는 데 **재구조화** 이상으로 적절한 비유는 없다고 생각한다. 바츨라윅, 위크랜드 그리고 피쉬(Watzlawick, Weakland, & Fisch, 1974)가 그들의 저서에서 내담자의 문제를 명확하게 나타내기 위해 만들어 낸 **재구조화**라는 용어는 헤일리(Haley, 1967), 파라졸리, 셀비니, 체친 그리고 프라타(Palazzoli, Selvini, Cecchin, & Prata, 1978), 마다네스(Madanes, 1981), 버그먼(Bergman, 1985)을 포함한 여러 저자들에 의해서 각기 다른 형태로 논의되고 있다.

여기에 내재된 전략은 내담자가 만들어서 우리에게 보여 주는 예술작품을 받아들이고, 그것의 본질을 계속 기억하고, 내담자가 자기 것으로 인정하되 우리가 다루기에 더 편하다고 느낄 수 있는 어떤 것으로 그 형태를 바꾸려고 하는 것이다. 재구조화가 잘 이루어질 때 자신의 문제에 대한 내담자의 지각은 더 희망적인 것으로 영원히 변화한다.

실례로, 화가 난 청소년의 행동은 무시해 왔던 문제에 대해 관심을 끌려는 '유용한' 방법이라고 재구성할 수 있다. 그러면 '저항'이라는 개념 전체를 다른 관점으로 볼 수 있게 된다.

어떤 치료사들은 저항 같은 것은 없고 내담자는 단지 독특한 형태의 협조를 통해서 치료사를 가르치고 있을 뿐이라고 여긴다. 이런 식으로 재구조화할 때 비협조적인 내담자의 행동은 가장 적절한 대응방법을 결정하게 만든다. 예컨대, 오핸런과 와이너-데이비스(O'Hanlon & Weiner-Davis, 1989)는 내담자가 과제에 반응하는 방법 네 가지를 설명하고 치료사의 적절한 조치를 제시한다.

- 내담자가 과제를 완수하면 다른 것을 주라.
- 내담자가 과제를 변경해서 해 오면 애매해서 쉽게 바꿀 수 있는 과제를 주라.
- 내담자가 과제를 전혀 하지 않으면 더 이상 주지 말라.
- 내담자가 제시된 것과 반대로 해 오면 역설적인 지시를 주라.

이러한 관점으로 보면 내담자는 결코 저항하거나 방해하거나 힘들게 하지 않는다. 우리가 단지 그들의 협조 방식을 이해할 수 없었던 것이다. 비협조적인 내담자와 작업하는 치료사에게 주는 충고에서 에릭슨(Erickson, 1980, p. 213)은 우리가 방해가 되거나 불합리하다고 알고 있는 행동이 다음과 같다는 것을 우리에게 상기시킨다. "그것은 (내담자를) 치료실로 오게 한 문제의 일부다. 그것은 개인적 환경을 구성하고 치료는 그 안에서 효과를 발휘해야 한다. 그것은 모든 환자-의사 관계에서 가장 중요한 원동력이다."

에릭슨 치료가 중요하게 기여한 것들 중 하나는 아무리 기괴하다고 하더라도 내담자의 행동은 정당한 의사소통 방식이라고 보는 기발하고 너그러운 시각이다. 이러한 관점이 필요로 하는 것은 치료사가 저항적인 행동을 역설적으로 귀중한 자원이라고 보고 치료하려면 높은 수용성과 유연성을 보여야 한다는 것이다(Dolan, 1985).

우리의 기대를 변화시키기

치료사가 비협조적인 내담자를 치료할 때 그를 가로막는 제일의 가정은 저항은 치료의 불가피한 부분이고 사람들은 변하고 싶어 하지 않는다는 관념이다(O'Hanlon & Weiner-Davis, 1989). 우리가 확실히 찾아낼 것이라는 기대는 우리가 실제로 보는 것에 영향을 미친다. 그것이 바로 연구를 수행할 때 '주관적 오염원'을 최소화하기 위해서 그렇게 길게 진행하는 이유다. 내담자가 비협조적일 것이라고 예상하거나 저항을 만날 것이라고 예측한다면 우리가 찾고 있는 것(문제)을 발견할 가능성은 아주 커진다.

이 주제에 관한 극단적인 입장을 옹호하고 있는 드 셰이저(de Shazer, 1984)는 저항이 상상의 산물이라고 단언했다. 더 나아가 그는 내담자가 치료사에게 협조하지 않는 것은 그들이 저항하고 있기 때문이 결코 아니라고 주장한다. 그보다 그들은 어떻게 하는 것이 가장 도움이 되는지를 치료사에게 가르쳐 주고 있고 치료사가 인정하지 않는 행동을 그에게 보여 주고 있는 것이다. 내담자가 과제를 따르지 않고 숙제를 완수하지 않으며 치료사가 그래야 한다고 생각하는 방식으로 협조하지 않으면, 문제는 내담자가 아닌 치료사에게 있는 것이다.

나는 이 특이한 관점에서 큰 기쁨을 맛보는데, 내가 어떤 창조적인 혁신을 하고 있는 것 같기 때문이다. 그러나 나는 저항이 존재한다고 믿는다. 어떤 상황에서는 어려운 시기가 올 것이라고 예상하는 것이 도움이 될 수도 있다. 그러고 나면 나는 더 많이 이해하고 더 많이 인내할 수 있게 되며 저항을 개인적으로 받아들이지 않게 된다. 또한 나는 새로운 내담자를 치료하기 시작할 때 내가 무엇을 생각하고 느끼고 관찰하고 예상하는지를 주의 깊게 감시하는 것이 중요하다는 것을 안다. 나는 본능적인 내면의 목소리가 “오, 안 돼, 또 그러면 안 돼.” “내가 이걸 가지고 뭘 하려는 거야?”와 같은 말을 할 때마다 멈춰야 할 때임을 알고, 심호흡을 하고, 내 머리에서 부정적인 생각들을 지우고, 처음부터 다시 시작한다. 드 셰이저가 정말로 옳은 것이 하나 있다. 모든 내담자가 자신만의 고유한 방식으로 의사소통을 하고 치료에 협조한다는 것이다. 그 방법이 무엇인지를 알아내고 그것을 최대한 활용하는 것은 우리의 일이다.

16장

치료동맹 강화하기

비협조적인 내담자를 치료할 때 각기 다른 측면의 접근방법들이 많이 있다. 어떤 전략에는 마음이 많이 끌린다. '나는 저 방법을 배워야 해.' 나는 마음속으로 생각하지만 결국에는 굉장한 매력을 가진 또 다른 전략을 발견하게 되며, 때로 그것은 전의 것과 상충하기도 한다.

나는 잘 진척되지 않는 사례에 대해서는 깊은 생각을 거듭했다. 내가 생각해 낼 수 있는 모든 것—내담자와 하는 것과 나 혼자 하는 것 둘 다—을 시도하기에 그렇게 많은 좌절을 겪지는 않는다. 아직은 내담자에게 이러한 전략이 통하지 않은 적이 없는 것 같다. 나는 나만의 안전지대를 벗어나서 새로운 것을 시도할 준비가 되어 있다고 생각한다.

나는 저항을 처방하는 마다네스(Madanes, 1990a)의 역설적 개입을 다시 익히고 있는데, 그것은 내담자가 무엇이라도 하게끔 결심하게 만들기 때문이다. 나는 마다네스의 사례를 읽고 강한 흥미를 느낌과 동시에 아주 즐거웠다. 거기서 그녀는 거식증에 걸린 소녀와 알코올 중독자인 그녀의 아버지에게 네 가지의 지시를 잇달아 제안한다. 그들의 증상은 각자가 상대의 삶에 책임감을 느끼도록 만드는 일종의 계약으로 연결되어 있다. 아버지가 술을 끊으면 딸은 먹기 시작해야 하고 그 반대도 마찬가지다.

나는 그것이 눈부신 개입이라고 생각하고 내 사례에 적용할 방법을 찾기 시작한다. 이제 나는 그것이 열쇠라고 확신한다. 마다네스와 그녀의 동료들은 그 전략—반복되는 패턴을 방해하는—이 효과적인 이유를 피상적으로 설명할 수밖에 없지만 그것이 크게 문제되지 않는다고 주장한다. 중요한 것은 문제를 바로잡았다는 것이다. 나는 그것이 말이 된다는 결론을 내린다. 결국 만족하고 싶은 사람은 내담자이지 내가 아니다. 내가 어떻게 도움이 됐는지 모른다거나 변화가 일어난 정확한 기제를 이해하지 못하는 불확실성을 가지고 살아야 한다면 그렇게 하자.

이 접근을 실행하기 전에 나는 내가 시도하는 것에 180도로 반대하는 것 같은 비협조적인 내담자의 치료에 대해서 다른 개념으로 이해했다. 바쉬(Basch, 1982, p. 15)는 여러 명의 훌륭한 치료사들로부터 쓰기장애 문제에 대한 관심 말고는 어떤 관심도 얻지 못했던 젊은이의 사례에서 그에게 큰 변화를 가져왔던 것에 대해 설명했다. "어느 한 회기에서 내담자가 자신의 일에 대해 말할 때 내가 그의 말을 이해하지 못한다는 것을 알아차렸을 때 치료의 전환점이 시작되었다. 그는 우리가 토론했던 한 주제에 대해 관심 있는 문외한들이 읽을 만한 비전문적인 개론서를 무심코 언급했다. 몇 주 뒤 그 주제를 다시 토론하게 되었을 때 나는 그의 말을 이해할 수 있었고, 그것은 그를 깜짝 놀라게 했다. 그가 추천한 책을 내가 재미있게 읽었다고 말하자, 그는 갑자기 울음을 터뜨리면서 '당신은 정말로 관심을 가졌군요.'라고 말했다."

그런 일화를 들으면 정말로 마음이 끌린다! 그러나 나는 우리의 관계 속에 있는 갈등에 집중해야 하는가, 아니면 그런 것은 잊어버리고 현재의 문제를 따라가야 하는가? 이 딜레마야말로 우리의 일을 아주 복잡하게 만든다. 그때의 상황이나 심지어는 우리의 기분에 따라서도 변화를 촉진할 수 있는 방법들은 헤아릴 수 없이 많다. 이런 경우에 중요한 것은 내가 대안을 가지고 있다는 것, 그것도 많이, 아주 많이 가지고 있다는 것이다. 나는 이 전략들 중에서 하나 혹은 열두 가지 다른 것들을 고를 수 있다. 그러므로 모든 내담자들이 어렵고 삶이 힘들다는 것과 내가 이 일을 선택한 이유가 그것이 도전의식을 북돋우기 때문임을 기억하는 한 나는 막혔다는 느낌을 결코 가지지 않을 것이다.

치료동맹

비협조적인 내담자의 행동은 그들이 치료사와 건설적인 동맹을 형성할 만큼 친밀한 관계를 맺을 수 없다는 것을 나타내는 신호로 해석할 수 있다. 로저스(Rogers, 1980)는 자신의 일생의 작업을 살펴본 결과, 자신이 사람들에게 크나큰 영향을 미쳤다는 것과 진실한 개인적 만남을 통해서 변화에 대한 저항을 피했다는 것을 거듭 확인하였다. 부젠틀(Bugental, 1990) 또한 우리가 내담자의 마음을 움직이지 못할 때 그들이 비협조적으로 변하게 된다고 여긴다.

대부분의 경험적 연구에 따르면, 서로 간에 상호작용이 일어나고 협력적으로 구축된 역할들이 있고 치료사 쪽에서 개방성, 수용성, 공감을 가지는 관계가 수립될 때 치료가 성공할 가능성이 더 커진다(Sexton & Whiston, 1990). 캠벨(Campbell, 1982)은 심각한 장애가 있는 내담자들에게는 치료적 관계의 성격과 구조가 더 특별한지를 조사했다. 그녀는 컨버그(Kernberg, 1975), 블랭크와 블랭크(Blanck & Blanck, 1974), 매스터슨(Masterson, 1976), 지오바치니(Giovacchini, 1982) 등 경계선 성격장애 치료에 전념한 주요 이론가들의 입장을 검토한 후, 최상의 치료동맹에 대한 의견이 일치함을 확인했다.

발달상의 정지와 부적절한 분리/개별화 문제 둘 다가 경계선 장애의 특징이라는 것에 대부분의 저자들이 동의한다. 따라서 이 영역에서는 더 성장할 수 있게 만드는 매개체를 구성하는 것이 결정적으로 중요하다. 이러한 방법은 치료사가 전문가로서의 중립적인 위치를 포기하지 않고서 내담자가 원시적인 의존성과 공격 욕구를 훈습할 수 있도록 허용하는 관계에 장기간 전념하는 것을 필요로 한다. 더 나아가 캠벨(1982)은 역전이 문제가 발생하게 되는 불가피성을 강조하고 이러한 감정을 사용하여 내담자의 발달적 성숙을 더욱 촉진시키는 것이 중요하다고 언급한다.

치료사가 내담자에게 자신의 감정을 노출시킬 때 주의할 점은 분명하게 정리되어 있다. 탠시와 버크(Tansey & Burke, 1989)는 치료사가 자신의 감정을 내담자와 공유할 때, 특히 이러한 반응이 역전이 과정의 결과일지 모를 때 신중을 기하라고 경고한다.

자기 노출의 효과성을 살펴 보는 것은 가장 중요한 문제다. 치료사가 지루함이나 좌절감을 느낀다면 이러한 상태는 꼭 내담자의 행동 때문만은 아니다. 또한 치료사의 지각이 정확하다고 할지라도 내담자와 그것을 공유하는 것은 이로움 못지않게 해로움도 있는데, 어떤 내담자들은 치료사를 전능한 권위자로 보며 그에게 힘이 있다고 생각하는 것을 특히 고려해야 한다.

저자들은 자기 노출에서 무엇을 말하느냐에 못지않게 어떻게 표현하느냐도 중요하다고 언급한다. 다음의 두 가지 활동 간의 차이점에 대해서 생각해 보라.

1. (짜증스럽고 성급하고 빈정대는 어조로) "당신이 이것에 대해 얼마나 오랫동안 이야기했는지 알고 있어요? 가끔 나는 당신의 말을 듣기가 너무 힘들어요."
2. (부드럽고 망설이는 듯한 목소리로) "당신이 이 주제에 대해서 많은 시간을 들일 필요가 있다고 여기는 것을 알아요. 나는 당신이 전에 언급했던 다른 것에 관심이 가는데요, 그것은 당신이 이 주제를 샅샅이 다루었다는 것을 의미할 수도 있어요. 그러고 나면 우리는 이것을 다른 각도에서 다시 볼 수 있을지도 몰라요. 내가 방금 말한 것을 어떻게 생각하세요?"

첫 번째의 자기 노출이 처벌하는 것처럼 들리는 데 반해서 두 번째 것은 배려와 민감성을 가지고 제시된다. 우리가 스스로에게 (a) 나는 무엇을 이루려고 하는가, (b) 내 지각이 정확하다는 증거는 무엇인가, (c) 이것이 더 잘 받아들여지게 하려면 어떤 식으로 말할 수 있는가를 질문해 본다면 첫 번째 상황은 확실히 피할 수 있다.

비협조적인 내담자—아니면 문제가 되는 어떤 내담자라도—에 대한 치료의 핵심은 치료적 관계의 질이다. 치료사가 이 동맹이 내담자의 조종이나 적대적인 기질로 오염되도록 놓아두면 그 결과로 치료가 중단되는 일이 흔하게 일어난다. 모든 내담자들이 우리에게 소중하게 여겨지고 이해받기를 원한다. 우리가 연민을 냉소주의와 맞바꾼다면 도울 수 있는 기회를 잃게 된다.

이해받는다고 느끼기

이해받는다고 느끼는 경험에 관한 질적 조사연구에서 딕슨(Dickson, 1991)은 중요한 개인적 변화의 본질을 알아내기 위해 수많은 사람들과 면담했다. 그가 면담했던 사람들 중 몇몇은 자신들의 경험이 다음과 비슷하다고 설명했다.

> 당신이 당신의 이해를 전달하고 난 바로 그 순간 나는 완전히 멈췄다고 느꼈다. 그 장면은 정지되었다. 내 절박한 느낌이 흩어져 버렸다. 그 순간 동안은 내가 해야 할 것도, 가야 할 곳도 없었다. 내가 씨름해 왔던 것은 진정되고 해결된 것 같았다. 그 어떤 것에 대해서 그 누구를 납득시켜야 할 것 같은 충동도 느끼지 않았다. 싸우거나 냄비를 차 버리고 싶지도 않았다. 내가 사막에서 목이 말라 거의 죽을 뻔하다가 물을 발견한 사람같이 느껴졌다. 그것으로 충분했다.

그 밖의 어떤 것도 중요하지 않았다. 갈망하던 것이 충족되었고 그 다음의 걱정은 아직 미래에 있었다. 그때가 되면 나는 이 순간을 그대로 두고 그다음의 것에 완전히 몰두할 수 있을 것이다. 문제가 끝났다고 느꼈다(p. 86).

나는 비협조적으로 인식되는 사람이건 아니건 간에 모든 사람들이 누군가가 자신들을 이해한다고 믿으면 그에게 더 협조적으로 반응하리라고 생각한다. 이전에 부당하다거나 상처받기 쉽다고 느꼈던 내담자는 일단 자신이 이해받는다고 느끼게 되면 다른 사람이 가까이 오지 못하게 하려고 만든 방어를 때때로 놓아 버릴 것이다. "나는 그것이 따뜻한 오일처럼 진정시키는 성질이 있음을 경험했다. 그 오일은 보호도 해 준다. 상쾌함과 치유되는 느낌을 더해 준다. 무자비한 날씨에 심하게 노출되는 것을 막아 준다. 거기에는 회복이 있다. 그것은 정말로 보살핌이다." (Dickson, 1991, p. 123)

어떤 사람, 특히 방해물을 서둘러 쌓아 올리고 연막을 치고 주의를 딴 데로 돌리려는 사람, 위장하기 위해 모습을 바꾸려는 사람을 이해한다는 것은 엄청난, 심지어는 압도적인 과업이다. 그러나 부젠틀(1990, p. 321)은 다음과 같이 밝혔다.

"내담자가 내게 주었던 것 중에서 가장 중요한 선물은 항상 더 할 것이 있다는 확신이다. 용기, 끈기, 투지는 존재하지 않는 것처럼 보이는 가능성을 언제든지 펼쳐 줄 수 있다."

"우리는 모든 것을 할 수는 없지만 늘 하던 것보다는 훨씬 많은 것을 할 수 있다. 우리가 이를 거의 인식하지 못한다는 것이 비극이다. 훨씬 더 많은 것이 가능하다는 것을 인식하면 깜짝 놀랄 것이다."

공감과 연민은 내담자가 이해와 보살핌을 받는다고 느끼도록 돕는 비결들이다. 이 요소들은 우리가 내담자의 내부 세계에 접근할 수 있게 해 주고 우리가 실재하고 살아 있는 인간—치료받아야 할 대상이 아닌—을 대하고 있음을 상기시켜 주기 때문에 모든 치료관계에서 매우 중요하다. 어쩌면 가장 중요한 것은 공감과 연민이야말로 비협조적인 내담자를 나쁘고 사악하다고 보는 경향을 줄여 준다는 것일지도 모른다(Book, 1991).

가족관계

때로 내담자들은 그들의 선택 때문이 아니라 치료를 적극적으로 방해하는 다른 사람 때문에 치료에 협조하지 않기도 한다. 그 예로, 젊은 아내는 높은 의욕을 가지고 여러 가지 문제에 대한 치료를 시작하지만 그녀의 남편은 그녀가 지지받으려고 늘 정신과 의사에게 달려가기 때문에 약하고 주책없다고 조롱하기 시작한다. 한 청소년은 자신을 괴롭히는 것들을 터놓고 다루는 것을 아주 좋아하지만 그의 형은 회기에 참석하는 것을 가지고 그를 사정없이 놀린다. 중년의 한 남성은 첫 회기에 매우 협조적이었지만 그 후에는 상황이 꺼림칙해진다. 당신은 그의 어머니가 특정한 가족 비밀이 밝혀질 것이라는 그녀 자신의 두려움 때문에 그의 결심을 약하게 만들려고 배후에서 조종하고 있음을 알게 된다. 이 각각의 사례에서 내담자는 처음에는 가능한 한 협조하고 싶어 한다. 영향력이 큰 친척이나 친구가 치료관계를 파괴하려고 할 때까지는 말이다.

일단 저항의 근원이 밝혀지면 그 사람을 치료에 오도록 설득하는 것이 도움이 될 때가 많다. 남편은 치료사로부터 상황을 더 잘 이해하도록 도와 달라는 부탁을 받는다. 그 청소년의 형제자매들이 초대되고 그 결과 한 아이만 문제라는 오명을 쓰지 않고 가족 전체가 '내담자'가 된다. 또한 마지막 사례에서 어머니는 자신이 얼마나 중요한 사람인지, 그리고 자신의 도움이 얼마나 소중한 것이 될지를 알리는 전화를 받을 수 있다.

치료사는 상황을 더 이상 악화시키지 않으면서 방해하는 사람을 치료에 끌어들이기 위해 상당한 요령과 기술을 확실히 사용해야 한다. 그럼에도 불구하고 내담자의 가족 내에 체계적 역기능, 특히 변화에 저항하도록 적극적으로 작용하는 종류의 것이 있을 때는 가족 전체가 치료에 참여해야 한다. 이런 경우에 비협조적인 내담자는 가족 구조의 체계 혹은 연합체에 드러난 변화에 대한 양가감정을 단지 행동으로 표현하고 있을 뿐이다.

비협조적인 내담자 치료의 전문가인 스탠턴과 토드(Stanton & Todd, 1981)는 가족을 포함시키지 않고 이런 내담자들, 특히 약물 중독자들을 치료하려는 것은 어리석다고 믿는다. 이러한 내담자들은 다른 가족을 대신해서 행동화하는 '가족의 희생양'일 뿐만 아니라 그들이 가장 사랑하는 사람들에 의해서 무의식적으로, 그렇지 않으면 공공연하게 방해를 받고 있기 때문이다.

가장 비협조적인 내담자군—저항하는 헤로인 중독자와 그 가족들—을 치료로 이끌 가능성이 가장 큰 기법을 연구하는 과정에서, 스탠턴과 토드는 치료과정을 가장 많이 방해할 수 있거나 가장 촉진시킬 수 있는 가족 구성원을 확인하는 것과 그들이 회기에 참여하도록 요구하는 것이 매우 중요한 단계임을 알게 되었다. 비록 그들이나 내담자가 그들의 참여를 꺼린다고 하더라도 말이다.

저항하는 가족의 치료에 대한 다른 연구에서 앤더슨과 스튜어트(Anderson & Stewart, 1983a)는 따라야 할 여러 가지 지침을 제시하고 있다.

- **동맹관계를 만들어 내라:** 지지적이고 온정 어린 구성원으로서 가족에게 합류하라.
- **모든 가족이 치료에 저항한다는 것을 인식하라:** 모든 체계는 자신의 항상성을 유지하고 모든 종류의 변화에 저항하기 위해 적극적으로 작용한다.
- **힘을 지닌 사람과 동맹관계를 수립하라:** 가족의 힘의 위계를 지지하지 않으면 모든 변화는 사라질 운명에 처한다.
- **문제에 대한 가족의 시각을 받아들이라:** 처음에는 가족 구성원들의 문제에 대한 지각에 이의를 제기하지 않는 것이 최선이다. 그것은 서서히 재구조화될 수 있다.
- **가족이 현재 있는 곳에서 시작하라:** 그들이 아직 준비되지 않은 것을 하라고 요구하지 말라.
- **저항을 최소한으로 줄일 길을 택하라:** 힘겨루기를 피하고 처음에 가장 잘 반응하는 영역에 집중하라.
- **저항을 유용한 것으로 재명명하라:** 대립하는 비협조적인 행동으로 보는 대신, 그것을 피드백으로 보라.
- **계약을 수립하라:** 구성원들이 현실적인 목표를 설정하도록 그리고 할 수 있는 범위 내에서 과제를 완수하도록 도우라.

이 모든 충고는 중심이 되는 하나의 주제를 가지고 있다. 자유롭고 유연하게 머물라. 당신의 계획을 잠시 잊으라. 거기에 없는 것을 찾거나 내담자가 준비되지 않은 것을 요구하기보다는 그들이 당신에게 주는 것을 가지고 함께 가라. 무엇보다도 영향력이 있는 위치에서 그들과 가능한 한 가장 건설적인 동맹관계를 수립하는 데 노력을 집중하라.

집단관계

집단치료를 운영하는 치료사 대부분은 비협조적인 내담자들을 걸러 내는데 왜냐하면 그들이 다른 사람들을 방해하고 집단의 응집력을 파괴할 가능성이 있기 때문이다. 그러나 레스츠(Leszcz, 1989)는 집단이야말로 그런 사람들이 자신의 부적응적인 방식을 바꾸도록 돕는 이상적인 환경이라고 믿는다. 집단을 구성할 때 성격장애가 있는 내담자들을 한두 명 안쪽으로 포함시키면 그들은 공감적인 리더의 보호 아래 안정적이고 긍정적인 관계를 경험할 기회를 얻게 된다. 이러한 치료적 경험은 건강한 상호작용의 기회가 매우 필요한 비협조적인 내담자에게 귀중한 것이 될 수 있다. 그것은 정상적으로 기능하는 더 많은 내담자들에게도 직면 및 갈등 처리와 관련된 문제에 대한 작업을 시작하게 만든다.

나는 집단을 구성할 때 비협조적인 내담자들을 포함시키는 도전을 감수하는 치료사들의 노고에 박수를 보낸다. 이 영역에서 내가 가진 경험은 그다지 성공적이지 못했는데, 그 이유는 비협조적인 내담자가 다른 집단 구성원들에게 미치는 부정적인 영향을 내가 중화시킬 수 없었기 때문이다. 그러나 나는 이 치료 방식이 다른 집단 구성원들의 치료적 경험을 감소시키지만 않는다면 역기능적인 상호작용 방식을 변화시킬 이상적인 환경이라고 확신한다. 그것은 정말로 어려운 일이다.

당연히 사정이 열쇠다. 비협조적인 내담자(특히 경계선이나 자기애적 장애의 전형적인 증상을 나타내는 사람)가 집단치료에 적절한지 아닌지를 결정할 때, 파울스(Powles, 1990)는 다음의 질문들을 바탕으로 하여 일련의 임상적 판단을 내리라고 권고한다.

- 정신병이 얼마나 심각한가?
- 내담자가 치료를 조금이라도 받아들이는가?
- 가장 필요한 치료 방식은 무엇인가? 집중치료, 지지치료 혹은 행동치료? 개인치료? 가족치료? 집단치료?
- 집단치료가 필요하다면 어떤 종류의 집단치료가 가장 유익하겠는가? 집단지도, 집단상담 혹은 집단치료? 이성 집단 구성 혹은 동성 집단 구성? 통찰 접근 혹은 행동지향 접근? 집단중심 체제 혹은 리더 중심 체제?

어떤 비협조적인 내담자들은 집단환경을 다른 사람들보다 훨씬 더 쉽게 받아들인다. 어쩌면 그들은 직면에 대해 더 많은 관심을 보일 수 있고 집단 기준에 더 잘 적응할 수 있다. 12장에 나왔던 '지루한 내담자' 샘은 집단에 대한 반응이 개인 회기보다 더 나을 것이 없었지만 비슷한 문제를 가진 다른 내담자는 집단치료에서 놀라울 만큼 잘했다. 그는 횡설수설하고 중요하지 않은 것들에 대해 웅얼거리기 시작할 때마다 다른 사람들로부터 단호하지만 애정이 깃든 직면을 받았다. 그는 집단에게 수용되고 있다고 느꼈기 때문에 다른 사람들이 그에게 입을 다물라고 말할 때도 그렇게 많이 삐치지 않았다. 그가 자기 안으로 침잠하고 거부당한다고 느낄 때는 다른 구성원들이 그에게 말을 시키고 그가 가진 깊은 수준의 감정을 나누도록 격려했다.

이 내담자는 차츰 그의 상호작용 방식을 바꾸는 법을 배웠다. 그러나 그에 못지않게 중요한 것은 고립되어 살던 그가 생전 처음으로 다른 사람들의 개인적 세계(전에는 텔레비전을 통해서만 알 수 있었던 어떤 것)에 접근할 수 있었다는 것이다. 역동적인 집단 구성원들로 인해서 그는 매혹되었고 아주 즐거워졌다. 비록 그들의 행동 중 일부는 자기 패배적이었지만, 그는 그들이 가진 더 매력적인 표현 방식을 스스로 모방하기 시작했다. 처음으로 그는 자신에게 관심을 가져 주는 한 집단의 일부가 되었다고 느꼈다.

치료관계 안에서 통찰을 촉진하기

치료 진행의 가장 큰 걸림돌의 원인이 우리보다 내담자의 행동에 있다고 가정할 때, 골든(Golden, 1983)은 문제해결 접근을 통해 그 요인들을 확인하고 중화시키라고 충고한다. 이러한 분석을 시작할 때는 내담자가 비협조적인 행동에 몰두한 결과로 얻게 되는 이차적 이득이나 대가부터 철저하게 조사하는 것이 가장 유익하다.

다이어와 브리엔드(Dyer & Vriend, 1973)가 제안한 모델을 적용하면, 치료사는 모든 행동, 심지어 상상할 수 있는 가장 자기 패배적인 행동조차도 그것의 유용성 측면에서 검토한다. 또한 적대적인 내담자가 됨으로써 생기는 대가도 조사한다. 분노는 다른 사람들을 지배하고 통제하는 방법으로 볼 수 있는데, 그것은 두려움을 불어넣고 사람들이 계속 방어적인 태도를 취하게 만든다. 이러한 상호작용 방식은 사람들이 가까이 오지 못하게 만들고 내담자를 상처 입고 거부당하는 것으로부터 보호해 준다. 그것은 내담자가 다른 사람들에게 모욕적으로 굴고 나서 변명하는 것을 허용해 준다. "전에 화를 벌컥 내서 미안해요. 하지만 당신도 알다시피 내 성미가 좀 고약해요." 그것은 또한 그가 전 생애에 걸쳐 쌓아 온 미해결된 분노와 좌절까지도 자유롭게 행동화하게 한다.

일단 우리가, 나중에는 내담자도 비협조적인 행동을 통해서 무엇을 얻는지 알게 되면 그는 그것을 계속하기가 어려워진다. 나는 이 기법이 치료 집단을 포함해서 서로 다른 여러 환경에서 아주 효과적으로 작용하는 것을 봐 왔다.

패트릭은 아일랜드인으로서 굉장한 자부심을 가지고 있었다. 그의 타는 듯한 붉은 머리와 억양은 그의 혈통을 정확하게 드러내고 있었다. 패트릭은 첫 소개 시간에 집단에게 다음과 같이 공표했다. 자신의 고약한 성미에 대해 도움을 받으라는 강요를 계속 받아 왔지만 그것은 가망이 없다고 보는데, 왜냐하면 자신은 통제를 잃게 만드는 아일랜드 유전자를 가지고 있기 때문이라는 것이었다. 모두가 신경질적으로 웃었다.

이내 패트릭은 그가 말했던 것을 우리에게 보여 주었다. 그의 울화통은 예고도 없이 점화되었다. 그의 얼굴은 머리카락의 색으로 변하고 눈은 검게 그을리면서 상상 속의 불의—대개는 얕보였거나 무시당했다는 느낌—에 대한 분노를 실제로 폭발시켰다. 말할 필요도 없이, 패트릭은 많은 관심을 요구하고 얻어 냈다.

결국 집단의 한 용감한 구성원이, 패트릭이 자기 기분이 좋다고 알렸던 한결 차분해진 틈에, 그 주제를 꺼내기로 결정했다. 그녀는 집단에서 그와 함께 있는 것이 안전하게 느껴지지 않는다고 그에게 아주 부드럽지만 직접적으로 말했다. 그녀는 그가 고래고래 고함을 지르고 사납게 날뛰는 것에 넌더리가 났으며 그것은 중단되어야 하고, 그렇지 않으면 자신이 집단을 떠나겠다고 주장했다. 그녀는 패트릭과 비슷한 모욕적인 남편을 이미 충분히 참아 왔고 그러한 종류의 심리적 고문을 다시 당할 생각이 전혀 없었다. 집단은 마음에서 우러난 박수갈채를 터뜨렸다.

너무나 놀랍게도 패트릭의 얼굴에 눈물이 흐르기 시작했다. 그는 몹시 바꾸고 싶었지만 아무리 해도 그렇게 되지 않았다고 말했다. 그것은 정말 그의 혈통의 일부였다.

그러고 나서 그는 그 가정이 과연 사실인지, 그리고 그가 그렇게 믿음으로써 무엇이 충족되는지를 곰곰이 생각해 보라는 도전을 받았다. 패트릭은 정말 아무것도 생각해 낼 수 없었다. "나는 이렇게 구는 것이 싫습니다. 통제를 잃어버리고 그렇게 되는 것은 아주 끔찍해요."

리더는 모든 사람들이 어떤 독특한 행동으로부터 무엇을 얻는지(그 독특한 행동을 지속하게 만드는 것이 무엇인지) 생각해 보라고 그와 다른 집단 구성원들에게 요청했다. 패트릭은 그 가정에는 동의했지만 그렇게 호전적이고 적대적인 행동으로부터 얻는 대가가 무엇인지는 여전히 생각해 낼 수 없었다. "결국 나는 모든 사람들과 멀어지게 되는군요."

"그렇게 되어서 얻는 이익이 무엇인가요?" 한 집단 구성원이 거기서 단서를 얻고 질문했다.

이후의 30분은 패트릭을 도와서 그가 그런 행동 방식으로부터 얻는 '멋진' 것들의 목록으로 그가 받는 관심, 휘두르는 힘, 자신을 보호하기 위해 세우는 장벽 등을 작성하는 데 쓰였다. 통찰이 변화를 지속시키는 추진력이 될 수 있으려면 자기 패배적 행동으로부터 얻는 숨겨진 이차적 이득을 알아내야 한다. 그러면 사람들은 자신의 행동과 그 이유를 더 이상 모른 척할 수 없게 된다. 이후로 패트릭이 분통을 터뜨리기 시작할 때마다, 다른 사람들이 한 마디 말도 하기 전에 그의 얼굴에 작은 미소가 겹쳐졌다. 그는 머리를 한 번, 두 번 흔들고 심호흡을 하고는 말을 계속했다. 때때로 그는 자신이 이전의 부적응적인 패턴에 몰두하고 있는 것을 알아채고는 키득키득 웃기까지 했다.

비협조적인 내담자의 행동을 그것이 기여하는 유용한 기능이라는 측면에서 살펴보는 이 모델은 다음과 같은 여러 가지 치료적 과업을 이루어 낸다. (1) 자기 파괴적인 행동 안에 존재하는 유용성을 중점적으로 다룬다. (2) 행동 뒤에 숨겨진 동기를 밝혀낸다. (3) 내담자가 자신의 무의식적인 행동에 대해서도 책임을 지게 만든다. (4) 내담자에게 자신의 행동에 대해 생각하고 이해하는 방법을 가르친다. (5) 가장 파괴적인 행동의 의미와 목적에도 구체적인 방식으로 이름을 붙여 준다. (6) 내담자의 행동과 그 이유에 이름을 붙임으로써 치료사에게 비협조적인 내담자를 직면시킬 수단을 제공한다. (7) 파괴적인 행동을 병리적인 영역에서 이끌어 내어 단지 부적절한 부작용을 가진 정당한 대처기제라고 해석한다.

통찰을 촉진하는 모델들은 수립된 치료관계의 질만큼만 효과가 있다. 개인, 집단, 가족 등 어떤 맥락의 치료에서도, 우리가 시도하는 모든 개입은 비협조적인 내담자가 다른 사람들과 새로운 방식으로 상호작용하는 실험을 감행할 만큼 안전하다고 느낄 때 성공 가능성이 더 커진다.

17장

교착상태를 해결하기 위한 실용적인 전략

비협조적인 내담자를 돕는 데는 특별한 태도를 취하거나 효과적인 동맹을 수립하는 것 이상이 필요하다. 즉, 내담자의 자기 패배적인 방식을 중단시키고 보다 건설적인 방향으로 에너지를 돌리기 위해 때로는 아주 강력하게 개입해야 한다. 이러한 행동 전략들 하나하나의 특성이 구조를 제공하든, 인지적 전략을 사용하든, 한계를 설정하든, 역설적인 기법을 사용하든, 그 어떤 차이가 있든 간에 아마도 치료사가 상황의 요구에 따라 끌어 쓸 수 있는 다양한 치료적 대안을 기꺼이 익히려는 마음보다는 중요하지 않을 것이다.

이 장은 치료사가 마음대로 사용할 수 있도록 하기 위해 가장 흔히 쓸 수 있는 행동 지향적 개입방법들을 뽑아서 종합적으로 편집해 놓은 것이 아니다. 비협조적인 내담자를 치료할 때는 이전에 효과적이라고 판명된 '표준' 전략들을 적용할 수 없는 일이 허다하다. 보통 우리는 사례의 독특한 필요성에 따라 개입방법들을 수정하고 조정해야 한다.

인지적 개입

대부분의 저항의 중심에는 내담자가 사실을 왜곡하고 그릇되거나 비논리적이거나 불합리하거나 자기모순적인 추론과정을 적용하는 근본적인 사고장애가 있다(Ellis, 1962; Mahoney, 1974; Beck, 1976; Meichenbaum, 1977; Burns, 1980; Lazarus & Fay, 1982; Golden, 1983). 내담자의 비협조성에 대한 이러한 개념은 인지치료사의 분야에 속하지만, 다른 기법을 채택한 치료사들 대다수도 자신의 방식대로 세상을 해석하고 반응하도록 이끄는 내담자의 사고와 처리 과정에 관심을 쏟는 것이 유익하다는 것을 안다.

아무리 비협조적인 내담자라고 할지라도 자신의 절대적인 사고가 현실에 대한 중대한 왜곡이라는 것, 자기 어휘의 일부인 '해야 한다(should, must)'와 그 밖의 독단적인 요구사항들이 사실은 스스로를 실패하게끔 만들었다는 것을 깨닫게 되면 자신의 상황을 바라볼 다른 방법들을 검토하는 단계로 접어들게 된다.

심한 혼란과 사고장애를 가진 내담자와 소통하기 위해서는 더 큰 인내와 수용이 필요하지만 다음의 진술들을 그들에게 사용하면 이해시키기가 쉽다.

• 당신이 원하는 것을 얻는 데 방해가 되는 것을 만들어 내고 있

는 사람은 다름 아닌 바로 당신입니다. 결코 다른 사람이 당신을 방해하고 있는 것이 아닙니다.

- 당신이 원하는 만큼 빨리 나아지지 않는다고 해서 당신이 끝내 목적을 이루지 못하는 것은 아닙니다.
- 고통과 불편감은 모든 성장에 동반됩니다. 따라서 그것을 없애지 못한다고 불평하는 것은 이치에 맞지 않습니다.
- 퇴보는 삶의 불가피한 부분이고 탄력이 붙기 위해서는 시간이 필요하다는 신호일 뿐입니다.
- 당신이 삶의 이런 적은 부분에서 씨름하고 있다고 해서 완전한 패배자나 실패자가 되는 것은 아닙니다.
- 당신이 자신의 상황과 삶에 대해서 전과 다르게 생각하기로 결정할 때, 당신은 자신과 다른 사람들을 위해 일을 어렵게 만드는 것을 중단시킬 수 있습니다.

인지적 방법이 경계선 성격장애자와 심지어는 정신병자의 저항적인 행동에 대응하는 데 성공적이라는 엘리스와 그 밖의 사람들의 주장에도 불구하고, 나는 이러한 방법들은 우리가 스스로에게 사용할 때 더 큰 도움이 된다고 말하곤 한다. 인지치료사임을 보증하기 위해서는 자신이 설교하는 것을 스스로도 실행해야 한다. 대부분의 치료적 교착상태에는 치료사의 몫이 있기 때문에 우리는 상황을 이해하기 위해서 우리 자신의 신념체계에 도전할 필요가 있다. 그러므로 유사한 과정들이 동시에 움직이게 된다. 한편에서 우리는 내담자가 치료 진행을 방해하기 위해 사용하는 비생산적인 신념들을 확인하고, 다른 한편에서는 우리 자신의 불합리한 요구들을 놓아 버리기 위해 스스로를 직면한다.

구조를 제공하기

어떤 저자들은 저항적인 내담자를 대하는 최선의 방법이 더 많은 구조를 제공함으로써 치료적 만남의 모호성을 줄이는 것이라고 제안한다(Manthei & Matthews, 1982; Day & Sparacio, 1980; Ritchie, 1986). 사람들은 위협적이라고 여기는 상황과 마주할 때 가장 비협조적으로 변한다. 아마도 그렇게 만족스럽지 못한 판단을 내리면서 당신을 실험 표본 대하듯 말없이 연구하고 있다고 생각되는 사람과 마주 앉아 있는 것보다 더 무서운 만남은 살면서 거의 없을 것이다.

안전하다고 느끼기 위해 더 많은 구조가 필요한 내담자에게 우리가 협조한다면, 그의 걱정은 줄어들고 불안은 진정되며 협력이 이루어질 수 있다. 어떤 이론적 신념을 가지든 간에 가장 효과적인 치료사들은 아주 유연하고 실용적이며, 내담자를 하나의 개인으로 대하고, 그 개인의 독특한 필요성, 일련의 증상들, 치료적 상황에 따라 치료 계획을 고안하는 사람들인 경우가 많다.

치료에서 조기 탈락하거나 우리 직업의 구성원들에 대해 특별한 반감을 가진 이전 내담자들 중 많은 이들은 그들의 조력자들이 얼마나 쌀쌀하고 억제적이었는지에 대해서 다음과 같이 불평한다. "그는 나를 응시하면서 거기에 그냥 앉아 있었어요. 내가 질문하고 도움을 청할 때마다 그는 우쭐한 미소를 띠고 팔짱을 낀 채로 나를 바라보기만 했지요. 가끔 그는 이렇게 말하곤 했어요. '당신은 무슨 생각을 하고 있나요?' 하지만 그는 그저 기다리는 일이 훨씬 더 많았지요. 나는 그를 목 졸라 죽이고 싶었어요. 아뇨, 그렇다고 해서 그가 내 아버지를 생각나게 한 것은 아니었어요."

우리가 회기 진행과 관련된 규칙을 따르라고 요구할 때 우리로 하여금 최악의 모습을 보이게 만드는 내담자들도 정말 있다. 이러한 규칙에는 내담자들이 우리를 알기 전에 우리를 믿으라는 것, 그들의 가장 내밀한 비밀들을 폭로하라는 것, 우리가 상황을 이해할 수 있을 때까지 많이 인내하라는 것과 같은 요구사항들이 포함된다.

이러한 규칙들은 당신과 나에게는 더할 나위 없이 합당한 것 같다. 사실 그것은 많은 일을 하는 데 매우 중요하다. 그러나 나는 어떤 사람들, 특히 모든 것이 제자리를 가진 사실의 세계에서 사는 좌뇌가 발달한 사람들에게 그것을 받아들이는 것이 얼마나 어려운지도 인식할 수 있다. 어떤 사람들은 자신들이 최선을 다한 모든 것이 인정받지 못하고 자신들의 기본적인 가치관을 많은 부분에서 어기기를 요구하는 익숙지 않은 환경에 처했을 때 그야말로 매우 비협조적으로 변할 수 있다. 한 예로, 전형적인 마초형의 남자를 생각해 보자. 그는 평생을 통해서 다음과 같은 가르침을 받아 왔다. (1) 네 감정을 드러내면 너는 약해진다. (2) 네 문제를 처리할 수 없다는 것을 인정하면 너는 실패자다. (3) 반성과 자기 성찰은 나태함의 증거이고 현실의 회피다. (4) 예민하고 말을 잘하는 것은 여자와 계집애 같은 사내에게나 어울린다. (5) 너의 가장 내밀한 생각과 감정(만약 있다면)은 혼자만 간직해 두라. (6) 정신과 의사를 믿지 말라. 이제 우리는 이 사내(남자라고 으스대는 그의 헛소리를 아내가 충분히 들었기 때문에 결혼생활이 끝장난)에게 그의 기본적인 가치관을 버리라고 요구하고 있다. 더욱 믿기 힘든 것은 우리가 그에게 그가 이제껏 배운 모든 것과 반대로 하라고 요구하고 있다는 것이다. 즉, 그에게 마음을 터놓고, 믿고, 예민해지고, 연약해지고, 반성하고, 유연해지라고 요구한다는 것이다.

위의 남자와 같은 내담자들이 치료를 받고 상당히 변하는 경우가 많다는 것은 놀랍다. 하지만 그것은 맨 처음에 우리가 충분한 구조를 제공하여 그가 그러한 환경에 조금이라도 익숙해지도록 할 때만 그렇다. 내가 만났던 한 손해사정인이 기억나는데, 그는 회기 사이에 숙제로 할 수 있는 구체적인 목표가 있다고 강하게 주장하던 사람이었다. 그를 만났을 때 나는 행동적 개입을 그만하겠다고 다짐하고 그 대신 보다 통찰 지향적 접근을 하고 있었기 때문에 명확한 결과를 원하던 그를 힘들게 했다. "나는 당신의 아내가 당신이 너무 융통성이 없다고 말할 때 의도하던 것이 바로 이것이라고 짐작됩니다." 당연히 그는 내게 아주 고약하게 굴었다. 이른바 정신치료라는 이 애매한 일에 대해 그가 좀 더 편안함을 느낄 때까지 잠시 동안 그에게 장단을 맞춘다고 해도 아무런 해가 되지 않는다는 것을 내가 알아차릴 때까지 그랬다. 그가 덜 구조적으로 숙제하는 방법을 스스로 실험함에 따라, 결국 그는 매주 하던 구체적인 숙제를 그만두었다(그것이 그에게 정말 도움이 되는 것 같았는데도).

내담자가 위협을 덜 느낄 때까지 보다 많은 구조를 제공하면 저항이 처리될 경우가 많다. 때때로 이것은 당신이 하려는 것과 그 이유, 상황이 어디로 이끌어질 것인지, 내담자가 스스로를 돕기 위해 해야 할 것 등에 대해서 당신이 평소보다 더 많은 설명을 하도록 요구한다. "그 주에 무슨 일이 있었는지를 알려 달라는 내 요청에 당신은 혼란스러워진 것 같군요. 나는 지난 회기 이후 당신이 무슨 생각을 하고 어떤 느낌을 가졌는지를 이해하려고 애쓰고 있습니다. 혹시라도 당신이 도움이 될 만한 어떤 아이디어를 발견했는지 궁금합니다. 당신 내부에서 일어난 어떤 변화를 알아차렸는지에도 관심이 있어요. 이러한 정보는 우리 두 사람이 당신에게 무엇이 도움이 되었는지, 다음에는 우리가 어떤 방향으로 향해야 할지를 판단하도록 해 줄 거예요."

우리가 내담자를 돕기보다 우리 자신의 불안을 가라앉히기 위해서 회기 중에 구조를 제공하는 경우도 물론 있다. 내담자가 불확실한 미로를 빠져나오려고 몸부림치면서 자신의 길을 찾도록 내버려 두는 것이 최선일 때도 있다. 그러나 특정한 내담자가 비협조적인 태도를 취하는 이유를 사정하는 것 역시 중요하다. 실험 삼아서 우리가 치료적 만남의 모호성을 줄이고 많은 방향을 제시한 뒤에 내담자가 더 많은 반응을 하게 된 것이 밝혀지면, 우리는 더 많은 구조를 도입하는 것이야말로 내담자가 효과적으로 기능하기 위해 필요한 것임을 알게 된다.

긍정적인 면을 강조하기

어려운 사례에 대한 모든 논의에서는 문제, 부정적인 요인, 실패, 빗나간 것에만 초점을 맞추는 것 같다. 이러한 초점은 이해하기가 쉽다. 저항하는 내담자는 재난에 스스로 사로잡히기 때문이다. 그들은 비운의 주인공—이해받지 못하고, 절망적이고, 실패자로서의 삶을 살도록 운명 지어진—인 자신의 역할에 빠져 있다. 치료에서 그들은 효과가 없는 것, 자신의 삶에서 잘못되고 있는 것, 전과 다른 것을 시도하는 것이 얼마나 소용없다고 느껴지는지에 대해서 이야기한다.

흔히 우리는 그들이 자신의 문제를 계속 호소하게 함으로써 그들의 비극적인 역할을 무심코 강화한다. 심지어 무슨 일이 생기는지 알아보려고 그들에게 상황이 어떻게 되고 있는지를 묻기도 한다. 결국 우리는 병리를 조사하도록 훈련받았고, 그래서 사람들에게 그들의 문제에 대해서 질문한다. 아주 많은 문제를 가진 일부 내담자들은 그들을 화나게 하고 실망시키고 좌절하게 하는 모든 것을 나열하는 데 수백 시간을 쉽게 쓸 수 있다.

오핸런과 와이너-데이비스(O'Hanlon & Weiner-Davis, 1989)가 제시한 방침에 따라 오로지 제대로 되고 있는 것과 효과가 있는 것에만 집중하면 우리의 통상적인 운영 방식으로부터 많이 벗어나게 된다. 그렇다 해도 우리는 일부 비협조적인 내담자들로 하여금 어떤 것이 잘되고 있는지를 인정하게 만들려면 깊이 있게 찾아보고 인내심 있게 조사해야 한다. 그러나 우리가 사례의 부정적인 측면에 초점을 맞추는 입장을 바꾸지 못하고 내담자가 똑같이 하도록 내버려두면, 우리는 다른 사람이 불평하는 것과 그 후 그들의 불평에 대해서 우리 스스로가 불평하는 것을 듣게 되는 끝없는 순환을 계속하게 될 것이다.

보다 해결 지향적인 단기 치료사들 중 어떤 이들은 효과가 없는 것 대신에 내담자에게 이미 효과가 있는 것을 탐색하면서 대부분의 시간을 보내라고 주장한다. 이러한 기법은 우리가 지향할 방향에 대한 힌트뿐만 아니라 현재의 문제에 대한 예외를 발견하도록 해 준다. "치료적 대화를 찍는 카메라가 있고 거기서 벌어지는 일들로 텔레비전 화면이 가득 채워진다고 치자. 카메라가 주로 문제와 병리에 초점을 맞춘다면 치료사와 내담자 모두 문제와 병리를 지각하게 된다. 유사한 방식으로 내담자가 강점과 회기 밖에 있는 해결책을 지각하거나 그것에 따라 행동하도록 이끌어질 수 있다면 그 지각이나 경험이 치료실 밖의 삶을 보여 주는 화면도 가득 채우게 될 것이다." (O'Hanlon & Weiner-Davis, 1989, pp. 39-40)

이 인용문을 처음 읽었을 때, 마침 나는 내 능력을 넘어선다고 판명된 사례 하나로 쩔쩔매고 있었다. 내 생각에 우리는 내담자의 여러 가지 불평들—그녀의 건강이 나빠진 것, 남편이 그녀를 무시하는 것, 아이들이 부담스러운 것, 그녀의 어머니가 잔소리가 심한 것, 그녀의 동료들이 둔감한 것, 그리고 맞다, 내가 큰 도움이 안 되는 것—로 너무 많은 시간을 보낸 것이 확실했다. 사실 우리 두 사람은 치료의 구조를 그녀를 괴롭히는 모든 것을 내다 버릴 기회로 규정하고 있는 것 같았다.

어느 날 나는 위의 인용문에서 제시된 새로운 접근을 시도하려고 결심했다. 내담자가 앉자마자 나는 그녀가 입을 열기도 전에 손을 들어서 아무 말도 하지 못하게 만들었다. 나는 실험을 하나 하고 싶으니 내 뜻대로 하게 해 달라고 그녀에게 말했다. 나는 그녀가 평소의 방식에서 벗어나 좀 다른 것에 대해 대화할지 궁금했다. 그녀는 약간 상처받은 것 같았지만 끝내는 동의했다(하지만 그녀가 원할 때는 언제든지 멈출 수 있다는 약속을 얻기 전에는 동의하지 않았다). 나는 그저 그녀의 생활에서 잘되었던 것만, 그녀가 기분 좋게 느꼈던 일만, 순조로웠던 부분만 내게 말해 달라고 그녀에게 부탁했다.

"글쎄요, 상대적으로 보면 내 위장 문제가 조금 나아졌던 것 같아요. 오늘 아침에는 네 번만 화장실에 갔지요. 그리고 당신에게 말할 것이 있는데, 여기가 아픈 것 같아요. 그 의사들은……."

"기다려요. 기다려요. 기다려요. 멈춰요. 우리의 실험이 기억나요? 우리는 긍정적인 부분에 대해서만 이야기할 겁니다."

"나도 좋은 일들에 대해서 이야기하고 싶어요. 하지만 솔직히 생각해 낼 수 있는 게 없네요."

"나는 당신이 그렇게 말하는 방식이 좋아요(나는 긍정적인 태도를 취하려고 애쓰고 있었다). 당신의 진술 말미에서 당신은 '생각해 낼 수 있는 게'라고 말했지요. 당신이 그것을 알아차리든 그렇지 않든, 당신은 자신의 삶에서 긍정적인 일들이 일어나고 있을 거라는 걸 암시했어요. 다만 그것들이 지금 당장 마음속에 떠오르지 않을 뿐이지요."

우리는 잠시 동안 이런 식으로 계속했다. 상상력을 펼치는 것은 쉽지 않았다. 나는 평소처럼 장황한 불평을 듣는 것을 거의 갈망하기까지 했다. 그러면 최소한 나는 공상이라도 할 수 있을 테니까 말이다. 하지만 이것은 정말 힘들었다. 몇 가지 좋은 일이 생긴 것을 그녀가 인정하게만 할 뿐인데도 말이다. 인내심과 결의를 가지고 나는 계속 밀어붙였고, 기운을 북돋워 주며 말을 시켰지만 그녀가 불평에 빠질 때는 중단시켰다. 다행스럽게도, 그녀는 우리의 작은 게임이 지루해지면 언제든지 멈출 수 있다는 것을 잊고 있었다. 아니면 혹시라도 그녀는 자신의 초점을 변화시키는 것이 매우 힘들기 때문에 자신이 조금이라도 나아지려면 그런 과제가 필요하다는 것을 무의식적으로 감지하고 있는지도 몰랐다. 내가 그 실험을 완전무결한 성공이라고 여기지는 않았지만 그것이 우리 일상의 단조로움을 깨뜨린 것은 분명했다. 사실 나는 바로 다음 회기에는 우리가 평소하던 방식으로 돌아가려고 만반의 준비를 하고 있었다. 하지만 그녀가 들어왔을 때 나는 그녀의 행동에 눈에 띄는 변화가 있음을 알아차렸다. 그녀는 그 주에 일어난 좋은 일을 내게 말하는 데 회기 초반의 5분 전부를 썼던 것이다! 그러고 나서야 그녀는 자신의 독백으로 돌아갔다.

시간이 지나면서 우리가 함께하는 시간의 상당 부분이 그녀의 생활에서 일어난 불쾌한 일뿐만 아니라 잘되고 있는 일에 집중하는 데 쓰였으며, 마침내 거기에 분배되는 우리의 에너지가 50 대 50으로 나눠지는 데까지 이르렀다. 나는 이러한 변화가 진정 놀랍다고 생각했다. 내가 받은 훈련, 동료와의 토론, 사례에 대해서 나 자신과 나누는 내적 대화에서조차도 내가 정신병리, 종합적인 증상, 문제 영역, 교착상태, 그리고 어떻게 진행될지 모르는 주로 어려운 사례들에 집중하고 있었음을 깨달았다. 또한 내가 불평을 많이 하는 내담자를 가장 싫어한다는 것을 알게 되었다. 이 내담자들은 치료사가 듣고 싶어 하는 것이 그들의 불만이고 그것을 토로하는 것이 그들이 당연히 할 일이라고 여길 수 있다는 생각을 나는 하게 되었다. 더 나아가 내담자의 잘못된 면에 대한 관심을 줄이고, 매 회기에 일정 부분은 내담자의 긍정적인 면을 보는 데 집중하는 것도 가능할 거라는 생각도 하게 되었다.

우리가 생활의 어려운 측면과 상대적으로 안정된 측면 간의 균형을 이룰 때 내담자는 더 빠르게 좋아진다. 더욱이 그들은 효과가 있는 것에 주목하여 그것을 더 자주 하는 것을 배우게 된다. 그러한 개념 전환은 치료사에게도 회기를 더 생산적이라고 느끼게 만든다. 우리의 사기가 높아지면 곧이어 내담자의 긍정적인 태도가 따라온다.

치료환경을 관리하기

비협조적인 내담자는 다른 사람이 세워 놓은 외적인 경계를 거의 존중하지 않는다. 그들은 흔히 자기 편한 대로 움직일 권리가 있다고 느낀다. 회기가 끝난 뒤에 추가 시간을 원한다면 그들은 그것을 얻는다. 그들이 욕을 퍼붓고 싶은데 그것을 받아 내지 못한다면 치료사가 무엇 때문에 있는 것이란 말인가? 그들이 의논할 일이 있어서 밤늦게 우리에게 전화하고 싶다면 전화 한 통으로 바로 된다. 상담료, 시간 일정, 사무실 배치, 치료 방식에서 그들의 마음에 들지 않는 것이 있다면 우리에게 어떻게든 바꾸라고 요구하는 것은 간단한 일이다.

스클라(Sklar, 1988)의 주장에 따르면, 비협조적인 내담자의 정신내적 갈등을 훈습하는 것은 분명 중요하지만 가장 우선되어야 할 것은 경계를 유지하면서 치료환경을 관리하는 것이다. 혼란스러운 내담자의 분노, 두려움, 불안, 저항 그리고 통제하려는 욕구는 정해진 어떤 규칙도 피해 가려는 형태로 가장 많이 표현된다. 흔히 여기에는 약속에 늦거나 깨는 것, 위기 상황을 만드는 것, 치료사에게 도전하여 그 직업상의 관행을 바꾸려고 하는 것이 포함된다.

이 테러리스트 같은 책략은 겉보기엔 악의 없는 여러 가지 방법으로 시작될 수 있다. 예컨대, 상냥하고 조그만 한 노부인은 계단을 오르는 것을 좋아하지 않기 때문에 1층에서 한 회기를 갖게 해 달라고 부탁했다. 그런데 그 뒤로는 상식을 벗어난 시간에 약속을 잡자는 것까지 포함하여 요구가 점점 확대되었다. 또 어떤 내담자는 회기가 시작되기 전에 대기실이 아닌 다른 곳에 앉고 싶다고 하였다. 또 다른 내담자는 회기가 시작할 때마다 한 잔의 물을 청했는데, 치료사가 그것을 구하기 위해 건물의 다른 쪽 끝까지 걸어가야 한다는 것을 알고서도 그랬다. 치료사가 거절하면 그녀는 기침 발작을 시작하여 원하는 것을 얻을 때까지 계속하였다.

비협조적인 내담자에게 기본 원칙이 갖는 의미와 기능을 이해할 때, 우리는 안전하고 안정적이고 예측 가능한 치료환경을 만들고 지속할 수 있다(Langs, 1976). 물론 이것은 오랜 시간 경계선 성격장애를 치료해 온 많은 정신분석가들과 치료사들의 표준적인 운영 절차다. 요점은 비협조적인 모든 내담자는 경계를 가볍게 다루고 한계를 시험하려 한다는 것이다. 많은 사례가 실패로 끝나는 이유 중 상당수는 치료사가 부적절한 시기에 개입해서일 뿐만 아니라 화를 돋우는 아주 불쾌한 행동에 대해 충분한 한계를 설정하지 못해서이기도 하다(Fiore, 1988). 내담자를 경계 안에 두는 데 필요하다면 어떤 한계라도 설정하는 것이 우리의 일이다.

이 과제에서 가장 어려운 부분은 우리의 재치와 연민을 계속 간직하는 것과 동시에 단호한 방식으로 한계를 설정하고 실시하는 것이다(Groves, 1978). 이러한 방침에 따라 해밀턴, 데커 그리고 럼바우트(Hamilton, Decker, & Rumbaut, 1986)는 '처벌적 한계 설정'과 '치료적 한계 설정'을 구분하고 있다. 예컨대, 자살하겠다고 되풀이하여 위협하지만 아직까지 어떤 자살 행위도 끝까지 해 보지 않은 경계선 내담자가 있다고 상상해 보자. 가장 하기 쉬운 것은 그러한 행동은 더 이상 참을 수 없으며 그 조종적인 행동을 그치지 않으면 더 이상 치료할 수 없다고 그에게 알리는 것이다. 표면적으로는 이

것이 임상적으로 가장 적절한 반응인 것 같지만, 실제로는 치료사가 괴롭힘을 당했다고 느끼고 화가 난 것이다. 그 최후 통첩은 차갑게 고해지며 아마도 내담자가 전에 부모로부터 여러 번 들었던 메시지를 전할 것이다. "네가 내 계획을 따르지 않으면 나는 너를 더 이상 사랑하지 않을 것이고 너를 떠날 것이다."

반면에 치료적 한계 설정은 특정한 행동을 더 이상 참을 수 없다는 확고한 메시지를 신중하게 전한다. "당신이 자살하겠다고 위협한 것이 이것으로 네 번째입니다. 내가 당신을 대단히 걱정한 것도 네 번째이지요. 당신이 자살하려고 결심한다면 슬프지만 내가 당신을 멈추게 할 수 있는 방법은 별로 없군요. 당신과 내가 함께 치료를 계속하려고 하면 당신은 다른 대처방법을 개발해야 합니다. 다음번에도 당신이 자살하겠다고 말한다면 나는 그 의미가 당신이 통제 불능의 상태라서 병원에 입원시켜 달라고 부탁하는 것이라고 해석하겠습니다. 내가 당신을 걱정하기 때문에, 그리고 당신이 내 도움을 부탁하고 있기 때문에 나는 그렇게 할 것입니다."

이 두 가지 방식의 한계 설정의 차이는 당신이 하는 것, 더 정확하게는 메시지를 어떻게 전하느냐라기보다 내담자를 치료하는 당신 내부에 어떤 느낌이 있느냐다. 우리의 머리가 맑고 내담자의 행동을 개인적으로 받아들이지 않을 때, 우리는 보복하기 위해 되받아치거나 그들을 벌주거나 하지 않고 한계를 설정할 수 있다.

비협조적인 내담자를 치료하면서 직면을 사용할 때도 마찬가지다. 직면은 한계 설정처럼 두 가지의 주된 형태를 가진다. 하나는 치료사의 분노에 기인하고, 다른 하나는 마음속에서 우러나는 보살핌에 기인한다. 전자의 경우 우리는 분노와 좌절을 느낀다. 우리는 도움을 가장하고 되받아친다. 이러한 상황에서의 '직면'은 사실상 내담자를 제자리로 돌려놓기 위해 고안된 처벌이다. 이러한 행동은 비협조적인 내담자가 자신과 타인 둘 다에게 상처를 입히는 행동에 대한 책임을 받아들이도록 진심으로 도우려는 직면과 대조된다.

워너(Warner, 1984)는 치료사인 그와 치료를 실패하게 만들려고 가능한 모든 것을 했던 한 통제적인 내담자로 인해 상처 입었던 경험을 설명하고 있다. 그런 내담자들은 치료 진행을 방해할 수 있는 길을 발견할 때 자신이 강하다고 느낀다. 그들은 다른 사람들을 괴롭히는 데서 기쁨을 느끼고 무엇보다도 치료사 같은 강한 인물을 화나게 하는 것을 즐긴다.

이러한 이유 때문에 워너(1984)는 불쾌한 사람들을 치료하는 것은 다른 종류의 내담자들을 치료하는 것과 질적으로 다름을 우리에게 상기시킨다. 당신은 뭔가를 해야 한다. 그들의 방해를 모르는 체 해서는 안 된다. 그것은 저절로 사라지지 않는다. "당신이 정말로 받아들일 수 없는 것을 그들이 하고 있다고 직면시킬 때 그들은 훨씬 더 자신감을 되찾는다."(p. 34)

이상적인 치료사의 태도로 전문적인 중립성을 주장한 컨버그(Kernberg, 1984) 같은 정신분석가들도 비협조적인 내담자를 대할 때는 더 공격적이고 직면적인 태도를 취할 것이다. "내 말의 요점은 내담자가 파괴적인 행위를 할 때 치료사가 수동적으로 결탁하여 무력하게 있기보다는 남을 의식하지 않는 난폭자가 될 위험을 무릅쓰는 것이 더 낫다는 것이다. 최소한 적극적인 접근은 환자로 하여금 치료사의 우려, 난감한 상황을 참지 않겠다는 치료사의 단호함, 변화의 가능성에 대한 치료사의 확신을 재확인시킨다."(Kernberg,

1984, pp. 245-246) 그러므로 이론적 접근법은 달라도 치료사들 대부분은 대인관계가 어려운 내담자들을 대할 때 더 직면시키는 태도를 취하고 한계 설정에 더 많은 관심을 기울이는 것이 중요하다고 강조한다.

역설적인 개입

물리학자 닐스 보어(Niels Bohr)는 고체의 한 입자로 존재하면서도 진동파로 움직이는 빛의 역설적인 본질을 설명하기 위해 상보성 원리를 창안하였다. 보어가 활동하던 시대까지 물리적인 세계의 모든 측면은 양자택일의 특성을 지닌 것으로 분류되었다. 그는 자연의 거의 모든 것은 역설적이므로 선과 악, 음과 양, 유용함과 무용함으로 공존한다고 지적했다(Goldberg, 1990).

이처럼 우리가 흔히 내담자의 비협조적인 행동이라고 부르는 것도 조금 다르게 볼 수 있다. 즉, 전에는 그에게 쓸모가 있던 대안(비록 자기 파괴적인 것이라 할지라도)들을 끊임없이 없애려는 치료사의 노력에 굴하지 않고 자유를 행사하려는 시도라고 말이다. 원래 브렘(Brehm, 1966)이 생각해 낸 이 유도저항 이론의 한 예를 테넌, 로어바우, 프레스 그리고 화이트(Tennen, Rohrbaugh, Press, & White, 1981, p. 15)는 다음과 같이 설명하고 있다. "따라서 치료사가 내담자에게 해야 할 것을 암시적으로 또는 분명하게 말한다면 내담자는 그것을 따르지 않거나 치료사가 요구하는 것 외의 것을 함으로써 자유를 직접적으로 되찾을 수 있다. 그렇지 않으면 내담자는 그것을 보다 간접적으로 암암리에 할 수도 있다(예컨대, 지금은 따르지만 치료사의 다음번 요구에는 따르지 않는 것)." 그래서 저자들은 치료사가 내담자의 유도저항을 피하는 최선의 방법은 저항을 불러일으키도록 만들어진 전략을 쓰는 것이라고 제안한다. 물론 이것이 바로 역설적 기법의 근거다.

매우 조종적인 것이 될 수 있는 이 기법에는 다른 이름을 붙이는 것이 좋을지도 모른다. '비지시적인' 개입이 훨씬 부드럽게 들리고 치료사가 뭔가를 하지 않음으로써 뭔가를 하고 있다는 것을 암시해 준다. 완강한 내담자에게 머리로 들이받지 말라는 전략보다 더 매력적인 대안은 분명 거의 없다. 내담자가 경계의 존재를 거부하면서 감히 넘어오려고 하는 것에 대처할 수 있는 뛰어나게 단순하고 우아한 뭔가가 있다.

어떤 내담자들은 자기 영역을 방어하려는 시도나 성격적인 결함 때문만이 아니라 치료사와 내담자 간에 일어나는 특정한 의사소통 방식 때문에도 비협조적인 태도를 취하게 된다(Watzlawick, Weakland, & Fisch, 1974). 에릭슨(Erickson, 1964)은 상호작용적 효과에 기인한 저항을 다루는 일련의 기법들을 개척하였는데 가장 유명한 것이 비협조적인 행동을 격려하는 역설적인 방법들이다. 그는 모든 부모들이 알고 있는 어떤 것을 발견했다. 아이가 뭔가를 그만두기를 원한다면 아이에게 그것을 계속 하라고 말하는 것이다. 이 방법의 배후에 있는 이론은 우리가 사람들에게 저항하라고 지시하면 사람들은 우리에게 저항할 수 없다는 것이다. 비협조적인 내담자가 변화에 저항하려고 노력하는 것에 우리가 합류하면 저항은 협조로 뒤바뀐다(Otani, 1989b).

미국에서 에릭슨이 간접적인 지시를 실험한 것과 동일한 시기에 프랭클(Frankl, 1960)은 의미치료를 저항적인 내담자에게 적용하려고 역설적인 의도를 만들었다. 두 명의 다른 치료사들이 여러 내담자들에게 매우 유사한 방법으로 접근한 것은 참으로 기이해 보인다. 불면증 환자에게는 의도적으로 깨어 있으라는 지시가 주어졌다. 말더듬이에게는 더 자주 그리고 더 오랫동안 말을 더듬으라는 지시가 주어졌다.

재발을 예상하기

비협조적인 내담자들을 치료할 때 격분하는 것 중의 하나는 그들이 지속하는 역기능적 행동의 집요함과 완강함이다. 자기 패배적인 방식은 가장 극적인 개입 외에는 아무것에도 영향을 받지 않는 것 같다. 치료사가 쓸 수 있는 유일한 무기는 이러한 행동 형태를 예상하는 능력이다. 셰이(Shay, 1990)는 연속적인 행동들이 완전히 펼쳐지기 전에 그것들을 방해하는 방법으로 다음에 무슨 일이 일어날지를 예측하는 우리의 능력을 활용하라고 제안한다. 예를 들어, 한 내담자는 데이트가 없는 토요일 밤마다 한바탕 과식을 한다. 한 아이는 부모가 큰 싸움을 할 때마다 학교에서 쫓겨난다. 치료사가 적절한 시기에 뛰어든다. "그래, 제이콥, 네 부모님이 이번 주에 정말 심한 싸움을 했기 때문에 우리는 네가 학교를 떠날 방법을 찾을 거라고 예상할 수 있어."

이 예측이 들어맞는지가 아주 중요한데, 그렇지 않으면 전문가로서의 신뢰성을 잃고 말기 때문이다. 물론 그 예측이 틀리게 고안되었을 경우가 아니라면 말이다. 이 기법의 단순한 우아함은 '재발을 예상하기' 에 관한 헤일리(Haley, 1973)의 설명에 예시되어 있다. 한 내담자는 쉽게 낙담한다. 그녀는 자신의 사회적 세계를 확장하려고 노력했고 얼마간의 작은 진전을 이루었다. 하지만 당신은 그녀가 이 진전이 오래가지 못할까 봐 두려워하는 것을 느낄 수 있다. 실망스러운 일은 반드시 일어나게 되어 있다. 다시 또 말이다. 그래서 당신은 최악의 두려움을 큰 소리로 말한다. "나는 이것이 아마 당신의 예상대로 잘 풀리지는 않을 거라고 경고하고 싶군요. 최소한 당신이 세운 계획의 반은 실패할 겁니다."

이 예측이 사실로 판명된다고 해도 내담자는 비참한 재발을 늦추기 위해 충분한 준비를 했을 것이다. 그녀는 실망을 당연한 일로 받아들일 수 있다. 예측이 턱없이 비관적인 것으로 판명된다면 내담자는 치료사가 틀렸음을 입증한 자신의 능력에 대해 훨씬 더 좋은 느낌을 가지게 된다.

훨씬 더 고질적인 사례에서 헤일리(1973, p. 31)는 재발을 예측할 뿐만 아니라 그것을 격려하는 방법을 설명하고 있다. "나는 당신이 전으로 돌아가서 문제와 처음으로 맞닥뜨렸던 때처럼 불쾌한 느낌을 가졌으면 좋겠습니다. 왜냐하면 당신이 그 당시에 되찾고 지키고 싶었던 것이 무엇이었는지를 살펴봤으면 하기 때문입니다."

반대로 하기

노벨상 수상자들을 연구한 로센버그(Rothenberg, 1990)에 따르면, 창조적인 문제 해결의 핵심은 양극성의 해결 또는 반대되는 것들의 융합이다. 그는 과학, 예술, 철학에서의 새로운 발견들이 이전에 가지고 있던 아이디어들과 반대되는 경우가 매우 흔함을 알게 되었다. "훨씬 더 놀라운 것은 이것이다. 반대되는 것이 진짜일 뿐만 아니라 반대되는 것과 이전에 가지고 있던 아이디어 둘 다가 진짜이고 함께 작용한다는 것이다."(p. 25)

다음과 같이 반대되는 양극성이 함께 존재할 수 있음을 배웠던 우리의 분야보다 이것이 더 분명한 곳은 아무 데도 없다.

1. 내담자를 보살피는 것이 변화를 촉진하지만 직면시키는 것도 마찬가지다. 두 기법을 혼합하는 것이 훨씬 더 낫다.
2. 표현되지 않은 감정을 다루는 것뿐만 아니라 근원적인 사고과정을 탐색하는 것도 통찰을 촉진시킨다. 두 전략을 겸비하는 것이 이상적이다.
3. 내담자를 개별 회기로 보는 것은 매우 효과적이며 집단이나 가족으로 치료하는 것도 그렇다. 때로는 결합시킨 접근법이 훨씬 더 강력하다.
4. 과거를 다루는 것은 현재의 변화를 촉진시키고, 현재 행동을 살펴보는 것은 과거를 명확히 밝히는 데 도움이 된다. 두 접근을 결합한 것이 더 생산적인 미래를 만들어 낸다.

어떤 치료사들은 통찰을 주된 도구로 이용한다. 다른 이들은 자기이해를 완전히 무시하고 행동 전략에 집중하는 것을 선호한다. 어떤 치료사들은 치료관계에서 객관적이고 냉정한 자세를 견지한다. 다른 이들은 자신을 진실하고 꾸밈없이 드러낸다. 그러므로 우리의 직업 전체는 서로 모순되는 양극성에 기초하고 있으며 반대되는 것을 조화시키는 것이 치료사의 요건임이 명백하다.

창의적인 전문가들은 반대되는 말로 생각하는 경향이 있다. 자유연상 검사를 실시할 때 노벨상 수상자들은 자극 단어에 반대되는 말로 반응할 가능성이 더 높다. 로센버그(1990)는 이 야누스적인 과정(동시에 반대쪽을 바라보는, 시작을 상징하는 로마의 신 야누스로부터 따옴)이 문제 해결에 어떻게 작용하는지에 대해서 몇 가지 예를 들고 있다. 알버트 아인슈타인(Albert Einstein)은 빛에 적용한 특수 상대성 이론과 유사한, 모든 것을 아우르는 일반 상대성 이론을 어떻게 개발할 수 있을지 갈피를 못 잡고 있었다. 그는 물리적인 세계에는 근본적인 질서가 있다는 것, '신은 우주를 가지고 주사위놀이를 하고 있지 않다.'는 것을 확신했다. 한 남자가 빌딩에서 떨어지고 있다면 그는 움직이고 있어도 그의 주머니 속에 있는 물건은 상대적으로 움직이지 않을 것이라는 생각이 떠올랐다. 이 역설을 조화시키는 과정이 아인슈타인의 가장 유명한 이론을 이끌어 내었다.

나는 이와 똑같은 과정이 가장 창의적인 치료 작업의 기저를 이룬다고 믿는다. 우리가 어려운 사례로 좌절할 때 그것은 대개 우리가 같은 것을 반복해서 시도하기 때문이다. 그러므로 막혔다고 느끼는 치료사들을 위한 가장 단순한 처방은 이미 시도했던 것과 반대로 하라는 전략적인 금언을 적용하는 것이다. 여기에는 돌런(Dolan, 1985)이 언급한 몇 가지 전략이 포함된다.

1. 대화가 효과가 없으면 침묵하라. 침묵이 효과가 없으면 대화를 시도하라.

2. 앉아 있으면서 막혔다고 느껴지면 움직이기 시작하라. 움직이면서 막혔다고 느껴지면 움직이지 말고 앉아 있으라.
3. 인간미가 없는 분위기라면 그것을 부드럽게 하라. 감정적인 상황이라면 보다 객관적인 분위기로 바꾸라.
4. 불안하면 긴장을 풀기 위해 심호흡을 몇 번 하라. 지루하면 긴장을 고조시킬 뭔가를 하라.

어떤 상황에도 막히지 않는 공식은 당신의 비효과적인 반응 양식을 확인한 뒤 체계적인 방법으로 어떤 것을 바꾸는 것이다. 스타일, 내용, 맥락, 방향, 속도, 강도, 빈도, 영향력, 행동의 빠르기, 압력의 양, 성과에 대한 투자 정도 등 어느 것이라도 말이다. 각각의 변수를 수정하는 것은 다음과 같은 줄거리로 만들어질 수 있다. 내담자가 애매하게 얼버무린 후 치료사가 그녀의 병력과 배경에 대해서 적절한 질문을 한다. 그 후에 치료사는 보다 개방적인 질문을 사용하려고 하지만 내담자는 두서없는 이야기를 시작하고 본론에서 벗어난다. 마침내 치료사는 질문을 완전히 멈추고 반대의 태도를 취하여 조용히 앉아 있는다. 이때 내담자가 자발적으로 유용한 정보를 제공한다.

페이비언 전략: 예상치 못한 것을 하기

골드버그(Goldberg, 1990)는 예상치 못한 일련의 행동들을 취함으로써 적대적인 입장에 있는 상대를 혼란시키는 전략을 페이비언(Fabian) 전략이라고 표현했다. 포에니 전쟁에서 한니발의 허를 찔러 이길 수 있었던 로마의 장군 퀸투스 파비우스 막시무스(Quintus Fabius Maximus)의 이름을 딴 이 접근은 분명히 한 수 높은 사람이 있는 상황에서는 직접적인 직면을 피하려고 한다. 역사를 통틀어 볼 때, 여러 군사 지도자들은 지연, 반복적인 공격, 혼란을 일으키기 위해 고안된 전략을 사용하여 엄청나게 우세한 병력을 물리쳐 왔다. 미국 남북전쟁의 토마스 J. 잭슨(Thomas J. Jackson, 석벽), 미국 독립전쟁의 프랜시스 매리언(Francis Marion, 늪의 여우), 제2차 세계대전 북아프리카 작전의 어윈 롬멜(Erwin Rommel, 사막의 여우)은 전혀 예측할 수 없고 모순된 행동으로 상대를 당황하게 만들었다.

한니발에 대항한 파비우스 장군의 전략은 단순히 전쟁을 피하거나 지연 전술을 쓰는 것이 아니었다. 그것은 싸우려는 적의 의지를 파괴하고, 적이 포기하고 집으로 돌아가게끔 철저히 사기를 꺾고 좌절하게 만들려고 고안되었다. 이것은 베트남전쟁에서 매우 효과적이라고 입증되었던 베트콩의 전략이기도 했다.

비협조적인 내담자는 '적'이나 '반대자'가 아니다. 그들이 가끔 우리를 그러한 역할로 볼 때도 있지만 말이다. 꽉 막히고 저항적인 내담자에게 직접적인 직면을 피하고 간접적인 개입을 취하는 것은 밀턴 에릭슨이 특별히 선호하는 원칙이었다. 저항하기로 굳게 결심한 내담자들에게조차 강력한 것으로 입증된 그의 최면 유도 절차들 대부분은 예상치 못한 것을 하는 페이비언 전략에 기초하고 있었다.

마샬이 사무실로 들어와서 치료에 동의하기 전에 그의 세세한 요구 전부를 내가 받아들일 것을 요구할 때, 그는 내가 화가 나서 거절하기를 바란다. 그는 우리가 그 이상 진행하려면(마샬은 변호사다) 내가 다음의 것들에 동의해야 할 것이라고 말한다.

1. 그의 비서와 1주 단위로 약속을 잡을 것
2. 1개월에 한 번 그의 사무실로 비용을 청구하되, 그가 보험 상환을 받을 때까지 지급을 기다릴 것
3. 그가 내 사무실에 출입하는 것을 볼 수 없도록 그의 바로 앞뒤에 다른 사람과 일정을 잡지 않는다는 것에 동의할 것
4. 그의 사무실에서 급한 일이 생길 때를 대비하여 회기에 휴대전화를 가져오도록 허용할 것
5. 등에 문제가 있어서 최대한으로 지탱해 줘야 하니 그가 내 의자에 앉도록 허락할 것
6. 그가 다루고 싶은 문제들의 목록에서 벗어나지 말 것. 그가 어떤 것에 대해 말하고 싶지 않다면 내가 강요하지 않겠다고 동의할 것
7. 그가 가지고 올 허브차를 그의 전용으로 보관할 것

처음에 나는 그의 요구사항들이 너무나 뻔뻔스러워서(그 양은 말할 것도 없고) 망연자실하여 그가 떠들어 대는 것을 뚫어지게 바라보는 것 말고는 아무것도 할 수 없었다. 마샬이 내 의자에 앉아(내가 순진하게 동의한 그의 첫 번째 요구사항이다.) 자세를 잡는 동안, 나는 내가 선택할 수 있는 것들을 곰곰이 생각했다. 내가 그에게 내 진짜 생각, 즉 조종적이고 통제적인 그의 행동을 허용하지 않을 것이고 내 위치를 위태롭게 하려는 그의 게임을 용인하지 않겠다고 말한다면, 마샬의 치료는 끝나 버릴 것이 분명했다. 나는 그 아이디어가 대단히 매력적이라고 말해야 한다. 그다음에 나는 그와의 협상을 시도한다면 어떤 일이 일어날지를 검토했다. 내 말은 이 남자는 전문적인

소송인이라는 뜻이다. 그는 생계를 위해서 사람들을 잘근잘근 씹어 내뱉는다. 심지어 그는 전화기를 가지고 와서 심사가 뒤틀릴 때마다 누군가에게 겁을 준다. 그런데도 내가 이 사내에게 맞서서 그를 물러서게 할 것이라는 생각을 한다고? 나는 코끼리에 걸터앉은 한니발 무리들과 마주한 파비우스 장군처럼 느꼈다.

그래서 나는 세 번째 선택사항을 곰곰이 생각했다. '그의 요구를 받아들이되 내 조건을 몇 가지 제시하자.' 내가 생각해 낸 이 방법으로 그를 완전히 무장 해제시킬지도 모르며 우리는 힘겨루기를 중단할 수 있을 것이다.

"물론이지요." 나는 말했다. "당신이 요청한 것은 아주 합리적인 것 같습니다. 나는 당신의 모든 요구에 이의가 없습니다. 사실 나는 자신의 요구사항을 말하는 사람이 좋습니다. 그것이 내가 당신의 조건을 받아들이려는 이유이지요. 당신이 내 조건을 받아들인다면 말입니다."

이제 신중해지면서 마샬의 승리의 첫 신호는 사라져 버렸다. "당신의 생각은 무엇이죠?" 그는 자신이 지닌 가장 부드러운, 변호사 같은 목소리로 물었다.

"별거 없습니다. 당신의 요구사항들을 조금만 수정하면 되지요. 첫째, 당신이 내 의자에 앉을 거라면 등을 기대지 말라고 할 겁니다. 왜냐하면 그것은 자주 뒤집어져 버리거든요. 둘째, 여기에 당신의 차를 보관한다는 생각은 환영 그 이상입니다. 정말 대단한 아이디어라고 생각해요. 하지만 당신은 자신의 컵, 설탕, 스푼도 가지고 와야 합니다. 오, 그렇군요. 찻주전자도요. 당신이 자신의 물건으로 차를 만드는 것이 최상이지요."

"당신의 휴대전화에 대해서는 그것도 좋습니다. 하지만 당신이 회기 중에 전화를 받을 거라면 나 역시 똑같이 하고 싶을 겁니다. 그리고 약속을 잡는 일이라면 나는 당신의 비서와 기쁘게 그렇게 할 겁니다. 말하자면 내가 그녀에게 전화하기 전날 당신이 내게 다시 한 번 알려 줄 거라면 말이지요."

그의 웃음이 내 '협상안'을 가로막았기 때문에 나는 더 이상 계속할 수 없었다(나도 충분히 워밍업되었다고!). 그는 심리학자들이 자기들이 앉는 자리에 대해서 그렇게까지 까다롭게 굴 줄은 몰랐다고 분개하며 내 의자에서 일어났다. 하지만 우리는 일종의 동맹이라고도 할 수 있는 합의에 도달했다.

나는 이 사내가 다루기 어려운 사람 노릇을 계속하지 않았다고 말하고 있는 것이 아니다. 하지만 나는 그가 유사한 통제 전술을 부릴 때마다 내가 간접적이고 예상치 못한 방법을 써서 그것들을 철저히 상쇄시킬 수 있음을 알게 되었다.

보조물의 사용

녹음기와 비디오카메라는 비협조적인 내담자가 자신의 말과 행동을 듣고 관찰할 수 있게 해 주는 훌륭한 도구들이다. 대부분의 경우 그들은 자신들이 부적절하게 행동하고 있다는 것을 인정할 필요가 없기 때문에 게임을 계속해 나간다. 따라서 명백하고 기록으로 입증된 증거는 그들이 스스로를 직면하도록 돕는 귀중한 도구다. 대개 치료사는 무슨 일이 일어나고 있는지, 그래서 내담자가 체면을 잃거나 굴욕감을 느낄 위험을 어떻게 피하고 있는지를 굳이 지적할 필요도 없다. 어떤 내담자들은 위협적이지 않은 상황에서 자신들의 행동을 모니터할 기회를 가지기만 해도 되풀이되는 행동 방식을 스스로 찾아낼 수 있다.

집단치료 중에 한 젊은 여성은 리더에게 불만이 있음을 끝까지 부인했다. 그가 그녀에게 말할 때마다, 그가 아무리 부드럽게 접근해도, 또 그의 언급에 아무런 의미가 없어도 그녀는 공격이라도 당한 것처럼 움찔하고 비웃음과 적개심을 가지고 보복했으면서도 이러한 입장을 고수했다.

집단 리더는 매우 직접적인 접근까지 포함하여 여러 가지 방법으로 그런 행동 방식을 수차례 지적했다.

집단 리더: 내가 입을 벌릴 때마다 당신이 격분하는 것을 알아요. 당신이 내게 어떤 느낌을 갖고 있는지 궁금한데요?

적대적인 내담자: 아무 느낌도 없어요. 당신은 왜 항상 나를 골라내서 그런 바보 같은 질문을 하나요?

집단 리더: 보세요, 지금도요. 당신은 자신이 안 한다고 말하는 것을 하고 있어요. 그것은 거의 내가 당신에게 무언가를 상기시키는 것 같은…….

적대적인 내담자: 신경 쓰지 마세요. 나는 내가 그래야 한다고 당신이 생각하는 방식으로는 바른 말을 할 수 없으니 그냥 입을 닫고 있겠어요. 누군가는 말하겠지요. 당신은 내게서 더 이상의 말을 들을 수 없을 거예요.

집단 리더: 피한다고 해서 여기서 계속 되풀이되는 행동 방식이 바

꿔지는 않아요. 우리 사이에서 일어나고 있는 역동을 알아챈 분이 계시나요? 아마도 누군가가 당신이 이해할 수 있는 방식으로 이것을 설명해 줄 수 있을 거예요.

적대적인 내담자: 내가 방금 당신에게 말했지요. 나는 그에 대해서 말하고 싶지 않아요. 당신 귀먹었어요?

그 치료사는 매 회기를 녹음해서 그 집단 회기 동안 가장 많은 시간을 차지한 내담자에게 그 테이프를 주는 방침을 가지고 있었다. 이런 관행은 내담자가 정서적 부담이 줄어든 장소에서 이전에 일어났던 일을 한 번에 되돌아볼 수 있게 해 주었다. 그러고 나면 내담자는 구성원들의 비밀을 보호하기 위해서 다음 주에 그 테이프를 도로 가지고 와서는 실제의 집단 회기 동안에 놓쳤던 문제를 들었다고 보고하게 된다.

이러한 구조는 그 젊은 여성에게 중요한 돌파구가 되어 주었다. 그녀는 테이프에서 자신이 어떤 소리를 내고 있는지를 듣고는 완전히 얼이 빠져 버렸다. 아주 화가 나 있고, 아주 성미가 고약하고, 다른 사람이 자신에게 하는 말을 전혀 들으려고 하지 않는 것이었다. 이제 그녀는 자신의 행동을 고통스럽게 알아차렸고 그 의미를 탐색할 준비가 되었다. 그녀는 직면을 피하고, 듣고 싶지 않은 것을 무시하고, 방어하기보다는 오히려 공격할 수도 있었다. 그러나 그녀는 녹음기에서 들리는 자신의 목소리를 무시할 수는 없었다.

다차원적인 계획을 개발하기

사실 우리는 이 장에서 혹은 책 전체에서 언급된 전략들이 하나의 전반적인 치료 계획으로 통합되지 않는 한 정말로 비협조적인 내담자에게 성공할 가능성이 전혀 없음을 확신할 수 있다. 한 예로, 성범죄자들은 그 장애의 복합성과 그것을 지속시키는 모든 것—강도 높은 흥분, 강박적인 충동, 변화에 대한 동기가 낮은 것, 잡힐 가능성이 적은 것—을 치료하기가 가장 힘든 집단에 속한다. 효과가 있는 유일한 것은 자그마치 다섯 가지의 서로 다른 치료 활동—사회적 기술 훈련, 희생자에 대한 공감, 호르몬 억제 약물, 성교육, 일탈된 흥분에 대한 직접적인 비판—이 결합된 다차원적인 공격을 일제히 시도하는 것이다(LoPiccolo, 1985).

이 같은 다면적인 접근은 대부분의 비협조적인 내담자들을 치료할 때 필요하다. 우리는 어떤 결정적인 요소가 역기능적인 행동 방식을 지속시키는데도 그것을 등한시하는 제한된 초점의 치료 전략에만 머물러 있을 여유가 없다. 그 밖의 '업무상의 규칙'은 다음 장에서 이어진다.

18장

업무상의 규칙

페루 리마의 부유한 지역에는 높은 벽 뒤에 굉장히 아름다운 저택들이 있다. 쭉 뻗은 사유지에는 가족뿐만 아니라 정원사, 자가용 운전사, 경호원, 하녀, 아이들의 유모가 살고 있다. 도시의 나머지 사람들이 지저분하고 비참한 가난 속에서 살고 있는 데 반해, 이 깨끗한 주택가는 풍족함으로 반짝거린다. 다음과 같은 귀찮은 문제만 없다면 그것은 정말로 볼 만한 광경이다. 즉, 밤이건 낮이건 언제라도 도시의 거리를 어슬렁거리거나 관목숲 안에서 자고 있거나 달을 보고 울부짖거나 길을 잃은 정신병자들의 무리를 목격하게 되는 것이다.

페루의 병원과 정신건강 기관들은 오랫동안 사람들로 빈틈없이 들어차 있었다. 1,000%가 넘은 인플레이션, 파산 직전의 경제, 정부를 전복시키려고 하는 테러리스트 등의 문제에 직면한 페루 정부의 관료들은 돈도 권력도 높은 지위의 친구도 없는 정신장애자들에게 무엇을 해 주기보다는 자신들의 일에 더 골몰하고 있다. 많은 정신장애자들이 누울 수 있는 병원 침대도 없고 치료해 줄 수 있는 의사도 없이 내버려진 채 거리를 헤매고 있다.

이 집 없는 사람들은 쓰레기를 먹으려고 다툴 사람이 적고 편안하게 환각에 빠질 수 있다는 분명한 이유 때문에, 더 좋은 지역으로 자연스럽게 이끌린다. 그들은 마치 버려진 것처럼, 움직일 수 있는 쓰레기처럼 이 티 하나 없이 깨끗한 지역을 차지하고 있다.

몇 년 동안 지주들은 그 문제와 싸우고 있다. "우리가 그들을 어떻게 할 수 있단 말인가? 분명 우리는 그들이 우리와 섞여 살면서 우리를 괴롭히고 소란을 일으키도록 놔둘 수 없다. 왜 정부는 뭔가를 하지 않는가?" 그러나 시가 이 혼란을 일소하겠다고 결정한들 그런 프로젝트에 댈 자금이 없다. 이런 이유 때문에 주택 소유자들이 직접 나서기로 결정했다.

한 지역은 기발하게도 경비원들을 고용하여 수송용 대형 밴으로 그 지역을 순찰하면서 부랑자들을 찾아 모으게 했는데, 그것은 꼭 떠돌이 개 포획원이 길 잃은 짐승들을 잡아오는 것과 같았다. 그것은 차라리 이 일의 쉬운 부분이었다. 불행하게도 이 사람들을 둘 곳이 없었기 때문에—그들을 데리고 계속 돌아다니는 것은 매우 비실용적이었으므로—경비원들은 '화물'을 다른 장소로 옮겨서 문을 열고는 이제 또 다른 사람에게 문제를 일으킬 곳으로 몰아냈다. 결국 모든 지역이 이 아이디어를 취하여 자신들의 경비원들을 고용하였다.

이제 이 상황을 상상해 보라. 매일 밤 경비원들이 지역을 순찰하며 노숙자들을 잡아 태우고 다른 지역으로 옮겨서 풀어 준다. 그러면 그들은 그 지역의 경비원들에게 다시 잡혀 차에 태워져서는 아마

출발했던 장소로 되돌아올 것이다! 이 갈 곳 없는 사람들은 옮겨지면서 삶을 허비한다.

나는 비협조적인 내담자가 더 나은 치료를 받도록 동료에게 의뢰할 때 리마에 대해 생각한다. 내가 인내심의 끝에 달했거나, 내담자와 내가 서로 넌더리가 났거나, 어떤 경우에는 우리 사이에 있는 뭔가가 잘 맞지 않았다. 이 직업의 경험을 통해 내가 배운 것이 있다면 그것은 첫 번째 전화 접촉에서 비협조적인 내담자가 될 가능성이 있는 사람을 식별하는 방법이다.

"뭐라고요? 당신이 올해 전화했던 치료사들 중에서 내가 다섯 번째라고요? 당신의 문제를 전문적으로 다루는 사람의 번호를 드리지요."

"오, 알겠어요. 당신은 격주 수요일에만 내게 시간을 내줄 수 있고 그건 당신이 시내에 있을 때라는 거지요. 유감이네요. 나는 수요일에는 약속을 잡을 수가 없어요."

"당신을 내게 의뢰한 사람이 점성술사라는 거지요? 당신이 약속을 잡기 전에 내 생일이 언제인지를 알고 싶다고요? 나는 당신에게 딱 맞을 궁수자리의 친구를 알고 있어요."

터무니없이 들릴지도 모르지만, 우리 모두는 우리의 업무 스타일에 맞지 않는 사람들을 걸러내는 정교하고 민감한 안테나를 가지고 있다. 아무리 노련하다고 할지라도, 아무리 유연하거나 실제적이라고 할지라도, 그 누구도 모든 사람을 치료할 수 없기 때문에 이러한 선별은 나름의 타당성이 있다. 아마도 성공적인 치료를 가장 잘 예측하는 변수는 내담자가 요구하는 것과 치료사가 제공할 수 있는 것 간의 훌륭한 조합일 것이다. 바로 이런 이유 때문에 우리는 우리가 다룰 수 있는 것(또는 다루고 싶은 것)을 넘어서는 내담자들을 이따금 동료에게 의뢰하는 것이다.

물론 이것은 비협조적인 내담자를 다루는 가장 쉬운 방법이다. 그들을 전혀 만나지 않고 당신의 업무를 최대한의 의욕과 최소한의 정신 장애를 가진 사람들로만 국한시키는 것이다. 그리고 나머지의 사람들은 당신의 조직에서 서열이 낮은 구성원에게 의뢰하는 것이다(당신의 서열이 가장 낮다면 그 사례를 상급자가 강한 홍미를 느끼고 도전해 볼 만한 것으로 보이게 만들라). 유머가 아니라, 불편하게 느껴지는 내담자를 의뢰한다는 아이디어는 저항적이라고 입증될 가능성이 있는 내담자를 탈락시키기 위해 선별기법을 사용하는 일부 단기 분석가들이 옹호하는 전략이다(Mann, 1973; Sifneos, 1973b).

좀 더 미묘한 수준에서 대부분의 치료사들은 문제의 소지가 있거나 그들이 제공하는 종류의 치료로부터 도움을 받지 못할 것 같다고 여겨지는 내담자들을 쫓아 버린다.

> "요금 차등제를 실시하는 동료에게 당신을 의뢰해 드리겠습니다." (해석: 당신이 펴부을 화만큼 충분히 내게 지불할 수는 없을 거야.)

> "내가 다음 주에 약속 잡을 수 있는 유일한 시간이 목요일 2시입니다. 일정을 좀 더 유연하게 잡을 수 있는 치료사들의 이름을 알려 드릴까요?" (해석: 나는 새로운 의뢰자가 거의 없는 사람들을 알고 있어. 그들은 아무나 볼 거야.)

> "당신과 함께 하고 싶지만……." (해석: 나는 당신과 함께 하고 싶지

않아.)

"당신이 말하고 있는 것은 이곳이 당신에게 적합한지 의심스럽다는 것이지요." (해석: 그건 내가 할 말이야.)

"당신은 내가 이 문제를 다루는 방식에 실망한 것 같군요." (해석: 나는 상처받았어. 괴롭힐 다른 사람을 찾아가.)

"나는 그런 종류의 치료는 하지 않습니다." (해석: 당신과는 말이지.)

"아마 당신은 새로운 약속을 잡기 전에 그에 대해 생각할 시간을 가지고 싶은 것 같네요." (해석: 내게 전화하지 마. 내가 당신에게 전화할 거야.)

우리가 진정한 전문가라면 전문 지식, 전공 영역, 상호작용 가능성의 면에서 더 나은 조합을 찾도록 도우려는 이유에서만 내담자를 의뢰하기로 결정한다. 단연코 우리는 지불 능력, 우리와의 민족적·종교적·인종적 차이점, 첫눈에 내담자가 비협조적으로 보인다는 것을 이유로 의뢰하지는 않는다. 우리가 새로운 도전들과 씨름하지 않고 우리의 안전지대를 넘어서지 않는다면 어떻게 치료사로 성장할 수 있단 말인가? 우리의 서비스가 가장 많이 필요한 사람들을 돕는 것을 거절한다면 우리가 진정 세상에 어떤 영향을 줄 수 있단 말인가?

물론 우리의 한계를 알고, 우리가 잘할 수 없는 것을 알고, 다른 사람을 만나는 것이 내담자에게 가장 이로운 때가 되었음을 알아차릴 수 있는 것에는 엄청난 강점이 있다. 이것이 우리가 약물남용 사례, 성학대 가해자, 폭식증 환자를 일상적으로 의뢰하는 타당한 이유가 될 수 있다. 우리는 문으로 걸어 들어오는 모든 사례들을 치료할 수 있게 되기를 진심으로 원하지만 '모든 사람에게 모든 것'을 줄 수는 없다.

나는 '리마 현상'이 우리 직업에 어떻게 작용하는지에 마음이 사로잡혀 있다. 너무나 저항적이기 때문에 한 치료사로부터 다른 치료사에게로 보내지는 비협조적인 내담자들이 있기 때문이다. 거의 10년 전에 나는 한 젊은 여성을 치료하게 되어 몇 주간 도움을 주려고 애썼다. 나는 우리의 사고방식이 전혀 다르다는 것을 빨리 알아채고 치료를 완전히 그만두지 않게 하기 위해 한 친구의 이름을 그녀에게 알려 주었다. 십여 명의 치료사를 거친 뒤, 최근 그녀는 내게 전화했다. 그녀가 내게 다시 의뢰되었던 것이다! 이번에 우리는 치료를 잘 풀어 나가려고 노력했고, 그녀가 다른 치료사들과 이룬 진전 덕분인지 혹은 나 자신의 성숙 때문인지 아주 사이좋게 지냈다. 적어도 그녀가 갑자기 오지 않고 다시는 소식을 전하지 않게 될 때까지는 말이다(최소한 내게는).

아마 단연 최고의 해결책은 우리가 자연스럽게 구성한 것, 즉 특정한 종류의 사례를 다룰 것이라고 믿을 수 있는 동료들의 네트워크일 것이다. 내게는 한 친구가 있는데, 그녀는 어린아이들을 치료하는 일은 사랑하지만 청소년들을 보는 것은 거절한다(그녀의 집에는 세 명의 10대들이 있다). 내 경우에는 고등학교 연령대의 아이들과 특히 즐거운 시간을 보내지만 더 어린 아이들을 치료하는 것은 피한다. 나는 집에서 내 아들과 충분히 놀고 있다.

예외는 있지만, 비협조적인 내담자란 보는 사람의 눈에 달린 것이다. 어떤 치료사는 다른 치료사들이 돈을 주어서라도 쫓아 버리고 싶을 정도의 사람들을 치료하는 일을 즐긴다. 그것이야말로 대안적인 관점에 대해 듣는 것이 매우 흥미로운 이유다.

> "나는 약물남용자를 치료하는 것을 좋아하는데, 그 이유는 나 자신을 계속 치료해야 하기 때문이다. 중독에서 회복된 나는 단 한 번의 충동에 휩쓸리면 끝이라는 것을 끊임없이 상기시켜 주는 사람이 필요하다. 나의 내담자인 이들은 바로 내가 그랬던 것처럼 노숙자들이다. 나는 그들의 게임과 그들의 거짓말을 안다. 나는 그들 속에 있는 나 자신을 보는 것이 무척 재미있다."

> "나는 이 지역의 다른 치료사들로부터 의뢰를 많이 받고 있다. 나는 당신이 보고 있는 경계선 성격장애자를 내게 보내라고 말한다. 일부 동료들은 대부분의 삶을 치료실에서 보내야 하는 이런 환자들로 인해 내가 보장된 연금보험을 들고 있다고 비꼰다. 하지만 진실은 내가 장기간의 관계를 정말로 즐긴다는 것이다. 그들 중의 일부는 엄청난 골칫거리가 될 수도 있지만 내가 적절한 한계를 두기만 하면 그런 행동화를 다룰 수 있다. 나는 단지 인내심이 많고 성과를 보기 위해 오랜 시간 기다려야 하는 것을 꺼리지 않을 뿐이다."

> "내가 가장 좋아하는 내담자들 중에는 다른 사람들이 버린 이들이 있다. 어느 편인가 하면, 나는 절망적인 사례를 다루는 데 명성을

얻어 왔다. 혼자 힘으로 치료에 성공하는 치료사들도 있지만 다른 치료사들이 전통적인 방법을 시도하다가 실패했다는 것을 알게 되면 나는 매우 자유롭게 창조적인 실험들을 해 본다. 이미 해 본 일이라는 것은 내게 무의미하다. 그러므로 나는 '저항적'이라고 추정되는 이 내담자들과 상호작용한 결과로 매우 독창적인 뭔가를 만들어 낼 기회를 가지게 된다."

"나는 내가 속한 기관에서 '종결자(터미네이터)'로 알려져 있다. 나는 다른 사람들이 개입하기를 무서워하는 사례들을 맡는 것을 좋아한다. 잘은 모르겠지만 아마 내가 어릴 때 그런 문제아였기 때문에 이 사람들을 지나치게 동일시하는지도 모른다. 어떤 의미에서 나는 이것이 사실임을 안다. 나에게 무엇을 해 보겠다는 사람이 없었던 이유는 내가 그 사람에게 대들고, 대등한 입장에서 상대하려고 했기 때문이다. 어릴 때는 모든 사람이 나를 통제하고 내게 뭘 하라고 말하고 싶어 하는 것처럼 보였다. 그래서 지금 나는 나와 같은 종류의 사람들을 치료하게 된 것이다. 사실대로 말하면, 나는 내 분야의 사람들이 애당초 그들의 도움이 정말로 필요 없는 이들을 치료할 의향만 가지고 있다고 해서 자신들을 치료사라고 부를 수 있는지 이해가 안 된다."

"나는 동료들이 몇몇 사례들을 포기하고 내게 보내는 것을 좋아한다. 나는 잃을 게 없다. 실제로 많은 것을 기대하는 사람이 아무도 없기에, 만약 내가 그 사람에게 어쨌든 도움이 된다면 나는 기적을 이룬 것이다. 그들과 소통하는 것이 전부 그렇게 힘든 것도 아니다.

그들은 나를 그들의 종족 중 한 사람으로 인정하는 것 같다."

"나는 모든 사람이 자신만의 수수께끼를 가지고 있다고 생각한다. 그래서 사례들을 모험이라는 측면에서 생각하면 장애물을 만난다고 해서 좌절감을 느끼지는 않는다. 더 정확히 말하면, 나는 만물 수리공이다. 나는 물건들을 조금 연구한다. 여기저기에 기름을 조금씩 바른다. 헐거워진 나사를 단단하게 조인다. 해야 한다면 그것을 뒤집어서 다른 각도에서는 어떻게 보이는지 살펴볼 것이다. 하지만 내담자가 충분히 오래 머물러 있으면서 나를 기다려 준다면 그들이 도중에 주고 싶어 하는 것이 무엇이든지 기꺼이 참고 견딜 용의가 있다. 어이, 도중에 몇 개의 장애물이 없는 모험이란 것이 무슨 재미가 있겠는가?"

업무상의 규칙 요약

정말로 재미있지 않은가! 전문가들이 비협조적인 내담자를 치료할 때 가장 중요하게 작용하는 원칙이라고 이야기한 것들의 핵심을 추출해 보면 그 대부분은 즐겁게 해야 한다는 것이다. 다음은 업무상의 규칙들 중에서 가장 우선시되는 것들이다.

유머감각을 유지할 것

어떤 사람들이 주의를 끌려고 하는 정도는 비극적이기도 하지만 재미도 있다. 내담자를 비협조적으로 만드는 것은 그들이 얼마나 독창적이고 창의적으로 관계를 통제하느냐다. 그들은 또 다른 규칙들에 따라 산다. 우리가 목격하고 있는 것의 모순을 알아차리면 균형 잡힌 시각을 유지하는 데 도움이 된다. 자신이 잘할 수 있는 것을 가지고 우리를 시험하여 일부러 화를 돋우려는 내담자, 매 회기의 마지막 5분 동안 최상의 것을 남겨 놓는 내담자, 우리가 중요한 것에 접근할 때마다 걷잡을 수 없이 우는 내담자 등등.

치료사들이 비협조적인 내담자로 인해 받는 스트레스에 어떻게 대처하느냐에 관한 한 조사에서 가장 적응적인 전략 중의 하나는 유머의 진가로 단련된 낙관적인 인내심이었다(Medeiros & Prochaska, 1988). 시질(Siegel, 1982)은 아주 불쾌한 환자의 이야기를 하고 있는데, 그녀는 의사가 제안한 모든 절차마다 자신이 지불한 비용을 상회할 정도로 의사를 아주 힘들게 하였다. 의사가 관절통을 경감시키기 위해 무릎에 코르티손 주사를 놓자고 권유하면, 그녀는 그 비용이 얼마인지 물었다. 예의상 그는 평소의 치료비(10달러)는 그녀가 격노할 금액이라서 1분 미만의 시술에 해당하는 그 금액의 반만 청구하겠다고 대답했다. 그러고 나서 그는 만약 그것이 그녀의 기분을 더 낫게 만들면 주사바늘을 더 오래 놔두겠다고 대응했다.

보복하지 말 것

우리가 덫에 너무 깊이 빠진 나머지 내담자에게 어떻게 앙갚음할까 하는 공상을 즐기기 시작할 때 치료는 사라진다. 우리의 평정을 뒤엎으려고 하는 것은 비협조적인 내담자의 '일'이다. 그것은 그저 일일 뿐 개인적인 것이 아니다.

우리가 정서적으로 상처받지 않으면서 내담자로 하여금 그런 행동은 용인되지 않고 결국 자기 파괴적이라는 것을 알게 되도록 직접적인 공격을 흡수하거나 저지할 방법을 찾는 것이 우리의 일이다.

단호함이 필요한 상황에서 연민을 잃지 않고 처벌하지 않으면서 필수적인 한계를 실행하는 것은 중요하다. 우리가 상처를 입거나 화가 날 때 보복하기 쉬운 방법에는 자기 안으로의 침잠, 직면을 구실로 가하는 '정서적인 처벌' , 냉담한 재치로 감춘 비웃음, 보다 직접적인 형태의 공격—내담자를 욕하거나 화난 그를 더 '부채질하는 것' —이 포함된다.

규칙과 역할을 분명히 밝힐 것

당신이 흔쾌히 할 일과 하지 않을 일을 분명하게 설명하라. 경계 밖으로 나갈 때의 결과를 설명하라. 규칙을 냉정하고 일관되게 시행하라. 예외를 만들지 말라.

유연함을 지닐 것

치료의 외부적 경계는 상당히 견고하지만 내부적으로는 자유로움을 유지하는 것이 중요하다. 비협조적인 내담자는 예측할 수가 없다. 그들은 우리가 예상치 못한 쪽에서부터 우리를 공격한다. 어떤 일이 언제라도 일어날 수 있음을 스스로에게 상기시키는 한, 우리는 몰입을 유지하고 계속 변하는 상황에 대응할 준비를 갖추게 된다.

실용적인 태도를 취할 것

우리가 효과적이지 않은 치료 전략을 끝까지 계속할 때는 어떤 내담자와도 문제가 생긴다. 우리가 주어진 상황의 독특한 요구에 우리의 방법을 맞추지 않는다면 비협조적인 내담자일수록 상황은 더 빨리 나빠질 것이다.

내담자와 이미 시도해 본 것, 효과가 없었던 것 전부의 목록을 만들어 보라. 그중 어떤 것도 더 이상 하지 말라. 그 밖의 것을 하라. 다시, 또다시. 차이를 만들어 내는 요소들의 적절한 조합을 찾아낼 때까지.

때로는 치료동맹 자체가 내담자로 하여금 규칙을 지키게 하는 데 충분한 영향력을 발휘한다. 그 밖에는 상황을 행동 중심이나 인지 중심이나 정서 지향으로 유지하는 것이 필요하다. 충분한 시간과 인내심을 가지면, 결국에는 더 나은 협조를 이끌어 낼 실마리를 찾기 마련이다.

자기 노출을 효과적으로 사용할 것

우리가 원하는 대로 쓸 수 있는 가장 유용한 도구 중의 하나는 내담자의 행동에 대한 우리 자신의 반응이다. 이것은 특히 처음부터 사람을 믿는 데 문제가 있는 사람들에게 해당된다. 세상에서 그들에게 가장 필요 없는 것이 전문가의 역할 뒤에 숨어 있는 사람의 겉치레다(Miller & Wells, 1990). 치료사의 진실한 반응은 민감하고 온정적으로 전해질 때 동맹을 위한 전환점이 되기 마련이다.

직면, 직면, 직면

어떤 사람들은 다른 사람들을 실컷 화나게 만들고는 교묘히 피해가는 비법을 알고 있다. 그들 자신은 처참한 결말을 겪는 일 없이 상대방에게 아주 불쾌하거나 둔감하거나 조종적이거나 통제적으로 대할 수 있다. 다른 사람들이 그들을 좋아하지 않는다는 것을 알면서도, 불쾌한 내담자들은 용케도 격렬한 응징이 촉발되지 않게 하는 법을 안다.

그러므로 우리의 일은 내담자의 세계에서 그가 도망치지 않고 솔직한 직면을 견딜 수 있게 만드는 몇 안 되는 사람들 중의 한 사람이 되는 것이다. 우리가 조금이라도 도움이 되기 위해서는, 내담자들이 잘못되어 있다는 것을 자유롭게 말할 수 있어야 하고 그로 인해 그들이 떠나 버릴 거라는 두려움을 가지지 말아야 한다는 것이다. 이 일은 우리가 분노와 적개심이 아닌 사랑과 관심을 가지고 직면시키고 있음을 그들이 확신할 때만 효과가 있다. 떠나는 사람들은 처음부터 변화할 가능성이 큰 사람들이 아니다. 가지 않고 주변을 어슬렁거리는 사람들은 그들의 행동으로 말하고 있다. "나는 당신이 하고 있는 일을 좋아하지 않아요. 하지만 나는 그것이 필요하다는 것을 알아요."

인내심을 가질 것

셀리그먼(Seligman, 1990)은 비협조적인 내담자를 치료할 때 가장 중요한 규칙은 치료가 때로는 오랜 시간이 걸릴 수 있음을 기억하는 것이라고 우리에게 상기시킨다. 신뢰는 서서히 구축될 뿐이다. 비협조적인 내담자가 대부분의 사람들보다 신뢰 문제로 더 많이 씨름하기 때문에, 우리는 치료동맹이 굳건하게 수립될 때까지 극도의 인내심을 발휘해야 할 경우가 많다.

저항의 의미를 해독할 것

모든 형태의 저항은 우리에게 어떤 메시지를 전하고 있다. '나는 마음이 아프다.' '나는 무섭다.' '나는 다른 사람들을 통제할 때 느끼는 힘을 즐긴다.' 우리는 내담자의 행동 아래에 있는 의미를 이해할 때 그것을 다룰 방법도 찾을 수 있다. 이상적으로는, 내담자가 그들 자신의 행동과 그 행동의 이유를 이해할 수 있도록 도움으로써 그들의 자기 패배적 행동에 변화를 가져올 수 있다.

온정적인 사람이 될 것

세상의 모든 예비 학습과 훈련이 문제 있는 사람들을 다루는 데 필요한 모든 도구를 우리에게 제공해 주지 않을 것임을 기억하라. "비협조적인 환자들을 치료할 때, 우리는 대개 직관력, 신념, 직업적인 헌신에 의지해야 한다." (Lowenthal, 1985, p. 153)

흥미롭게도 이 인용문은 치료사가 아니라 한 치과의사가 불쾌한 환자들을 다루는 데 무엇이 필요한지를 설명한 것이다. 도움을 주는 사람은 어떤 환경에서 일하든 간에, 보살핌을 받는다고 느끼게 하려면 보통보다 훨씬 더 많은 친절, 온정, 이해를 필요로 하는 무례하고 요구가 많은 소비자와 맞닥뜨릴 것이다.

다른 모든 방법이 실패할 때

"나는 꽤 괜찮은 치료사이고 수년간 이 일을 하고 있다. 나는 생각할 수 있는 모든 것을 해 봤다. 이제 아이디어가 완전히 고갈되었다. 당신이 도움이 될 어떤 것을 찾아내지 못한다면 아마 당신은 남은 인생 동안 지금처럼 살 것이다." (LoPiccolo, 1991)

이렇게 놀라운 말을 하고 나서 로피콜로는 치료사에게 매우 중요한 기술이라고 여기는 것—할 수 있는 것이 더 이상 아무것도 없을 때는 놓아줄 것—을 설명한다. 우리가 생각해 낼 수 있는 모든 것을 해 보고 도움을 줄 수 있는 모든 이들과 상의한 후, 내담자가 하고 싶은 대로 놓아두는 수밖에는 달리 도리가 없을 때(무능감으로 우리 자신을 미치게 하는 것 말고는)가 온다. "좋아요, 당신이 이겼습니다. 상을 받아가세요. 당신의 방식대로 하면 됩니다. 그래, 이제부터 당신은 무엇을 하고 싶나요?"

프라모(Framo, 1990)는 자신이 젊고 이상주의자였을 때 사무실로 걸어 들어오는 사례는 어떤 어려움이 있어도 열성적으로 떠맡았다고 말한다. 그러나 그도 마지못해 인정하는 것이 있는데, 치료에 너무나 비협조적이어서 지구상의 거의 모든 전문가의 치료에도 저항하는 일부 내담자들, 일부 가족들이 있다는 것이다. 그들의 특권의식은 경험과 인내심이 가장 많은 치료사라도 좌절감으로 휘청거리도록 몰아세울 수 있다.

그런 사례를 만날 때 프라모가 주는 최선의 충고는 전능감의 환상, 언제나 모든 사람의 마음을 움직일 수 있다는 믿음을 포기하라는 것이다. 살아 있는 어떤 치료사라도 도움을 줄 수 없는 사람들이 있다. 당신이 할 수 있는 것을 훨씬 벗어난 사람들이 있다.

나는 이것이 정말 멋진 충고라는 것을 안다! 오직 하나의 문제는 내가 그 후에 끔찍한 시간을 갖는다는 것이다. 만약 내가 한계를 어김없이 받아들이고 전능감을 포기한다면 가끔 내 치료를 잘 듣게 하는 강력한 무기도 희생시킬까 봐 두렵다. 겉보기에도 절망적인 사례를 포기하지도, 놓아 버리지도 않는 나의 고집은 (명백히) 기적적인 결과를 만들어 낸 경우가 드물었다. 인정하건대, 성공률은 아마 백중의 일일 것이다. 이는 내가 실패감과 좌절감을 느낀 것이 아흔아홉 번이라는 뜻이다. 그렇지만 나는 너무나 절망적으로 보이는 한 내담자를 도울 수만 있다면 그것은 대가를 치를 만한 가치가 있다고 생각한다.

이것이 내 속에 있는 신경증적인 결함인가? 틀림없다. 그것이 덜해지면 내 일을 좀 더 즐기고 내 직업적인 성공이 펼쳐질까? 나는 그렇게 되도록 애쓰고 있다. 하지만 내가 절망적인 사례를 놓아줄 수 있을 때까지, 그 사이에 나는 결코 상상할 수 없었던 방식으로 내 능력을 발휘할 것이며, 비협조적인 내담자를 치료할 새로운 방법을 발견하기 위해 스스로 도전할 것이다.

참고문헌

Adler, G. "Helplessness in the Helper." In P. C. Giovacchini and L. B. Boyer (eds.), *Technical Factors in the Treatment of the Severely Disturbed Patient.* Northvale, N.J.: Jason Aronson, 1982.

Allgood, S. M., and Crane, D. R. "Predicting Marital Therapy Dropouts." *Journal of Marital and Family Therapy,* 1991, *17,* 73-79.

Altshul, J. A. "The So-Called Boring Patient." *American Journal of Psychotherapy,* 1977, *31,* 533-545.

American Psychiatric Association. *Diagnostic and Statistical Manual of Mental Disorders.* (3rd ed., revised) Washington, D.C.: American Psychiatric Association, 1987.

Anderson, C. M., and Stewart, S. *Mastering Resistance: A Practical Guide to Family Therapy.* New York: Guilford Press, 1983a.

Anderson, C. M., and Stewart, S. "Meeting Resistance in Ongoing Treatment." *Family Therapy Networker,* Jan./Feb. 1983b, pp. 32-39.

Anthony, E. J. "Between Yes and No: The Potentially Neutral Area Where the Adolescent and His Therapist Can Meet." *Adolescent*

Psychiatry, 1976, *4*, 323-344.

Basch, M. E. "Dynamic Psychotherapy and Its Frustrations." In P. L. Wachtel (ed.), *Resistance: Psychodynamic and Behavioral Approaches*. New York: Plenum, 1982.

Bauer, G. P., and Mills, J. A. "Use of Transference in the Here and Now: Patient and Therapist Resistance." *Psychotherapy*, 1989, *26*(1), 112-119.

Beck, A. T. *Cognitive Therapy and the Emotional Disorders*. New York: International Universities Press, 1976.

Beitman, B. D., Goldfried, M. R., and Norcross, J. C. "The Movement Toward Integrating the Psychotherapies: An Overview." *American Journal of Psychiatry*, 1989, *146*(2), 138-147.

Bellak, L, and Faithorn, P. *Crises and Special Problems in Psychoanalysis and Psychotherapy*. New York: Brunner/Mazel, 1981.

Bergman, J. S. *Fishing for Barracuda*. New York: W.W. Norton, 1985.

Beutler, L. E. *Eclectic Psychotherapy: A Systematic Approach*. Elmsford, N.Y.: Pergamon Press, 1983.

Bion, W. R. *Seven Servants: Four Works by Wilfred R. Bion*. New York: Jason Aronson, 1977.

Blanck, G., and Blanck, R. *Ego Psychology: Theory and Practice*. New York: Columbia University Press, 1974.

Book, H. E. "Is Empathy Cost Efficient?" *American Journal of Psychotherapy*, 1991, *45*, 21-30.

Boulanger, G. "Working with the Entitled Patient." *Journal of Contemporary Psychotherapy, 1988, 18*(2), *124-144*.

Bowlby, J. *Attachment and Loss*. New York: Basic Books, 1973.

Boy, A. V. "Psychodiagnosis: A Person-Centered Perspective." *Person*

Centered Review, 1989, *4*(2), 132-151.

Brehm, J. W. A *Theory of Psychological Reactance.* New York: AcaPress, 1966.

Brehm, S. S., and Brehm, J. W. *Psychological Reactance: A Theory of Freedom and Control.* Orlando, Fl.: Academic Press, 1981.

Brenner, A. "From Acting Out to Verbalization." *Journal of Contemporary Psychotherapy,* 1988, *18*(2), 179-192.

Breuer, J., and Freud, S. "Studies on Hysteria." In J. Strachey (ed.), *Standard Edition ofthe Complete Psychological Works of Sigmund Freud.* London: Hogarth Press, 1893.

Brothers, B. J. "Rocks and Glaciers (and Psychosis): A Weaning Away, as of Rocks by Glaciers..." In E. M. Stern (ed.), *Psycho-therapy and the Abusive Patient.* New York: Haworth Press, 1984.

Bugental, J. F. T. *Intimate Journeys: Stories from Life-Changing Therapy.* San Francisco: Jossey-Bass, 1990.

Burns, D. *Feeling Good.* New York: Morrow, 1980.

Cahill, A. J. "Aggression Revisited: The Value of Anger in Therapy and Other Close Relationships." In S. C. Feinstein and J. G. Looney (eds.), *Adolescent Psychiatry: Developmental and Clinical Studies.* Chicago: University of Chicago Press, 1981.

Campbell, K. "The Psychotherapy Relationship with Borderline Personality Disorders." *Psychotherapy,* 1982, *19*(2), 166-193.

Colson, D. B., and others. "An Anatomy of Countertransference: Staff Reactions to Difficult Psychiatric Hospital Patients." *Hospital and Community Psychiatry,* 1986, *37*(9), 923-928.

Cormier, W. H., and Cormier, L. S. *Interviewing Strategies for Helpers.* (3rd ed.) Pacific Grove, Calif.: Brooks/Cole, 1991.

Csikszentmihalyi, M. *Flow: The Psychology of Optimal Experience.* New York: Harper & Row, 1990.

Davis, H. "Impossible Clients." *Journal of Social Work Practice,* May 1984, pp. 28-48.

Day, R. W., and Sparacio, R. T. "Structuring the Counseling Process." *Personnel and Guidance Journal,* 1980, *59,* 246-249.

DeChenne, T. K. "Boredom as a Clinical Issue." *Psychotherapy,* 1988, *25*(1), 71-81.

de Shazer, S. "The Death of Resistance." *Family Process,* 1984, *23*(1), 11-17.

Dickson, M. "On the Experience of Feeling Understood." Unpublished doctoral dissertation, Union Graduate School, Cincinnati, 1991.

Diebold, J. *The Innovators.* New York: Dutton, 1990.

Dixon, D. N. "Client Resistance and Social Influence." In E J. Dorn (ed.), *The Social Influence Process in Counseling and Psychotherapy.* Springfield, Ill.: Thomas, 1981.

Dolan, Y. M. *A Path with a Heart: Ericksonian Utilization with Resistant and Chronic Clients.* New York: Brunner/Mazel, 1985.

Dowd, E. T., Milne, C. R., and Wise, S. L. "The Therapeutic Reactance Scale: A Measure of Psychological Reactance." *Journal of Counseling and Development,* 1991, *69,* 541-545.

Dowd, E. T., and Seibel, C. A. "A Cognitive Theory of Resistance and Reactance: Implications for Treatment." *Journal of Mental Health Counseling,* 1990, *12*(4), 458-469.

Dyer, W. W. *Your Erroneous Zones.* Ramsey, N. J.: Funk & Wagnalls, 1976.

Dyer, W. W., and Vriend, J. "Counseling the Reluctant Client." *Journal of Counseling Psychology,* 1973, *20*(2), 240–246.

Dyer, W. W., and Vriend, J. *Group Counseling for Personal Mastery.* New York: Sovereign, 1980.

Ellis, A. *Reason and Emotion in Psychotherapy.* Secaucus, N.J.: Citadel, 1962.

Ellis, A. *Overcoming Resistance.* New York: Springer, 1985.

Epstein, L. "The Therapeutic Function of Hate in the Countertransference." In L. Epstein and A. H. Feiner (eds.), *Countertransference.* Northvale, N.J.: Jason Aronson, 1979.

Erickson, M. H. "A Hypnotic Technique for Resistant Patients." *American Journal of Clinical Hypnosis,* 1964, *7,* 8–32.

Erickson, M. H. "The Use of Symptoms as an Integral Part of Therapy." In E. L. Rossi (ed.), *The Collected Papers of Milton H. Erickson.* New York: Irvington, 1980.

Esman, A. H. "Some Reflections on Boredom." *Journal of the American Psychoanalytic Association,* 1979, *27,* 423–439.

Feiner, A. H. "Comments on the Difficult Patient." *Contemporary Psychoanalysis,* 1982, *18*(3), 397–411.

Fiore, R. J. "Toward Engaging the Difficult Patient." *Journal of Contemporary Psychotherapy,* 1988, *18*(2), 87–106.

Ford, C. V. *The Somatizing Disorders.* New York: Elsevier Biomedical, 1981.

Framo, J. L. "An Intergenerational Approach." *Family Therapy Network,* Sept./Oct. 1990, pp. 83–85.

Frankl, V. "Paradoxical Intention: A Logotherapeutic Technique." *American Journal of Psychotherapy,* 1960, *14,* 520–535.

Franz, C. *The People's Guide to Mexico.* Santa Fe, N.M.: John Muir

Publications, 1990.

Fremont, S. K., and Anderson, W. "What Client Behaviors Make Counselors Angry? An Exploratory *Study." Journal of Counseland Development,* 1986, *65*(2), 67-70.

Fremont, S. K., and Anderson, W. "Investigation of Factors Involved in Therapists' Annoyance with Clients." *Professional Psychology,* 1988, *19*(3), 330-335.

Freud, S. "The Future Prospects of Psychoanalytic Therapy." In J. Strachey (ed.), *The Standard Edition of the Complete Psychological Works of Sigmund Freud.* Vol. 11. London: Hogarth Press, 1957. (Originally published 1910.)

Freud, S. "On the History of the Psychodynamic Movement." In J. Strachey (ed.), *The Standard Edition of the Complete Psychological Works of Sigmund Freud.* Vol. 14. London: Hogarth Press, 1957. (Originally published 1914.)

Freud, S. "Observations on Transference-Love." In J. Strachey (ed.), *The Standard Edition of the Complete Psychological Works of Sigmund Freud. Vol. 12.* London: Hogarth Press, 1957. (Originally published 1915.)

Freud, S. "Analysis: Terminable and Interminable." In *Freud: Therapy and Technique.* New York: Collier Books, 1963.

Gelman, D. "A Much Riskier Passage." *Newsweek,* Summer/Fall 1990, pp. 10-17.

Giovacchini, P. L. "Structural Progression and Vicissitudes in the Treatment of Severely Disturbed Patients." In P. L. Giovacchini and L. B. Boyer (eds.), *Technical Factors in the Treatment of the Severely Disturbed Patient.* Northvale, N.J.: Jason Aronson, 1982.

Giovacchini, P. L. *Countertransference Triumphs and Catastrophes.* Northvale, N.J.: Jason Aronson, 1989.

Giovacchini, P. L., and Boyer, L. B. (eds.). *Technical Factors in the Treatment of the Severely Disturbed Patient.* Northvale, N.J.: Jason Aronson, 1982.

Goldberg, P. *The Babinski Reflex.* Los Angeles: Jeremy P. Tarcher, 1990.

Golden, W. L. "Resistance in Cognitive-Behavior Therapy." *British Journal of Cognitive Psychotherapy,* 1983, *1*(2), 33-42.

Goldstein, A. *Structured Learning Therapy: Towards Psychotherapy of the Poor.* San Diego, Calif.: Academic Press, 1973.

Greenberg, G. "Reflections on Being Abrasive: Two Unusual Cases." *The Psychotherapy Patient,* 1984, *1*(1), 55-60.

Greenberg, L. S., and Johnson, S. M. *Emotionally Focused Therapy for Couples.* New York: Guilford Press, 1988.

Greenson, R. *The Technique and Practice of Psychoanalysis.* New York: International Universities Press, 1967.

Groves, J. E. "Taking Care of the Hateful Patient." *New England Journal of Medicine,* 1978, *298*(16), 883-887.

Haley, J. (ed.). *Advanced Techniques of Hypnosis and Therapy: Selected Papers of Milton H. Erickson.* Philadelphia: Grune & Stratton, 1967.

Haley, J. *Uncommon Therapy.* New York: Norton, 1973.

Haley, J. *The First Therapy Session.* San Francisco: Jossey-Bass, 1989. Audiotape.

Hamilton, J. D., Decker, N., and Rumbaut, R. D. "The Manipulative Patient." *American Journal of Psychotherapy,* 1986, *60*(2), 189-200.

Harris, G. A., and Watkins, D. *Counseling the Involuntary and Resistant Client.* College Park, Md.: American Correctional Association, 1987.

Hartman, C., and Reynolds, D. "Resistant Clients: Confrontation, Interpretation, and Alliance." *Social Casework,* April 1987, pp. 205-213.

Hulme, W. E. *Creative Loneliness.* Minneapolis: Angsburg, 1977.

Issacharoff, A. "Barriers to Knowing." In L. Epstein and A. H. Feiner (eds.), *Countertransference.* Northvale, N.J.: Jason Aronson, 1979.

Jahn, D. L., and Lichstein, K. L. "The Resistive Client: A Neglected Phenomenon in Behavior Therapy." *Behavior Modification,* 1980, *30,* 303-320.

Jones, E. E. "Psychotherapists' Impressions of Treatment Outcome as a Function of Race." *Journal of Clinical Psychology,* 1982, *38,* 722-732.

Jones, E. E., and Zoppel, C. L. "Impact of Client and Therapist Gender on Psychotherapy Process and Outcome." *Journal of Consulting and Clinical Psychology,* 1982, *50,* 259-272.

Jurich, A. P. "The Jujitsu Approach: Confronting the Belligerent Adolescent." *Family Therapy Networker,* July/Aug. 1990, 43-49.

Karasu, T. B. "The Specificity Versus Nonspecificity Dilemma: Toward Identifying Therapeutic Change Agents." *American Journal of Psychiatry,* 1986, *143,* 687-695.

Kernberg, O. F. *Borderline Conditions and Pathological Narcissism.* Northvale, N.J.: Jason Aronson, 1975.

Kernberg, O. F. *Internal World and External Reality.* Northvale, N.J.: Jason Aronson, 1980.

Kernberg, O. F. *Severe Personality Disorders.* New Haven, Conn.: Yale University Press, 1984.

Kitzler, R., and Lay, J. "Bread From Stones." In E. M. Stern (ed.), *Psychotherapy and the Abusive Patient.* New York: Haworth Press, 1984.

Kottler, J. A. *Pragmatic Group Leadership.* Pacific Grove, Calif.: Brooks/Cole, 1983.

Kottler, J. A. *On Being a Therapist.* San Francisco: Jossey-Bass, 1986.

Kottler, J. A. *Private Moments, Secret Selves: Enriching Our Time Alone.* Los Angeles: Jeremy Tarcher, 1990.

Kottler, J. A. *The Compleat Therapist.* San Francisco: Jossey-Bass, 1991.

Kottler, J. A., and Blau, D. S. *The Imperfect Therapist: Learning from Failure in Therapeutic Practice.* San Francisco: Jossey-Bass, 1989.

Kottler, J. A., and Brown, R. W. *Introduction to Therapeutic Counseling.* (2nd ed.) Pacific Grove, Calif.: Brooks/Cole, 1992.

Kroll, J. *The Challenge of the Borderline Patient.* New York: Norton, 1988.

Krystal, H. "Alexithymia and Psychotherapy." *American Journal of Psychotherapy,* 1979, *33,* 17-31.

Krystal, H. "Alexithymia and the Effectiveness of Psychoanalytic Treatment." *International Journal of Psychoanalytic Psychotherapy,* 1982, *9,* 353-378.

Kushner, M. G., and Sher, K. J. "The Relation of Treatment Fearfulness and Psychological Service Utilization: An Overview." *Professional Psychology,* 1991, *22,* 196-203.

L'Abate, L. "Pathogenic Role Rigidity in Fathers: Some Observations."

Journal of Marriage and Family Counseling, 1975, *1,* 69-79.

Langs, R. *The Therapeutic Interaction.* Northvale, N.J.: Jason Aronson, 1976.

Langs, R. "Some Communicative Properties of the Bipersonal Field." *International Journal of Psychoanalytic Psychotherapy,* 1978, *7,* 87-135.

Langs, R. *Interactions.* Northvale, N.J.: Jason Aronson, 1989.

Larke, J. "Compulsory Treatment: Some Practical Methods of Treating the Mandated Client." *Psychotherapy,* 1985, *22*(2), 262-268.

Lasky, R. "Primitive Object-Relations and Impaired Structuralization in the Abrasive Patient." In E. M. Stern (ed.), *Psychotherapy and the Abusive Patient.* New York: Haworth Press, 1984.

Lazarus, A. A. "The Need for Technical Eclecticism." In J. K. Zeig (ed.), *The Evolution of Psychotherapy.* New York: Brunner/Mazel, 1986.

Lazarus, A. A., and Fay, A. "Resistance or Rationalization? A Cognitive-Behavioral Perspective." In P. L. Wachtel (ed.), *Resistance: Psychodynamic and Behavioral Approaches.* New York: Plenum, 1982.

Leiderman, D. B., and Grisso, J. A. "The Gomer Phenomenon." *Journal of Health and Social Behavior,* 1985, *26*(3), 222-232.

Leszcz, M. "Group Psychotherapy of the Characterologically Difficult Client." *International Journal of Group Psychotherapy,* 1989, *39*(3), 311-334.

Liebenberg, B. "The Unwanted and Unwanting Patient: Problems in Group Psychotherapy of the Narcissistic Patient." In B. E. Roth, W. N. Stone, and H. D. Kibel (eds.), *The Difficult Patient in Group.* Madison, Conn.: International Universities Press, 1990.

Lipsitt, D. R. "Medical and Psychological Characteristics of 'Crocks.'" *International Journal of Psychiatry*, 1970, *1*, 15-25.

LoPiccolo, J. *Workshop on Sex Therapy*. Charleston, S.C., 1991.

LoPiccolo, J., and Friedman, J. "Sex Therapy: An Integrative Model." In S. Lynn and J. Gurske (eds.), *Contemporary Psychotherapies: Models and Methods*. New York: C. E. Merrill, 1985.

Lowenthal, V. "A Dentist's Approach to Difficult Patients." *Journal of Oral Medicine*, 1985, *40*(3), 151-153.

Luborsky, L., Crits-Christoph, P., Mintz, J., and Auerbach, A., *Who Will Benefit from Psychotherapy? Predictions and Therapeutic Outcomes*. New York: Basic Books, 1988.

Luther, G., and Loev, I. "Resistance in Marital Therapy." *Journal of Marital and Family Therapy*, Oct. 1981, pp. 475-480.

McElroy, L. P., and McElroy, R. A. "Countertransference Issues in the Treatment of Incest Families." *Psychotherapy*, 1991, *28*, 48-54.

McGuire, W. (ed.). *The Freud/Jung Letters*. Princeton, N.J.: Princeton University Press, 1974.

McHolland, J. D. "Strategies for Dealing with Resistant Adolescents." *Adolescence*, 1985, *20*, 349-368.

Madanes, C. *Strategic Family Therapy*. San Francisco: Jossey-Bass, 1981.

Madanes, C. *Metaphors and Paradoxes*. San Francisco: Jossey-Bass, 1990a. (Tape series)

Madanes, C. Workshop on Strategic Family Therapy. Lansing, Mich., 1990b.

Madden, D. J. "Voluntary and Involuntary Treatment of Aggressive Patients." *American Journal of Psychiatry*, 1977, *134*(5), 553-555.

Mahoney, M. J. *Cognition and Behavior Modification*. New York: Ballinger, 1974.

Mahrer, A. R. "The Care and Feeding of Abrasiveness." In E. M. Stern (ed.), *Psychotherapy and the Abusive Patient*. New York: Haworth Press, 1984.

Mahrer, A. R. *The Integration of Psychotherapies*. New York: Human Sciences Press, 1989.

Mann, J. *Time Limited Psychotherapy*. Cambridge, Mass.: Harvard University Press, 1973.

Manthei, R. J., and Matthews, D. A. "Helping the Reluctant Client to Engage in Counselling." *British Journal of Guidance and Counselling*, 1982, *10*, 44-50.

Markowitz, L. M. "Better Therapy Through Chemistry?" *Family Therapy Networker*, May/June 1991, pp. 23-31.

Marshall, R. J. *Resistant Interaction*. New York: Human Sciences Press, 1982.

Martin, J. *The Resistant Patient*. Kensington, Australia: New South Wales University Press, 1979.

Martin, P. "The Obnoxious Patient." In P. L. Giovacchini (ed.), *Tactics and Techniques in Psychoanalytic Therapy*. New York: Jason Aronson, 1975.

Masterson, J. E. *Psychotherapy of the Borderline Adult*. New York: Brunner/Mazel, 1976.

Medeiros, M. E., and Prochaska, J. O. "Coping Strategies that Psychotherapists Use in Working with Stressful Clients." *Professional Psychology*, 1988, *19*(1), 112-114.

Meichenbaum, D. *Cognitive-Behavior Modification*. New York:

Plenum, 1977.

Mens-Verhulst, J. van, "Perspectives of Power in Therapeutic Relationships." *American Journal of Psychotherapy,* 1991, *45*(2), 198-210.

Merbaum, M., and Butcher, J. N. "Therapists Liking of Their Psychotherapy Patients: Some Issues Related to Severity of Disorder and Treatability." *Psychotherapy,* 1982, *19*(1), 69-76.

Miller, L. "Man Without Passion." *Psychology Today,* 1989, pp. 20-22.

Miller, M. J. "The Invisible Client." *Personal and Guidance Journal,* 1983, *62*(1), 30-33.

Miller, M. J., and Wells, D. "On Being 'Attractive' with Resistant Clients." *Journal of Humanistic Education and Development,* 1990, *29,* 86-92.

Milman, D. S., and Goldman, G. D. "Introduction to Resistance." In D. S. Milman and G. D. Goldman (eds.), *Techniques of Working with Resistance.* Northvale, N.J.: Jason Aronson, 1987.

Morrant, J. C. A. "Boredom in Psychiatric Practice." *Canadian Journal of Psychiatry,* 1984, *29,* 431-434.

Moustakas, C. *Loneliness and Love.* Englewood Cliffs, N.J.: Prentice-Hall, 1972.

Munjack, D. J., and Oziel, L. J. "Resistance in the Behavioral Treatment of Sexual Dysfunction." *Journal of Sex and Marital Therapy,* 1978, *4*(2), 122-138.

Murphy, G. E., and Guze, S. B. "Setting Limits: The Management of the Manipulative Patient." *American Journal of Psychotherapy,* 1960, *14,* 30-47.

Natterson, J. *Beyond Countertransference.* Northvale, N.J.: Jason

Aronson, 1991.

Nelson, G. *The One-Minute Scolding.* Boulder, Colo.: Shambala Press, 1984.

Nichols, W. C. "Polarized Couples: Behind the Facade." In J. F. Crosby (ed.), *When One Wants Out and the Other Doesn't.* New York: Brunner/Mazel, 1989.

O'Connor, J. J., and Hoorwitz, A. N. "The Bogeyman Cometh: A Strategic Approach for Difficult Adolescents." *Family Process,* 1984, *23, 234-249.*

O'Hanlon, W. H. "Establishing the Agenda: A Solution-Oriented Approach." *Family Therapy Networker,* Nov./Dec. 1990, pp. 69-70.

O'Hanlon, W. H., and Weiner-Davis, M. *In Search of Solutions: A New Dimension in Psychotherapy.* New York: W. W. Norton, 1989.

Otani, A. "Client Resistance in Counseling: Its Theoretical Rationale and Taxonomic Classification." *Journal of Counseling and Development,* 1989a, *67, 458-461.*

Otani, A. "Resistance Management Techniques of Milton H. Erickson." *Journal of Mental Health Counseling,* 1989b, *11* (4), 325-334.

Palazzoli, M., Selvini, B. L. Cecchin, G., and Prata, G. *Paradox and Counterparadox.* New York: Jason Aronson, 1978.

Patterson, C. P. *Theories of Counseling and Psychotherapy.* (3rd ed.) New York: Harper & Row, 1980.

Peplau, L. A., and Perlman, D. (eds.). *Loneliness: A Sourcebook of Current Theory, Research, and Therapy.* New York: Wiley, 1982.

Pines, A., and Maslach, C. "Characteristics of Staff Burnout in Mental Health Settings." *Hospital Community Psychiatry,* 1978, *29*(4),

233-237.

Pope, K. S., and Garcia-Peltoniemi, R. E. "Responding to Victims of Torture: Clinical Issues, Professional Responsibilities, and Useful Resources." *Professional Psychology,* 1991, *22,* 269-276.

Pope, K. S., Keith-Speigel, P., and Tabachnick, B. C. "Sexual Attraction to Clients." *American Psychologist,* 1986, *41*(2), 147-158.

Powles, W. E. "Problems in Diagnosis and Group Treatment Design of Borderline Personalities." In B. E. Roth, W. N. Stone, and H. D. Kibel (eds.), *The Difficult Patient in Group.* Madison, Conn.: International Universities Press, 1990.

Prochaska, J. O., and DiClemente, C. C. *The Transtheoretical Approach: Crossing the Traditional Boundaries of Therapy.* Homewood, Ill.: Dow Jones-Irwin, 1984.

Puntil, C. "Integrating Three Approaches to Counter Resistance in a Noncompliant Elderly Client." *Journal of Psychological Nursing,* 1991, *29,* 26-30.

Purcell, P., and Wechsler, S. "Stalking the Wild Cricket." *Family Therapy Networker.* Jan./Feb. 1991, pp. 62-65.

Redl, E. *When We Deal with Children.* New York: Free Press, *1966.*

Reynolds, D. K. *Morita Psychotherapy.* Berkeley: University of California Press, 1976.

Ritchie, M. H. "Counseling the Involuntary Client." *Journal of Counseling and Development,* 1986, *64,* 516-518.

Robbins, J. M., Beck, P. R., Mueller, D. P., and Mizener, D. A. "Therapists' Perceptions of Difficult Psychiatric Patients." *Journal of Nervous and Mental Diseases,* 1988, *176*(8), 490-496.

Robbins, T. *Skinny Legs and All.* New York: Bantam, 1990.

Roberts, R. "Treating Conduct-Disordered Adolescents and Young Adults by Working with the Parents." *Journal of Marital and Family Therapy,* Jan. 1982, pp. 15-28.

Rogers, C. "A Process Conception of Psychotherapy." *American Psychologist,* 1958, *13,* 142-149.

Rogers, C. *A Way of Being.* Boston: Houghton Mifflin, 1980.

Rosenbaum, J., and Rosenbaum, V. *Conquering Loneliness.* New York: Hawthorne Books, 1973.

Rosenbaum, R. L., Horowitz, M. J., and Wilner, N. "Clinician Assessments of Patient Difficulty." *Psychotherapy,* 1986, *23*(3), 417-425.

Roth, B. E. "Countertransference and the Group Therapist's State of Mind." In B. E. Roth, W. N. Stone, and H. D. Kibel (eds.), *The Difficult Patient in Group.* Madison, Conn.: International Universities Press, 1990.

Roth, B. E., Stone, W. N., and Kibel, H. D. (eds.). *The Difficult Patient in Group.* Madison, Conn.: International Universities Press, 1990.

Rothenberg, A. *Creativity and Madness.* Baltimore, Md.: Johns Hopkins University Press, 1990.

Russianoff, P. *Why Do I Think I Am Nothing Without a Man?* New York: Bantam, 1982.

Sack, R. T. "Counseling Responses When Clients Say 'I Don't Know.'" *Journal of Mental Health Counseling,* 1988, *10*(3), 179-187.

Saretsky, T. *Resolving Treatment Impasses.* New York: Human Sciences Press, 1981.

Schlesinger, H. J. "Resistance as Process." In P. L Wachtel (ed.), *Resistance: Psychodynamic and Behavioral Approaches.* New

York: Plenum, 1982.

Schofield, W. *Psychotherapy: The Purchase of Friendship.* Englewood Cliffs, N.J.: Prentice-Hall, 1964.

Seligman, L. *Selecting Effective Treatments.* San Francisco: Jossey-Bass, 1990.

Sexton, T. L., and Whiston, S. C. "A Review of the Empirical Basis for Counseling: Implications for Practice and Training." *Counselor Education and Supervision,* 1990, *30,* 330-334.

Shay, J. J. "The Wish to Do Psychotherapy with Borderline Adolescents-And Other Common Errors." *Psychotherapy,* 1987, *24*(2), 712-719.

Shay, J. J. "Rules of Thumb for the All-Thumbs Therapist: Weathering the Marital Storm." *Journal of Integrative and Eclectic Psychotherapy,* 1990, *9*(1), 21-34.

Shelton, J. L., and Levy, R. L. *Behavioral Assignments and Treatment Compliance.* Champaign, Ill.: ResearchPress, 1981.

Shochet, B. R., Levin, L., Lowen, M., and Lisansky, E. T. "Dealing with the Seductive Patient." *Medical Aspects of Sexuality,* 1976, *10*(2), 90-104.

Siegel, I. M. "Time and a Half." *Journal of the American Medical Association,* 1982, *247*(7), 972.

Sifneos, P. E. "The Prevalance of Alexithymic' Characteristics in Psychosomatic Patients." *Psychosomatics,* 1973a, *22,* 255-262.

Sifneos, P. E. *Short Term Psychotherapy and Emotional Crisis.* Cambridge, Mass.: Harvard University Press, 1973b.

Singer, J. "Transference and the Human Condition: A Cognitive-Affective Perspective." *Psychoanalytic Psychology,* 1985, *2*(3),

189-219.

Sklar, H. "The Impact of the Therapeutic Environment." *Journal of Contemporary Psychotherapy,* 1988, *18*(2), 107-123.

Slakter, E. (ed.). *Countertransference.* Northvale, N.J.: Jason Aronson, 1987.

Slater, P. *The Pursuit of Loneliness.* Boston: Beacon Press, 1976.

Smith, R. J., and Steindler, E. M. "The Impact of Difficult Patients upon Treaters." *Bulletin of the Menninger Clinic,* 1983, *47*(2), 107-116.

Stanton, M. D., and Todd, T. C. "Engaging Resistant Families in Treatment." *Family Process,* 1981, *20*(3), 261-293.

Steiger, W. A. "Managing Difficult Patients." *Psychosomatics,* 1967, *8*(6), 305-308.

Stern, E. M. (ed.). *The Psychotherapy Patient,* 1984, *1*(1).

Stiles, W. B., Shapiro, D. A., and Elliot, P. "Are All Psychotherapies Equivalent?" *American Psychologist,* 1986, *41*(2), 165-180.

Storr, A. *Solitude: A Return to the Self.* New York: Free Press, 1988.

Stuart, R. B. *Helping Couples Change.* New York: Guilford Press, 1980.

Strean, H. S. *Resolving Resistances in Psychotherapy.* New York: Wiley, 1985.

Strong, S. R., and Matross, R. P. "Change Processes in Counseling and Psychotherapy." *Journal of Counseling Psychology,* 1973, *20,* 25-37.

Strupp, H. S. "Invited Address: A Little Bit of Bad Process Can Go a Long Way in Psychotherapy." New Orleans: American Psychological Association Convention, 1989.

Suedfeld, P. *Restricted Environmental Stimulation.* New York: Wiley, 1980.

Taffel, R. "The Politics of Mood." *Family Therapy Networker*, Sept./Oct. 1990, 49–53.

Talmon, M. *Single-Session Therapy.* San Francisco: Jossey-Bass, 1990.

Tansey, M. J., and Burke, W. E. *Understanding Countertransference.* Hillsdale, N.J.: Analytic Press, 1989.

Taylor, G. J. "Psychotherapy with the Boring Patient." *Canadian Journal of Psychiatry,* 1984, *29,* 217–222.

Tennen, H., Rohrbaugh, M., Press, S., and White, L. "Reactance Theory and Therapeutic Paradox: A Compliance-Defiance Model." *Psychotherapy,* 1981, *8*(1), 14–22.

Thomas, L. *The Lives of a Cell.* New York: Viking, 1974.

Turecki, S., and Tonner, L. *The Difficult Child.* New York: Bantam, 1985.

Vandecreek, L., Knapp, S., Herzog, C. "Malpractice Risks in the Treatment of Dangerous Patients." *Psychotherapy,* 1987, *24*(2), 145–153.

Wallerstein, R. S. *Forty-Two Lives in Treatment.* New York: Guilford Press, 1986.

Walters, M. "The Codependent Cinderella Who Loves Too Much... Fights Back." *Family Therapy Networker,* July/Aug. 1990, pp. 53–57.

Warner, S. J. "The Defeating Patient and Reciprocal Abrasion." In E. M. Stern (ed.), *Psychotherapy and the Abusive Patient.* New York: Haworth Press, 1984.

Waters, J. "Bring Back the Juvenile Delinquent." *Newsweek,* Summer/Fall Special Edition, 1989.

Watzlawick, P., Weakland, J., and Fisch, R. *Change: Principles of*

Problem Formation and Problem Resolution. New York: W. W. Norton, 1974.

Welpton, D. F. "Confrontation in the Therapeutic Process." In G. Adler and P. G. Meyerson (eds.), *Confrontationin Psychotherapy*. New York: Science House, 1973.

Welt, S. R., and Herron, W. G. *Narcissism and the Psychotherapist*. New York: Guilford Press, 1990.

Weltner, J. "Different Strokes: A Pragmatist's Guide to Intervention." *Family Therapy Networker*, May/June 1988, pp. 53-57.

West, M. "Building a Relationship with the Unmotivated Client." *Psychotherapy*, 1975, *12*(1), 48-51.

Winnecott, D. W. "Hate in the Countertransference." *International Journal of Psycho-Analysis*, 1949, *30*, 69-74.

Winnecott, D. W. *The Maturational Processes and the Facilitating Environment*. New York: International Universities Press, 1960.

Wise, T. N., and Berlin, R. M. "Burnout: Stresses in Consultation Liaison Psychiatry." *Psychosomatics*, 1981, *22*(9), 744-751.

Wolstein, B. (ed.). *Essential Papers on Countertransference*. New York: New York University Press, 1988.

Wong, N. "Perspectives of the Difficult Patient." *Bulletin of the Menninger Clinic*, 1983, *47*(2), 99-106.

Yalom, I. *Existential Psychotherapy*. New York: Basic Books, 1980.

Yalom, I. *Love's Executioner*. New York: Basic Books, 1989.

Young, J. "Loneliness, Depression, and Cognitive Therapy." In L. Peplau and D. Perlman (eds.), *Loneliness: A Sourcebook of Current Theory, Research, and Therapy*. New York: Wiley, 1982.

Youngren, V. R. "Opportunity's Hard Knocks: Clinical Training in

Adolescent Milieu Therapy." *Psychotherapy,* 1991, *28,* 298-303.

Zukav, G. *The Dancing Wu Li Masters.* New York: Bantam Books, 1979.

찾아보기

인 명

《 내 용 》

저자 소개

제프리 A. 코틀러(Jeffrey A. Kottler)는 라스베이거스에 있는 네바다 대학교의 상담과 교육심리학 교수다. 오클랜드 대학교, 하버드 대학교, 웨인 주립대학교, 스톡홀름 대학교에서 공부했으며 버지니아 대학교에서 박사학위를 받았다. 또한 병원, 정신건강 센터, 학교, 클리닉, 대학교, 기업체, 개인 치료실 등 다양한 장소에서 치료사로 일해 왔다.

코틀러의 저서 또는 공저서는 다음과 같다. 『실제적인 집단 지도자(*Pragmatic Group Leadership*)』(1983), 『상담과 심리치료의 윤리적, 법적 문제: 종합적인 지침(*Ethical and Legal Issues in Counseling and Psychotherapy: A Comprehensive Guide*)』(1985, 2판, W. H. Van Hoose와 공저), 『치료사가 된다는 것(*On Being a Therapist*)』(1986), 『불완전한 치료사: 치료 실제의 실패에서 배우기(*The Imperfect Therapist: Learning from Failure in Therapeutic Practice*)』(1989, Diane S. Blau와 공저), 『개인적인 순간, 비밀스러운 자기: 혼자만의 시간을 풍요롭게 만들기(*Private Moments, Secret Selves: Enriching Our Time Alone*)』(1990), 『완벽한 치료사(*The Compleat Therapist*)』(1991), 『치료적 상담 입문(*Introduction to Therapeutic Counseling*)』(1991, 2판, R. W. Brown과 공저). 또한 그는 조시-배스(Jossey-Bass) 출판사와 함께 오디오 프로그램인 〈반영하는 치료사: 다른 사람을 돕는 일의 개인적이고 전문적인 도전에 직면하기(The Reflective Therapist: Confronting the Personal and Professional Challenges of Helping Others)〉(1991)도 만들었다.

역자 소개

최외선

현 영남대학교 명예교수
한국미술치료연구소장
한국미술치료학회 고문
한국교류분석학회 고문

주요 저서: 『마음을 나누는 미술치료』 외 다수

최윤숙

현 영남대학교 환경보건대학원 미술치료학과 강사
영남대학교 대학원 미술치료학 박사
한국미술치료학회 미술치료 전문가

주요 저서: 『미술치료학 개론』(공저)
주요 논문: 「해결중심 집단미술치료의 운영 형태가 여고생의 몰입, 자기효능감, 문제해결력에 미치는 효과」 외 다수

연민 어린 치료

–비협조적인 내담자 치료하기–

Compassionate Therapy: Working with Difficult Clients

2012년 3월 15일 1판 1쇄 인쇄
2012년 3월 20일 1판 1쇄 발행

지은이 • Jeffrey A. Kottler
옮긴이 • 최외선 · 최윤숙
펴낸이 • 김진환
펴낸곳 • (주) 학지사
121-837 서울시 마포구 서교동 352-29 마인드월드빌딩 5층
대표전화 • 02-330-5114 팩스 • 02-324-2345
등록번호 • 제313-2006-000265호

홈페이지 • http://www.hakjisa.co.kr
커뮤니티 • http://cafe.naver.com/hakjisa

ISBN 978-89-6330-804-3 93180

정가 15,000원

역자와의 협약으로 인지는 생략합니다.
파본은 구입처에서 교환해 드립니다.